Christine Fabijenna Pauligk

Die Öffnun

des dritten Auges

Mein Weg in die Spiritualität

Text und Fotos: Christine Pauligk
Cover: Saskia Lackner nach einem Foto v. Pavel Hájek (Pexels)
Illustrationen: Saskia Lackner (www.saskia-illustration.de)
Lektorat: Ulrike Kaufmann (www.liebe-gesundheit-frieden.de)
ISBN 978-3-944990-68-2
1. Auflage
Verlag Andrea Schröder, Inhaber Jens Koch, Bernau
www.verlag-andreaschroeder.de

Inhalt

Vorwort

Die Energien der Erde schwingen immer höher und immer schneller. Dies hat zur Folge, dass sich bei immer mehr Menschen das dritte Auge öffnet und sie intuitiv(er) agieren. Sie spüren (immer mehr), dass es wichtig ist, aus und mit dem Herzen zu leben. Dies geschieht jetzt schneller, als es noch vor 40 Jahren der Fall war. Vielen Menschen fehlt das Eingewöhnen in das neue Sein. Sie fühlen sich teilweise allein gelassen, verloren. Das Vertrauen in die eigene Intuition ist abhandengekommen.

Andere Worte für Intuition sind: Innere Stimme, Bauchgefühl, Blitzgedanke, Eingebung, Wahrnehmung, Vorahnung, höheres Selbst, Gespür, Impuls,... Und jeder einzelne Mensch nimmt sie anders wahr. Manche Menschen sehen, andere fühlen, einige riechen, hören oder schmecken und wieder andere träumen. Viele Menschen nehmen auf unterschiedlichen Wegen und anders wahr.

Dieses Buch dient dir als Leitfaden, wenn du spürst, dass es mehr gibt, als wir Menschen sehen, riechen, hören, fühlen können. Es ist für dich gedacht, wenn du dich auf den Weg machst, deine Intuition oder dein Bauchgefühl wiederzufinden. Wenn du spürst oder weißt, dass wir ein höheres Selbst haben, das deine Antworten und deinen Weg kennt.

Es ist ein Buch für dich, wenn du nicht klar unterscheiden kannst, was eine Eingebung aus der geistigen Welt ist und was Alltagsgedanken sind.

Es ist weder ein Ratgeber noch ein spirituelles Handbuch, sondern mein Weg zu meiner Wahrnehmung. Ich möchte dich an die Hand nehmen und zeigen, was möglich sein kann. Ich zeige dir, wie ich etwas wahrnehme.

Du hast deine ganz eigene Wahrnehmung – und die ist immer richtig! Komm mit in meine Welt! Ich zeige dir, wie ich mit meiner Wahrnehmung umgehe.

Ich nehme immer mehr Zeichen aus der sogenannten geistigen Welt wahr und spüre, dass ich diese Fähigkeit schon immer in mir trage. Ich habe es nur nicht erkannt beziehungsweise verdrängt. Es ist mein Weg, es ist meine Sicht, es ist meine Wahrnehmung. Du kannst eine ganz andere Wahrnehmung haben, die ich hier nicht beschreibe. Das ist vollkommen in Ordnung. Ich kann nur das wiedergeben, was *ich* fühle, sehe, spüre oder auch von anderen Menschen erzählt bekomme.

Kennst du es, eine Eingebung zu haben, dass du *jetzt* etwas Bestimmtes tun musst. Und du kannst es gar nicht erklären? – Dies ist deine Intuition, dein Impuls oder wie viele sagen: Dein höheres Selbst. Es weiß, wohin deine Reise gehen soll, was du dir vor deiner Inkarnation ausgesucht hast zu erleben, Gutes wie Negatives. Deine Seele möchte erleben und wachsen.

Wir bestehen aus Körper, Geist und Seele. Für mich bedeutet dies, dass wir einen anfassbaren Leib, unseren Körper, haben, der eng mit unserem Verstand, dem Geist, zusammenarbeitet. Und dann ist da eine Energieerscheinung, die Seele, die fortwährend lebt und all unsere Erfahrungen gespeichert hat. Diese Energieerscheinung ist teils in unserem Körper – und sitzt für mich im Herzen beziehungsweise im Herz-/Brustraum – wie auch außerkörperlich. Dieser außerkörperliche Teil befindet sich in seiner Entstehungsenergie. Eben dort, wo die Seele vor langer Zeit aus Energie und Licht entstanden ist. Sie ist an allen Inkarnationen beteiligt, kennt unser wahres Ich und hat Zugang zu unserem irdischen Körper und anderen Energieerschei-

nungen wie Engel, Drachen und anderen Seelen. Daher kommt es vor, dass wir aus früheren Leben etwas wahrnehmen können oder auch das Licht der Liebe in uns spüren – ohne es vielleicht sehen zu können. Seele lässt sich meines Erachtens am besten mit unserem höheren Selbst gleichsetzen.

Vielleicht kennst du auch das Gefühl, dass hinter dir jemand geht. Du drehst dich um, kannst aber niemanden sehen. Und dennoch ist da dieses Gefühl. Vielleicht bist du, so wie ich, feinfühlig. Vielleicht hast du eine Seele wahrgenommen. Ich kann dir an dieser Stelle sagen, dass ich dieses Gefühl kenne. Erst jetzt im Jahre 2020 habe ich verstanden, dass ich so etwas fühle.

Oder du ahnst, dass du langsamer gehen kannst – und du schaffst deinen Bus ohne Eile, weil er zu spät kommt.

Oder du hast ein sogenanntes Déjà-vu, dir kommt eine Situation bekannt vor, obwohl es diese noch nie gab.

Vielleicht hast du einen Traum, und auf einmal ist dieser wahr.

Oder du bist sicher, wie etwas eintreten wird.

Dies sind Zeichen, dass du eine gute Anbindung nach oben, an die geistige Welt hast – und nicht spinnst oder „anders" bist. Nein, du bist völlig normal!

Ich freue mich sehr, dass du meine Reise mit mir gehst, und dass ich dir aufzeigen kann, dass der Weg vielleicht teilweise beschwerlich ist, aber es fügt sich alles so klar zusammen, dass es gleichzeitig eine pure Freude ist, diesen Weg zu gehen. Und es macht regelmäßig klick beim Erkennen der Zusammenhänge. Es berauscht fast, wenn sich mal wieder ein Puzzleteil einfügt.

Begeben wir uns nun gemeinsam auf die Reise. Auf meinen ganz persönlichen Weg, der vom Kopf ins Herz führt.

Ich wünsche dir viel Freude beim Lesen, Impulse beim Entdecken und Anregungen für deine ganz persönliche Reise. Wenn du magst, nimm meine Botschaften als zarten Windhauch an, der etwas in Bewegung setzen kann.

Deine Christine Fabijenna

Einführung

Es ist Ende Oktober 1980. Ich erblicke das Licht dieser Welt und meine Eltern nennen mich Christine. Ich bin die Erstgeborene von eineiigen Zwillingen.

Zwillingen wird oftmals eine ganz natürliche Telepathie zugeschrieben. Die innige zwischenmenschliche Beziehung ist für viele Menschen nachvollziehbar und natürlich. Inzwischen weiß ich, dass so eine Verbindung mit jedem Menschen möglich ist. Aber zwischen Zwillingen ist sie enger, weil sie eine energetische Verbindung haben, die es sonst so auf der Welt nicht gibt.

Telepathie ist eine Art Gedankenübertragung. Menschen, die gleichzeitig an etwas oder jemanden denken. Dies ist nachträglich nachvollziehbar, weil die Menschen sagen: Da habe ich, wie du, auch gerade dran gedacht! Es gibt auch Berichte, dass Menschen in Notsituationen an ihre Familie gedacht haben – und die Familie hatte genau zu dem Zeitpunkt ein ungutes Gefühl. Hier wirkt eine zwischenmenschliche Energie.

Mein Name Christine ist ein Zeichen, dass ich mit der Christusenergie stark verbunden bin. Also mit den Ur-Christen, nicht mit der gängigen Kirchenlehre. Aber das verstehe ich erst 2020, ungefähr 40 Jahre später.

Kapitel 1 – Kindheit

Meine Kindheit verläuft harmonisch. Wir sind viel in der Natur, im Garten und auf dem Wasser als Kanuten mit Paddelbooten unterwegs. Ich kann mich an wenig Details erinnern, und ich denke, dass das vollkommen normal ist.

Woran ich mich zur Grundschulzeit erinnere: Wir, damit meine ich meine Zwillingsschwester und mich, haben beide eine Babypuppe geschenkt bekommen, und ich sage: „Wenn ich mal eine Tochter habe, wird sie Franziska heißen." Meine Babypuppe heißt nun Franziska.

In dem Moment, in dem ich dieses Buch schreibe, weiß ich noch nicht, ob dies von Relevanz sein wird. Aber in einer Meditation, die ich bereits vor Schreibbeginn des Buches gemacht habe, hat mir einer meiner Geistführer gesagt, dass er Franz heißt. Zum Ende des Buches weiß ich, dass es Franz von Assisi ist.

Anmerken möchte ich hier, dass sich eine meiner Lektorinnen das Buch ausdruckt – und ihr Blick als erstes auf diese Stelle fällt. Nun rate mal, wie sie heißt? – Für Franziska und mich eindeutig ein Zeichen, dass sie die passende Lektorin ist.

Kapitel 2 – Jugend

Als Jugendliche war ich sehr mit der Stille im Einklang. Ich habe es geliebt, neben und mit anderen Menschen zu sein, ohne dabei ein Wort zu sprechen. Dies konnte ich stundenlang genießen. Ich war oft im Moment, habe die Umgebung und eben das wahrgenommen, was da war. Bis mir eine Freundin (die 2019 wieder eine unruhige Rolle spielen wird, wenn es um unsere gemeinsame Leidenschaft des Wassers gehen wird) sagte, dass sie die Stille unerträglich findet. Ab dem Zeitpunkt habe ich oft versucht, die Stille mit Worten zu füllen. Ich habe mir meinen inneren Frieden nehmen lassen, mich angepasst. Und habe mich dabei selbst ein Stück verloren.

Aber nicht immer: Den einen Sommer packen meine Schwester und ich getrennt voneinander unsere Urlaubssachen ein. Wir fahren zu unseren Großeltern. Dort angekommen packen wir beide das gleiche Nachthemd aus und lachen. Nun kann man dies als Zufall bezeichnen, als zwillingshafte Telepathie oder als was auch immer.

Ich möchte dir damit aufzeigen, dass so vieles in unserem Leben aus reiner Energie besteht, die nicht mit dem Verstand zu erklären ist. Wir tun solche Erlebnisse nur oft als „Zufall" ab, dabei steckt so viel mehr dahinter. Eben pure Energie. In diesem Fall vielleicht eine Art Telepathie.

***

Einen Sommer später, 1993, bin ich zwölf Jahre alt und beschäftige mich nachts damit, welche Möbelstücke meinen Eltern jeweils gehören beziehungsweise sie im Falle einer Trennung bekämen. Wobei mir eine Trennung nicht bewusst ist, aber eben dieses Auftrennen des Besitzes. Ich liege, ich glaube es waren Wochen, nachts wach und nehme gedanklich sogar das Besteck auseinander, überlege, wer den Wellensittich behalten darf. Zu diesem Zeitpunkt bin ich unsicher, was dies bedeuten mag. Ich spreche es nicht aus, weil ich Angst habe, dass sich meine Eltern trennen könnten.

Da ich schlecht einschlafen kann, erfinde ich für mich eine Methode, um aus meinen Gedanken auszusteigen und ins Einschlafen zu kommen. Eine intuitive Übung, die mir jetzt zeigt, dass wir tief in uns wissen, was uns guttut. Ich stelle mir zum Einschlafen immer vor, wie – beginnend in meinen Füßen – die Wärme langsam in meinem Körper hochsteigt. Und wenn ich am Kopf angekommen bin, schlafe ich meist ein.

Dies nennt man auch autogenes Training und wird gestressten Menschen empfohlen, um wieder bei sich anzukommen. Intuitiv wissen unsere Seelen und Körper, was uns guttut; und wir wenden es manchmal unbewusst an.

In jenem Sommer fahren meine Mutter, meine Schwester und ich mit dem Auto in den Urlaub. Ich habe ein unwahrscheinlich schreckliches Gefühl im Bauch. Da ich dies so nicht kenne, spreche ich nicht darüber. Wir sind noch gar nicht weit von Zuhause entfernt, als meine Mutter sagt, dass wir umdrehen, um eine vergessene Landkarte zu holen. In mir schrillen alle Alarmglocken, aber ich traue mich nicht den Satz zu sagen: „Aber Opa hat doch die Karte im Urlaub dabei." Dieser Satz kommt zu mir. Aber er verhallt in mir. Wir drehen also um, holen die Karte, fahren wieder los. Und mein Gefühl wird stärker und stärker. Es flacht während der Reise etwas ab, bleibt aber immer da. Es ist total präsent, fühlt sich wie ein Stein im Magen an. Ein riesengroßer Stein. Schwerer als ich selbst es bin. Ich denke, es ist Angst, aber insgeheim weiß ich, dass es etwas anderes ist.

Wir machen eine längere Pause. Zurück im Auto habe ich jetzt eine Ganzkörperbeklemmung. Ich sitze ganz steif und betäubt da, halte mir eine Zeitschrift vor den Kopf, aber kann nicht lesen. Ich bin wie erstarrt. Und auf einmal scheppert es gewaltig, so richtig gewaltig. Mehrere Autos fahren ineinander, unsere drei Paddelboote werden sogar vom Dach gerissen. Aber obwohl es mehrere Totalschäden an mehreren Autos gibt, ist niemand verletzt. Selbst der Fahrer in dem kleinen Transporter, der mit der Beifahrerseite in einen LKW reingerast ist, bleibt unverletzt. Und der Fahrer erzählt, dass sein Beifahrer wegen einer Erkältung nicht mitfahren konnte. Dieser Beifahrer hätte mindestens seine Beine verloren. Und da spüre ich, dass es irgendeine Fügung oder Führung geben muss. Ein Schutzengel? Aber ich kann es nicht benennen und behalte es auch für mich. Mein beklemmendes Gefühl verfliegt, ich fühle mich fast erleichtert, obwohl es so eine unreale Situation ist. Wir sind – damals hat man es nur noch nicht so benannt – total dankbar, dass niemandem etwas passiert ist. Der Krankenwagen, der „zufällig" nur ein paar Autos hinter uns ist, bescheinigt meiner Schwester nur ein kleines Schleudertrauma.

Übrigens glaubt ein Großteil der Menschen an Schutzengel, wenn schwerwiegende Situationen leichter ausgehen, als das Chaos drumherum zeigt, oder wenn sie eine Situation nicht richtig erklären können.

Im Straßenverkehr haben etliche Menschen einen siebenten Sinn. Ich kenne Beispiele, dass jemand in der Einbahnstraße in die andere Richtung geschaut hat – und gerade dieses Mal fuhr ein Auto verkehrt herum die Straße lang. Oder sie haben instinktiv einen Radfahrer nicht überholt – und dieser bog dann ohne Vorwarnung ab.

Ich selbst habe auch schon mal kurz gezögert, bei grün über eine Ampel zu gehen – und habe instinktiv mit meinem Arm gewunken, was dann ein Autofahrer registrierte und noch rechtzeitig zur Vollbremsung ansetzte.

***

Im Alter von 13 Jahren, es ist 1994, habe ich das Gefühl, dass ich Lehrerin werden möchte. Dies begleitet fortan mein Leben. Dieses Gefühl des Unterrichtens und der Wissensweitergabe zieht mich in ihren Bann. Ich möchte die Leute da abholen, wo sie stehen. Und das ist auch heute noch mein Vorgehen. Wie auch das der Indianer, zu denen ich eine Verbindung spüre.

Auch Autorin will ich werden, um mein Wissen weiterzugeben.

Auf das Schreiben und Unterrichten komme ich immer wieder zurück, denn sie sind Schlüssel in meinem Leben. Ein weiterer Schlüssel ist die Kommunikation, die ja zum Unterrichten dazugehört.

Passend dazu führe ich seit Monaten ein Tagebuch. Ich spüre, dass mir das Schreiben wirklich Spaß macht. Aber ich traue mich nicht, meinem Tagebuch wirklich alles anzuvertrauen. Dieses Hindernis, mich ganz zu öffnen, das zu benennen, was mich tief im Innersten bewegt, was meine Wahrheit ist, zieht sich bis jetzt durch mein Leben.

Inzwischen weiß ich, dass da eine Angst aus einem alten Leben tief in mir verankert ist. Wer einmal als Hexe verbrannt wurde, weil sie Wissen hatte, das von anderen als „irre" oder als „zuvielwissend" bezeichnet wurde oder nicht der Norm entsprach, traut sich auch heute oft nicht, die eigene Wahrheit, das innere Wissen als wahr anzunehmen. Dies läuft tief im eigenen Untergrund ab.

Glaubenssätze und Verstrickungen halten uns zurück, wir halten uns klein, um diesen alten Schmerz nicht nochmals zu durchleben.

Dies nur vorab, falls du an dieser Stelle auch merkst, dass du dich nie traust, wirklich deine Meinung, deine Sichtweise zu vertreten. Natürlich kann dies auch ganz andere Hintergründe bei dir haben, aber ich verstehe nun, warum ich mich mein Leben lang lieber klein gehalten habe als zuzugeben, was ich sehe/spüre/fühle/wahrnehme.

***

Im gleichen Sommer verstehe ich, was ich den Sommer zuvor nachts getan habe. Meine Eltern haben sich inzwischen getrennt. Ich wusste tatsächlich von ihrer Trennung. Es war eine Mischung aus Angst und Wissen.

***

Nun ist es Frühjahr 1996, ich bin 15 Jahre alt. Obwohl ich allein im Flur vor dem Spiegel stehe, sage ich laut: „Es reicht doch, wenn ich mit 40 meinen Mann kennen lerne." Ich ahne natürlich nicht, dass es so eintreffen könnte, was ich da sage. Zumal ich das Gefühl habe, dass ich mit 24 Mutter werde.

An dieser Stelle nehme ich vorweg, dass ich nicht mit 24 Mutter geworden bin. Seit Anfang 2020 habe ich das Gefühl, dass ich mit 42 Mutter werde. Dazu später mehr.

In diesem Sommer bin ich auf Klassenfahrt. Einige Mädchen und Jungen machen am Abend Gläserrücken bei uns im Mädchenschlafsaal. Mir ist es unheimlich, ich beobachte das Ganze aus meinem Bett. Ich spüre eine besondere Energie im Raum, sie ist anders als vorher.

Natürlich streiten sich am Ende alle, ob nun jemand bewusst geschoben hat – oder ob es tatsächlich die Energien waren. Ich halte mich raus, behalte mein Gefühl für mich.

Nur ein paar Tage später beginnen die Sommerferien. Eine Klassenkameradin fliegt nach Mexiko. Ich bekomme eine Postkarte und einen Armreif von ihr geschenkt, den ich bis heute aufgehoben habe. Von der Postkarte und dem Armreif bin ich total fasziniert. Ich weiß, nach Mexiko muss ich mal reisen. Zu diesen Pyramiden, wo vielleicht die Mayas gelebt haben. Überhaupt zieht es mich wenig in die Welt hinaus, aber nicht nur die Pyramiden in Mexiko, sondern auch jene in Ägypten bezaubern mich. Und das alte Rom.

Inzwischen weiß ich, dass ich zu den jeweiligen Zeiten inkarniert war und daher wohl an diese Orte nochmals reisen möchte. Der Rest der Welt interessiert mich nicht. Ich fühle mich in Deutschland, besonders (und das als Norddeutsche!) in Bayern sehr wohl und heimisch.

***

Eine Eingebung habe ich auch 1999. Da die Autobatterie leer ist, muss ich mit den öffentlichen Verkehrsmitteln zum Kanutraining fahren. Und ich spüre, dass ich meinen Anschlussbus verpasse und zu spät komme. Und genau so trifft es ein. Dass ich dies weiß, bevor ich an der Umsteigehaltestelle ankomme, wundert mich. Denn bisher hat der Anschluss immer geklappt. Und weil ich mich so stark über dieses Wissen wundere, ist das Erlebnis noch immer präsent.

***

Auch meine Schwester hat mit unserem Auto ein Jahr später (ich erleichtere dir das Rechnen, es ist das Jahr 2000) ein besonderes Erlebnis bei einem Wildunfall. Sie erzählt uns im Nachgang, dass sie am Vorabend in dieser Kurve einen Anruf bekam und in dem Moment wusste, dass ihr am nächsten Tag diese Kurve zum Verhängnis wird. Am Morgen schaut sie, ob der Anrufbeantworter ausgeschaltet ist, damit sie uns aus dem Bett klingeln kann. Als sie durch die besagte Kurve fährt, läuft ihr ein Reh in unser Auto. Und vor ihrem inneren Auge erscheint ein Blatt Papier, auf dem mit Schreibmaschine geschrieben steht: „Lenkrad festhalten!", was sie dann auch macht.

Du siehst hieran, dass wir vorab Zeichen bekommen oder ein Gefühl, dass etwas anders sein muss (AB musste abgeschaltet sein). Die Schreibmaschinennachricht kam wahrscheinlich auf diese Weise zu ihr, weil in ihrem Kopf andere Dinge durchlaufen mussten. Und sie eine verbale „Ansage" in dem Moment vermutlich nicht verstanden hätte. Durch die visuelle Darstellung war klar, was sie tun muss. Möglicherweise ist dies grundsätzlich ihre Art und Weise, wie sie Eingebungen wahrnehmen oder Nachrichten empfangen kann.

Ich habe wenig Erinnerung an konkrete Eingebungen in meiner Jugend, aber ich weiß, dass ich hier und da ein mulmiges Gefühl habe. Zum Beispiel wenn ich an der Schule über den Friedhof radle. Oft denke ich, es ist Angst. Inzwischen weiß ich, dass es Eingebungen und Energien sind. Oder Seelen, die dort noch herumschwirren und den Weg nach Hause nicht mehr finden.

Wenn du an solch einem Ort bist, kannst du die Engel darum bitten, hier so viele Elohimsäulen aufzustellen, wie nötig sind, damit die noch erdgebundenen Seelen heimfinden. Manche Seelen finden diesen Weg nicht alleine, nachdem ihr Körper gestorben ist, und irren Jahre oder Jahrzehnte lang auf der Erde umher. Besonders in Krankenhäusern und auf Friedhöfen. Manchmal heften sich solche Seelen auch an Menschen, die sie als lichtvoll erachten und hoffen damit, von dieser Person Hilfe zu erhalten. Und mit Hilfe dieser Elohim-, also Lichtsäule, ermöglichst du es den Seelen, das Licht wahrzunehmen. Sie können in sie wie in einen Fahrstuhl einsteigen und in den Himmel, nach Hause, geführt werden. Nur sind die Elohimsäulen nicht für alle Menschen sichtbar. Ich fühle meist eine aufgestellte Elohimsäule vor meinem inneren Auge und die Erlösung der Seele in meinem Herzen.

Kapitel 3 – Studium

Während des Abiturs beschäftige ich mich mit meiner Zukunft und meinem Berufswunsch. Ich merke, dass ich auf keinen Fall eine klassische Lehrerin werden möchte. Aber irgendwas mit Unterrichten sollte es schon sein. Nach außen hin erkläre ich, dass es mit den frechen Gören zu tun hat, die heutzutage in der Schule rumlaufen. In mir drin gibt es einen anderen Grund, den ich nicht so recht benennen kann. Ich weiß nur, dass es nicht mehr stimmig ist. Vielleicht, weil ich aus Zeitgründen und der Anzahl der Schüler in einer Klasse nicht auf jeden Schüler individuell eingehen und ihn dort abholen kann, wo er steht. Oder weil ich als Angestellte nicht frei bin.

Nach einigen Recherchen finde ich das, was sich für mich passend anfühlt. Es verbindet das Unterrichten mit der Kommunikation. Ich entscheide mich für ein Studium der *Sprechwissenschaften*. Da ich mich nicht traue, 800 Kilometer weit weg zu ziehen, wähle ich eine Lösung, die mich in das 400 Kilometer entfernte Leipzig führt.

***

Das Studium in Leipzig ist nicht so recht das, was ich mir wünsche. Mehrere Sachen fühlen sich nicht so an, wie sie für mich sein sollten. Ich lerne in meinem Studium nur Leute kennen, die relativ schnell das Handtuch werfen. Ich habe also keinen konstanten menschlichen Halt.

Zudem mobbt mich meine Zimmergenossin im Wohnheim. Und auch inhaltlich bin ich nicht so recht begeistert. Aber ich hatte mich auch für ein Studium in Leipzig entschieden, das nur einen Teilaspekt dieser Sprechwissenschaften abdeckt. So ist klar, dass ich nach München, also doch 800 Kilometer von der Heimat entfernt, wechseln muss.

Zuvor wechsle ich noch mein Wohnheimzimmer und lerne dadurch Dana kennen. Dana ist mir etliche Schritte voraus im Wahrnehmen des Lebens und der Anbindung an die geistige Welt (die wir damals nicht so nannten) und findet daher die Worte, die ich in mir nicht finde. Sie führt mich zum Kartenlegen, zum Tarot, auch wenn ich dies zum Anfang nur verstandsbezogen nutze. Ich spüre, dass mehr dahintersteckt, aber ich komme zu diesem Zeitpunkt noch nicht daran. Also an das, was die Karten an sich ausmachen, in einem auslösen/eingeben. Also dieses Verbindende, dieses Vorhersagen beziehungsweise in Worte fassen, was schon in einem steckt. Oder das Wahrnehmen der Symbole und Zeichen, die auf den Karten sind, um intuitiv das in Worte zu fassen, was sie einem sagen möchten.

In den Karten sehen wir genau das, was gerade für uns wichtig ist – auf bildlicher wie auch auf wörtlicher Ebene. So wie beim Lesen eines Horoskops, wo du das beachtest, was für dich gerade wichtig zu sein scheint.

So kaufe ich mir mein erstes Kartendeck und versuche darin Antworten zu finden. Ich betitle es nur anders, spüre die Faszination.

Und auch interessant, Dana verrechnet sich bei meiner Persönlichkeitszahl. Diese wird errechnet, um zu schauen, welche Tarotkarte am besten zu der eigenen Persönlichkeit passt. Sie hatte mir zuvor ein wenig die Karten erklärt und gesagt, dass *der Gehängte* – ich weiß heute nicht mehr, welche Formulierung sie verwendete – für sie schlimmer sei als die Karte *der Tod*. Denn *der Tod* zeigt ein natürliches Ende an. Aber *der Gehängte*, der steht irgendwie Kopf, und ist auch gefangen. In sich selbst gefangen. So kommt es, dass wir denken, meine Persönlichkeitskarte sei *der Tod*, aber es ist *der Gehängte*. Nur bin ich zu dem Zeitpunkt des Ausrechnens gar nicht bereit, diese Karte für mich anzunehmen. Wer auch immer hier seine Hände im Spiel hat, ich bin zu diesem Zeitpunkt geschützt. Geschützt vor mir und meiner Angst. Als ich selbst meine Karte nochmals ausrechne, bin ich bereit, die Karte *der Gehängte* anzunehmen. Und ich muss sagen, sie ist sehr sehr passend. Ich habe manchmal einen anderen Blickwinkel als andere. In Gesprächen mit Freundinnen verstehe ich manchmal die Sichtweisen der anderen nicht und habe des Öfteren eine andere Ansicht oder eine andere Wahrnehmung der Situation. Also gerade, wenn es um so zwischenmenschliche Sachen geht, ob man sich zum Beispiel bei einem Mann melden, ob man einen Streit beenden solle oder Ähnliches.

Angeregt durch Dana lese ich meine ersten Bücher von Elisabeth Kübler-Ross. Bei ihr geht es um Nahtoderfahrungen, und sie interviewt Sterbende. Ich fange an zu glauben, dass es nach dem Leben irgendwie weitergeht.

Elisabeth Kübler-Ross macht auch die Erfahrung, dass kranke Kinder, die ihre Diagnose gar nicht kennen, wissen, wann sie sterben werden. Sie können dies wunderbar in Bildern darstellen.

Dieses intuitive Malen, wie ich es nenne, nutze ich seit Ende 2019 auch, um für mich Situationen zu verdeutlichen. Ich verstehe dadurch, wo ich mich im Moment befinde und auch, wie eine Situation ausgehen wird. Das Malen heilt meine Wunden, meine Angst und zeigt mir die Zuversicht. Immer.

Und ich habe dieses intuitive Malen auch ganz spielerisch für mich entdeckt, habe zuvor nichts darüber gelesen. Bei psychologischen Aufgaben wie *Male dich als*

Baum oder *Male deine Familie als Tiere* wird dies zwar auch genutzt, aber als ich es für mich „erfinde", kommt es intuitiv aus meinem Herzen.

***

Ich wechsele nun nach München und finde in dem Studium das, was mir Spaß macht. Ich verstehe auch, wie wichtig mein (Um-)Weg über Leipzig war, denn der Münchner Studienjahrgang vor mir passt überhaupt nicht zu mir. Und durch meine Zeit in Leipzig wird mir bewusst, welche Freiheiten ich bei dem Studium in München nun genießen kann. Ich spüre, wie autark und selbstständig ich bin, wenn ich auf mich allein gestellt bin. Und ich habe Dana kennengelernt – wir sind Seelengefährten. Und mit mehreren Jahren Abstand weiß ich, dass wir manchmal einen sogenannten Umweg gehen müssen, um an einer anderen Stelle unseres Lebens auf eine Person zu treffen, die früher noch nicht an dieser Stelle gewesen wäre. Oder eine Situation kann nicht zustande kommen, wenn wir nicht den vermeintlichen Umweg gegangen wären, der immer auch ein Lernweg ist.

Mein Vater und ich ulken rum, dass ich, wenn ich so weiter mache (und immer weiter wegziehe), irgendwann in Rom lande. So unrecht haben wir gar nicht…

Er sagt außerdem, dass ich für die Selbstständigkeit gemacht bin. Das denke ich nach dem Studium oft. Ich habe das Autarke während des Studiums sehr genossen. Nur fehlt mir sehr lange der Mut, um in die Selbstständigkeit zu gehen.

Im Studium halte ich etliche Referate, in denen ich mich immer sehr wohl fühle. Ja, ich liebe es sogar, vor den Menschen zu stehen und mein mir frisch angeeignetes Wissen weiterzugeben. Und auch das Schreiben der Hausarbeiten empfinde ich immer als Freude, während das Lernen eine Last ist. Dieses Unterrichten, das spüre ich immer mehr, ist das, was mir liegt und was mir Freude bereitet. Und obwohl ich es liebe, habe ich so sehr Angst davor. So halte ich mich schön bedeckt in der Mitte der beiden Fachrichtungen, die mein Studium ausmachen. Suche den Mittelweg und hoffe, dass sich alles passend fügen wird.

Ich fühle mich mit der Zeit immer wohler und spüre auch, dass München vorübergehend meine Stadt ist. Und dennoch, ich weiß nicht mehr, was mich innerlich treibt, gehe ich nach dem Studium nach Rostock, um meinen ersten Job anzunehmen. Ich fühle, dass es nicht richtig ist, aber irgendwie doch sein muss. Ich kann es nicht erklären.

Kapitel 4 – Job

Ich weiß bis heute nicht, und es ist auch nicht wichtig, warum ich nach Rostock gehe. Es bietet mir jedoch die Möglichkeit, viele persönliche Dinge in mir zu klären. Ich kann zum Beispiel eine alte Verstrickung lösen. Was sehr wichtig ist.

Denn durch alte Eide, Gelübde, Seelenverträge hindern wir uns selbst daran, weiter zu wachsen. Das Lösen dieser Verstrickungen wird zukünftig eine noch größere Rolle in meiner Entwicklung spielen. Und sicher auch für dich, wenn du erkannt hast, wie klein du dich dadurch selbst hältst. Du kannst niemals selbstbestimmt leben, wenn du dich unbewusst (und natürlich auch bewusst, aber das Unbewusste ist entscheidend) an jemanden bindest. Gerade, wenn es nicht sichtbar ist.

Dana besucht mich in Rostock, und wir haben gemeinsam ein komisches Erlebnis. Wir schaukeln auf einem Spielplatz, es ist schon dunkel. Wir haben beide ein mulmiges Gefühl. Dana noch mehr als ich. Also gehen wir zurück in die Wohnung und selbst dort – zumindest auf dem Balkon – hält dieses Gefühl an. Wir fühlen uns unwohl und schließen uns fest in der Wohnung ein. Es passiert nichts in dieser Nacht. Aber wir meinen, dass etwas passiert wäre, wären wir auf dem Spielplatz geblieben. Dieses Erlebnis ist für mich wichtig, damit ich meine Gefühle, mein Spüren wieder besser wahrnehme.

Und ich habe, bevor ich mich zu einem Umzug entscheide, mehrmals ein mulmiges Gefühl. Diese Wohnung, die Lage, es ist keine Angst, sondern etwas Tiefersitzendes. Es passieren mehrere Sachen, die mein Gefühl bestätigen:

- Den einen Morgen – es ist 5:30 Uhr, ich habe sechs Uhr Arbeitsbeginn – gehe ich ganz gegen meine Gewohnheit nochmals ins Bad, als es zweimal so richtig laut rumst. Mein Küchenschrank knallt erst auf die Arbeitsfläche und dann auf den Boden. Ich habe danach kaum noch Geschirr.
- Eines Nachts klingelt um vier Uhr morgens ein Nachbar an meiner Tür, weil er in seiner Wohnung einen Einbrecher eingeschlossen hat. Wir rufen zusammen die Polizei.
- Außerdem sind einige Tage später bei anderen Autos die Scheiben eingeschlagen – bei meinem Auto jedoch nicht.

Ich merke immer deutlicher, dass ich hier nicht hingehöre. Am wohlsten habe ich mich in München gefühlt.

***

Und da es für mich wichtig ist, dass ich nach München zurückkehre, findet sich wie selbstverständlich aufgrund einer Empfehlung ein neuer Job für mich. In diesem Job spüre ich mal wieder, wie viel Spaß mir das Schreiben macht. Ja ich liebe das Schreiben. Leider gefällt meinem Chef mein Schreibstil nicht.

Es kommt die Wirtschaftskrise 2008/2009 und mit ihr verliere ich, wie so viele andere Menschen, meinen Job. Ich habe einen fantastischen Sommer, den ich äußerst genieße. Ich schreibe viele Bewerbungen, weil es das Arbeitsamt von mir verlangt. Jedoch habe ich in mir ein totales Vertrauen, dass ich den Job finden werde, der zu mir passt. Unabhängig von der Anzahl der Bewerbungen.

In dieser Auszeit mache ich zum ersten Mal eine systemische Familienaufstellung. Da eine Freundin für ihre Ausbildung Probanden sucht, habe ich die Möglichkeit, mir hier Hilfe zu nehmen, die ich mir sonst nicht genommen hätte. Es ist spannend, was da im Feld ist – und auch, was da in mir schlummert. Nämlich viel Kreativität! Und auch der erste Glaube an eine geistige Führung, einer Kraft von oben, vor der ich noch etwas Angst habe, denn ich muss dann meine Kontrolle abgeben.

Bei meiner Familienaufstellung gehe ich tatsächlich raus aus dem Verstand und stelle nach Gefühl die Person so auf, wie es sich für mich im Herzen stimmig anfühlt. Und so schwer ist es gar nicht, dies wirklich aus dem Herzen zu tun. Die Figuren, die meine Familie darstellen, haben nur kleine Korrekturen und geben genau das wieder, was ich fühle. Es ist sehr spannend, dass andere Personen meine und die Gefühle meiner Familie wahrnehmen können. Aber genau das macht ja die Familienaufstellung aus.

Am Ende gehe ich in meine Familienaufstellung nochmals hinein und spüre eine Art dicke stabile Wand hinter mir. Der Ausbildungsleiter sagt hierzu, dass dies nicht sein kann oder möglich wäre. Dass selbst Leute, die sich in ihrer Materie auskennen, nicht das glauben, was ich ausspreche, lässt mich in den folgenden Jahren öfter zweifeln.

Falls du noch nie von einer systemischen (Familien-)Aufstellung gehört hast, erkläre ich es hier mal in meinen Worten: Grundsätzlich wird bei dieser Art von Arbeit davon ausgegangen, dass wir alle mit Energie verbunden sind, die mehr ist als unsere Rollen, die wir innerhalb eines Systems – wie eben der Familie – einnehmen. Und durch diese Energie können wir in die Rolle einer anderen Person schlüpfen, um eine Situation zu klären.

Dazu stellt man die Menschen dieses Systems auf. Ich habe mir aus einer großen Gruppe die Personen rausgesucht, die meine Familie stellvertretend darstellen sollten und auch wollten. Ich habe die Personen dann intuitiv auf den Platz geführt, wo sie meiner Ansicht nach hingehören, wo wer seine/ihre Rolle in unserem Familiensystem hat. Nicht nur der Abstand, sondern auch, wie sie sich (nicht) angucken, wird hier berücksichtigt. Nach und nach sagen dann die sogenannten Stellvertreter, wie sie sich in der Situation fühlen. Und durch das Umstellen oder auch schon das Beleuchten der Gefühle konnte ich meine Familie in der Trennungssituation von 1993/1994 besser verstehen. Wir haben eine Interaktion geführt, sodass wir die Situation für mich leichter und tragbarer gestalten konnten – denn meine Stellvertreterperson ist fast umgekippt, weil ich mir freiwillig solche Lasten aufgeladen hatte. Die Stellvertreter gehen am Ende aus ihrer Rolle wieder raus, sodass sie keine Energien der eingenommenen Person mehr bei sich tragen.

Statt der realen Menschen wird in Einzelsitzungen auch mit Figuren oder Gegenständen gearbeitet. So wird eine Situation verdeutlicht und greifbarer gemacht. Dies kann mit Berufswahlentscheidungen genauso umgesetzt werden wie mit einer Chef-Angestellten-Konstellation oder eigenen Gefühlen.

Ich bin nicht nur für die Energien bei der Familienaufstellung offen, sondern auch für eine Wirbelsäulenarbeit nach Dorn-Breuss. Aber der Reihe nach: Ich habe Schmerzen im Rücken und will auf Empfehlung zu einem Osteopathen gehen. Aber statt links abzubiegen, biege ich nach rechts ab und lande bei einer Heilpraktikerin, die energetisch an meinem Rücken arbeitet und mir Bachblüten empfiehlt. Genau diese beiden Dinge werden viele Jahre später wieder in meinem Leben auftauchen. Immer mal hier und dort.

***

Nach sechs Monaten Auszeit werde ich nun doch unruhig. Es geht auf Weihnachten und den Jahreswechsel zu, und ich habe noch keinen neuen Job. Ich befasse mich schon mit weiterer staatlicher (Sozial-)Hilfe, aber das eher aus dem Verstand heraus. Und als ich gerade so richtig in einem Tief stecke, fällt es mir wie Schuppen von den Augen: Ich sehe mich, wie ich vor zwei Jahren über eine Messe schlendere, an einem Stand hängen bleibe. An dem Stand steht niemand. Ich verstehe auch nicht, was das Unternehmen anbietet, aber ich muss das Schlüsselband mitnehmen und stecke es daher ein. So hole ich jetzt dieses Schlüsselband hervor, suche das Unternehmen (es sitzt auch in München!) und schreibe eine Initiativbewerbung. Und wie sollte es anders sein, natürlich wird gerade zu dem Zeitpunkt die Marketing-/Pressestelle befristet frei. Wäre mir das Schlüsselband früher eingefallen, wäre die Stelle noch besetzt gewesen! So komme ich zu einem Job, in dem ich wieder schreiben darf. Auch hier findet mein Schreibstil keinen Anklang. Daher übernehme ich Aufgaben, die mir überhaupt nicht liegen. Ich spüre immer mehr, dass ich aus diesem Job raus muss. Aber ich zweifle inzwischen auch an meinen Fähigkeiten – gerade wegen des Schreibens. Und wie es kommen „musste", ich werde abgeworben in ein Unternehmen, bei dem ich schreiben muss.

Hier lerne ich viel, aber ich nehme auch zunehmend körperliche Symptome wahr, die sich schon viel länger zeigten, aber von mir ignoriert wurden. Im Jahre 2011 habe ich immer wieder das Gefühl, nicht genügend Luft zu bekommen. Der Arzt bescheinigt, dass alles in Ordnung ist. Mit der Zeit habe ich sogar Brustbeklemmungen, am Brustbein tut es mir regelmäßig weh. Teilweise auch noch heute! Und weiterhin ohne Befund, aber darauf kommen wir noch.

Das Schöne in dieser Zeit ist, dass ich wieder mit dem Kanusport anfange. Ich habe solche Lust, wieder regelmäßig aufs Wasser zu gehen, dass ich mich entscheide, meine Trainerlizenz zu verlängern. Es kommt gerade der Behindertensport im Kanu an. Und da ich weiß, dass ich keine Kinder mehr trainieren möchte, ist dies mein Einstieg in den Erwachsenen-Kanubehindertensport. So kann ich wieder (wie zu Abiturzeit die jüngeren Kanuten) unterrichten.

***

Im privaten Bereich trenne ich mich von einer Freundin, weil ich spüre, dass es wichtig ist, nicht alles mit dem Verstand zu fassen, zu analysieren. Ich spüre, dass ich mehr vom Herzen geleitet sein möchte. Und diese Freundin ist sehr im Kopf, das tut mir einfach nicht mehr gut. Das ist der Beginn etlicher Trennungen. Mein großer Bekanntenkreis, für den ich während des Studiums im wahrsten Sinne des Wortes bekannt war, verkleinert sich massiv, weil ich meinen Fokus neu ausrichte.

Im Jahre 2020 lese und höre ich hier und da, dass 2012 bereits ein kräftiges Jahr war, in dem sich viele alte Seelen auf den Weg gemacht haben, um zu erwachen. Das erklärt, warum ich 2012 eine bewegende Zeit habe, mit dem Meditieren beginne und meine Vision zeichne, die sich nun immer wieder in meinem Leben zeigt. Dazu kommen wir gleich.

***

Anfang Dezember 2012 mache ich einen Urlaub, in dem ich einen heftigen Durchfall habe. Es fühlt sich an, als würde mir der Boden unter den Füßen weggezogen. Ich verstehe es nicht so richtig, aber ich weiß, dass sich irgendwas ändern wird.

Meine Brustbeklemmung ist inzwischen so stark, dass ich, obwohl die wichtigste Veranstaltung meines Arbeitgebers anliegt, Zuhause bleiben muss. Mein Arbeitgeber befreit mich unbewusst und überreicht mir im Frühjahr 2013 meine Kündigung. Im ersten Moment bin ich vollkommen geschockt, aber nun verstehe ich, was dieser Durchfall zu bedeuten hatte: Ich kann etwas nicht mehr halten, es wird schlagartig und heftig vorbei sein! Und wie sich so schön im Leben alles fügt, buche ich einige Tage vor der Kündigung mein erstes Meditationswochenende, das ich mir nicht gegönnt hätte, hätte ich die Kündigung bereits in der Hand gehalten.

Bei diesem Meditationswochenende spüre ich meine sehr starke Naturverbundenheit. Nicht nur, weil wir viel draußen sind. Nach einer Meditation, die in mir so viel löst, dass ich weinen muss, suche ich intuitiv einen Felsen auf, dem ich mein ganzes Leid übergebe. Ich vertraue ihm sozusagen mein Leid an und fühle mich dadurch wohler, gestärkt und beruhigt. Bevor wir am nächsten Tag gehen, habe ich das dringende Bedürfnis, mich von dem Felsen zu verabschieden und ihn auch für seine Hilfe zu umarmen.

Wenn du Kummer oder Sorgen, Leid oder Probleme hast, dann kannst du sie immer gedanklich Mutter Erde, also der Natur, übergeben. Du lässt Mutter Erde damit an deinem Leben teilhaben. Und sie kann dies aufnehmen und wandeln, also transformieren.

Du brauchst kein schlechtes Gewissen haben, wenn du Mutter Erde dein Leid anvertraust. Sie freut sich, dass du dich ihr öffnest. Und wenn du ihr was Gutes tun möchtest, gehe achtsamer mit ihr um oder entsorge liegengelassenen Müll anderer Leute, kaufe regionale und fair gehandelte Produkte ein. Fahr doch öfter mit dem Fahrrad und lass dein Auto stehen.

***

In der arbeitsfreien Zeit, es ist wieder ein herrlicher Sommer, beschäftigte ich mich viel mit mir. Ich meditiere und erinnere mich an ein Buch, mit dem ich in der Lage bin, meine Vision aufzuzeichnen. Das tue ich dann auch im August. Es entsteht ein Bild, auf dem ich in den Bergen bin. In einem Bauernhaus oder einer Alm, und mein eigenes Brot backe ich auch. Ich bin ganz im Einklang mit der Natur, ich fühle mich wohl. Mit diesem Bild bin ich bei meiner Meditationslehrerin, die nicht versteht, warum ich nur mich allein zeichne, ohne Mann und ohne Kind. Dies lässt mich wieder an mir zweifeln. Ich lege also die Vision zur Seite.

Auch erzähle ich meiner Meditationslehrerin von einem Meditationsereignis: Ich bin ganz ruhig und spüre/sehe eine schwarze Figur. Eine Figur in einem schwarzen Mantel. Sie macht mir keine Angst, obwohl sie in mich eindringt und mit mir verschmilzt. Ich weiß nicht, was es ist, meine Meditationslehrerin schaut nur komisch. Also komme ich mir wieder komisch vor. Bin ich falsch? Habe ich falsche Wahrnehmungen? Ich fühle mich sehr allein damit. Zumal ja nur ich dies wahrnehme. Mit wem soll ich darüber reden, dass ich mir richtig vorkomme, wenn nicht mal meine Meditationslehrerin es für „richtig" hält?

Heute, im April 2020, weiß ich, dass ich richtig bin. Vielleicht war es ein altes Gefühl, das ich verdrängt habe, das zu mir wollte, weil es nicht weiter abgespaltet sein wollte. Vielleicht ist es aber auch etwas aus der dunklen Macht. Ich weiß es nicht, aber behalte du dies einfach im Hinterkopf, wenn wir beim April 2020 ankommen. Auch da habe ich keine Lösung, aber vielleicht einen Lösungsansatz. Ich kann dir auf alle Fälle sagen, dass du nicht allein bist, wenn du Dunkles wahrnimmst oder vielleicht ein Kind hast, das sagt, dass in der Ecke ein dunkler Mann steht (oder Ähnliches). Nur weil andere es nicht sehen, heißt es nicht, dass es nicht wahr ist. Alles, was du wahrnimmst, ist richtig! DU bist richtig. Du siehst/spürst jedoch Dinge, für die andere nicht offen sind oder zu denen sie noch keinen Zugang haben.

Und wenn du mal eine Gestalt wahrnimmst, kannst du sie auch ansprechen und fragen, wer sie ist, was sie will. Vielleicht erhältst du eine Antwort.

***

Ich fange nicht nur zu meditieren an, sondern setze mich auch mit basischer Ernährung, fairer Produktion, Körperentgiftung und Bachblüten auseinander. Ich spüre, dass dies für mich wichtig ist. Ich setze einen Teil davon um und versuche hier und da etwas in meinen Alltag zu integrieren. Mit der Zeit lasse ich es jedoch wieder sein, obwohl ich die gute Wirkung spüre. Aber gerade in Stresszeiten ist so eine Umstellung für mich nicht praktikabel. Rede ich mir zumindest zu diesem Zeitpunkt ein.

***

Um mir ein wenig die Zeit zu vertreiben, und weil ich immer im Kopf habe, dass ich Autorin werden möchte, schaue ich mich um, zu welchem Thema ich ein Buch schreiben könnte. Mir kommt ein Reiseführer zu Ägypten in den Sinn. Das finde ich eine gute Idee und sammle verschiedene Informationen, um mit dem Schreiben zu beginnen. Ich wollte eh immer nach Ägypten reisen. In zwei Jahren werde ich mit meinem damaligen Freund auch dorthin fahren.

Das Schreiben jedenfalls fällt mir schwer, es ist nicht so recht das, was ich mir wünsche. Es war auch eine Entscheidung aus dem Verstand heraus.

Und was klar ist, sind die Zeichen, die uns geschickt werden. Zum einen, dass ich mal wieder spüre, wie wichtig das Schreiben für mich ist. Und zum anderen, dass ich auf Ägypten stoße, wo ich garantiert in einem früheren Leben gelebt habe, wie ich inzwischen durch eine Meditation weiß. Und dieses Buch ist doch eine Art Reiseführer, oder? Natürlich kann man dies auch als Zufall bezeichnen, es ohne Zusammenhang sehen. Mit dem Abstand von mehreren Jahren weiß ich nun, dass nichts zufällig geschieht. Gar nichts. Weder ein Schicksalsschlag noch ein schöner Sonnenaufgang.

Schick-sal bedeutet übersetzt geschickte Gesundheit, salus ist die Gesundheit. Weil wir mit einem Schicksalsschlag heilen können, weil wir daran lernen können. Oft denken wir, dass ein Schicksal ein großes Leid ist, das wir tragen müssen, und es ist uns oft nicht bewusst, dass sich dies unsere Seele ausgesucht hat, um zu wachsen oder dass uns das Schicksal trifft, damit wir wieder auf unseren Seelenweg zurückkehren.

In dieser extrem formulierten Form sehe ich es damals noch nicht, aber ich spüre bereits, dass alles irgendwie zusammenhängt, dass uns Krankheiten etwas mitteilen möchten. Mir fehlen jedoch die Power und der Zugang, um mich intensiver damit zu beschäftigen. Mit Zugang meine ich in diesem Fall Quellen, Menschen, Austausch.

***

Was mich aber die ganze Zeit begleitet, ist mein Gefühl, dass im Herbst ein Job auf mich wartet, der zu mir passt. Ich schreibe also dieses Mal nicht wieder hundert Bewerbungen, sondern ganze zwei.

Und es kommt, wie es kommen muss, ich habe im September 2013 einen Job, der (zumindest vorübergehend) zu mir passt. Es ist ein Marketing/Pressejob im Behindertensport. Ich kann hier also meiner Schreibleidenschaft wieder nachgehen – und auch meinem Hobby. Ich kann den Kanusport mit meinem Job verbinden. Das Haus, in dem ich nun arbeite, hat jedoch eine negative Energie. Ich bin deshalb dankbar für meinen Sonnenarbeitsplatz und kann die Rollos gar nicht schließen, weil ich mich dann wie erstickt fühle. Eine Kollegin erzählt mir, dass an diesem Ort früher ein Henkersplatz war. Nun ist klar, was mich bedrückt, was ich wahrnehme: Diese alten, einengenden Energien.

In der Kantine werde ich auf einen jungen Mann aufmerksam, der mir ein wenig gefällt. Er ist nicht wirklich attraktiv für mich, diese Schwärmerei ist eher verstandsbezogen, fast ferngesteuert. Sie hält an, bis ich sein Autokennzeichen wahrnehme. Dieses enthält die Buchstaben JR. Dieses Autokennzeichen sehe ich nun regelmäßig. An Münchner Autos, an ausländischen Autos. Immer und immer wieder taucht es auf. Ohne Systematik für mich. Ich verstehe es nicht, aber ich nehme es immer und immer wieder wahr. Und natürlich, die Energie folgt der Aufmerksamkeit.

Dies ist der Schlüssel für eine wundervolle Zukunft, wie ich inzwischen weiß. Du wirst dazu noch lesen!

***

Ich nehme nun immer öfter Energien wahr, meist in der Natur. Insbesondere auf dem Münchner Jakobsweg, den ich in vier Etappen vom Frühjahr bis Sommer laufe. Aber auch in einer Stadt, in der mein Freund wohnt. – Ein wenig Geduld noch, das nächste Kapitel kommt bald. Ich möchte dich an dieser Stelle jedoch schon einstimmen, weil sich in dieser Zeit meine Wahrnehmung verfeinert.

***

Ich wechsle im Sommer 2015 (mal wieder) meinen Arbeitgeber. Dieser neue Job fühlt sich für mich irgendwie dunkel an. Irgendetwas ist komisch, aber ich spüre auch, dass ich wechseln muss (nicht nur wegen der Befristung des anderen Jobs. Da ist irgendwie mehr, nur kann ich es nicht greifen). Hier lerne ich Manfred kennen. Eine spirituelle alte Seele, die mich an die Hand nimmt.

Manfred hilft mir mit einfachsten Übungen, wieder in mein Herz zu fühlen. Ich, die absolut verstandsbezogen ist, spüre, dass da mehr ist, als uns im Kopf möglich ist. Ich fühle auf einmal, wie sehr ich im Verstand bin und mit diesem alles zu erklären versuche, auch meine Eingebungen und Gefühle. Manfred sieht noch ganz andere Sachen, auf die ich im Laufe des Buches eingehen werde. Jedenfalls erzähle ich ihm von JR. Mir ist inzwischen klar, woher auch immer diese Eingebung kommt, dass es mein Modelabel ist. Ich, die nichts mit Mode am Hut hat, geschweige denn sich mit Stoffen auskennt, mit Farben experimentiert oder auf modischen Schnickschnack steht. Aber es ist so klar, dass es mein Modelabel ist. Manfred zeichnet mir sogar das Logo, und es hat enorme Power! Es ist irgendwie sehr unreal für mich, weil ich mich mit Mode ja null auskenne. Und dennoch weiß ich, spüre ich, dass es irgendwie wahr ist. So lege ich ein Büchlein an, in dem ich Schnittmuster, Ideen oder auch erste Entwürfe zeichne. Mit meinem krakligen Kinderzeichnen, aber ich spüre, dass es aufgezeichnet sein muss.

Über die Jahre verschwindet JR ein wenig, ich sehe mal mehr und mal weniger das Autokennzeichen, habe manchmal Ideen, wie ein Kleidungsstück aussehen könnte, zeichne dies dann auch auf, aber es gerät peu à peu in Vergessenheit.

***

Mit meinen Chefs läuft es miserabel. Es kommt zweimal vor, dass mein Chef und ich uns gleichzeitig im Türrahmen treffen, und er ein Zeichen macht, als würde er mich abschießen wollen. Ich erzähle dies Manfred, und er sieht, dass dieses kleine Unternehmen im alten Rom eine Familie war, die sich gegenseitig umgebracht hat. Damit löst sich jetzt zumindest der Knoten meines Unwohlseins. Und meine Verbindung zu Rom ist da.

Mein Arbeitgeber muss uns wegen Insolvenz entlassen. Ich genieße mal wieder einen schönen Sommer, aber leider meine Auszeit nicht so recht. Dabei habe ich über Empfehlung bereits meinen neuen Job sicher in der Tasche. Ich blockiere mich selbst. Aber die Zeit vergeht dennoch.

***

Bei meinem neuen Arbeitgeber gibt es viele seltsame Momente. Zum einen arbeite ich mich überdurchschnittlich schnell ein und setze damit nicht nur mich, sondern auch die anderen im Team unter Druck. Es ist wie ein innerer Drang, dass ich glänzen muss. Aber es kommt auch vor, dass ich mich und meine Chefin immer mehr und immer öfter mit Frankreich und Folterung verbinde. Und verbal foltert sie meine Kollegen mehr als mich. Aber dieses Gefühl hält an, dass auch ich von ihr früher gefoltert wurde. Hierzu mache ich später mehrere Ablösen und auch meine erste Rückführung.

Bei diesem Job kann ich zumindest mit meiner Kollegin hier und da über Themen wie Leben nach dem Tod und auch Vorahnungen sprechen.

Kapitel 5 – Privat

Ich hatte dir ja bereits erzählt, dass ich den Münchner Jakobsweg 2014 in mehreren Etappen nach Lindau gegangen bin. Hier habe ich einiges gefühlt, lies selbst:

Es ist Ende Mai, ich fühle mich frei. Ich tänzle in einem Wald zwischen den Bäumen herum. Sie strahlen so eine Kraft aus, dass ich sie berühre und mit ihnen verschmelzen möchte. Ich spüre keinen Rucksack auf dem Rücken, so leicht fühle ich mich gerade. Und auf einmal kommt mir in meiner Leichtigkeit ein Gedanke auf – den ich wirklich selten beim Wandern habe: Was ist, wenn mir hier so ganz allein ein Mann begegnet? Und vielleicht was von mir will. Ich bin ja komplett schutzlos. Mich schüttelt es, ich gehe achtsam und wachsam weiter. An der nächsten Kurve erstarre ich fast: Mir kommt tatsächlich ein Mann ganz allein entgegen. Ich bleibe stehen. Was soll ich tun? Der Mann grüßt kurz, hebt seine eingegipste Hand zum Gruß und läuft weiter. Und ich weiß, dass mein Gefühl kein Hirngespinst ist. Normalerweise fühle ich mich beim Wandern immer wohl. Denn wer macht sich die Mühe, auf einen Berg zu klettern und sich an Frauen zu vergehen? Gerade an so einem grauen Tag. Jedenfalls fühle ich mich besser, als dieser Mann ein ganzes Stück weg ist. Ich drehe mich immer mal wieder um, kann das eben Erlebte nicht sofort loslassen.

Ich möchte an dieser Stelle ergänzen, dass wir alle alten Erlebnisse aus früheren Leben in unserer Aura gespeichert haben. Würden wir alle unsere Aura von Vergewaltigung, Mord, Diebstahl und Co. bereinigen, gäbe es dies auch nicht mehr, weil alle alten Verstrickungen und Rachegedanken gelöst wären. Ich weiß inzwischen, dass ich mindestens in einem früheren Leben einer versuchten Vergewaltigung entkommen bin (siehe Sommer 2019). Vielleicht habe ich daher immer die Angst einer Vergewaltigung, eines Überfalls in mir getragen. Ich habe immer mal Angst davor gehabt, dass es mir in diesem Leben passieren könnte.

Erst mit einer Ablöse (oder auch mit mehreren, vielleicht auch mit fremder Hilfe) kann dies aus der Aura gelöst und gereinigt werden und tritt in dem jetzigen Leben in den Hintergrund. Und wenn du diese Angst nicht kennst, hast du es vielleicht nicht erlebt. Oder es ist für dich nicht wichtig, diesen Part in diesem Leben zu lösen.

Am nächsten Tag bin ich allein in einer Kirche. Aber ich kann die Ruhe nicht genießen, irgendwas treibt mich raus. Also öffne ich die Tür – und schaue in zwei wunderbar blaue Augen. Der Mann, zu dem diese Augen gehören, und sein Freund fragen nach dem Weg, entschuldigen sich für die „Störung" – und sind weg. Schade! Ich laufe weiter, mache immer mal Pausen, aber von den beiden keine Spur. Als ich nochmals eine lange Pause mache, holen mich die beiden endlich ein. Wir plaudern und laufen die Tagesetappe gemeinsam zu Ende. Der Freund erzählt mir mehrmals, wie ich online den Mann finde, zu dem diese tollen blauen Augen gehören. Ich stöbere tatsächlich einige Wochen später nach ihm. Als ich zwei Jahre später einen Teil der Strecke nochmals laufe, treffe ich ihn geplant. Wir plaudern wieder nett – und es ist klar, dass unsere Begegnung für dieses Leben erledigt ist. Wir sollten uns treffen, mehr nicht.

Bei meiner nächsten Etappe, ich bin wieder allein im Wald unterwegs, finde ich einen Holzspielplatz. Ich spiele etwas rum, schaukle und dann habe ich das Gefühl, ich muss *jetzt* gehen. Also Rucksack auf und losmarschiert. Ich vergesse meine Eingebung sogar wieder. Bis ich aus dem

Wald herauskomme und ein Stück entfernt zwei Männer stehen sehe. Sie gehen nach einigem Zögern einen anderen Weg. Aber sie drehen irgendwann wieder um. Mir ist wieder etwas mulmig, da weit und breit niemand zu sehen ist und ich mich an mein letztes Erlebnis im Wald erinnere. Und wir treffen uns – wie interessant, dass sie so umdrehen, dass wir uns genau an dieser Kreuzung treffen. Sie hatten mich nämlich gar nicht gesehen, nur ich sie, weil ich bergab gehe. Und sie sind dankbar, dass ich ihnen genau hier über den Weg laufe, denn sie laufen den Jakobsweg rückwärts, da sei die Ausschilderung einfach nicht für gemacht. Ich kann ihnen helfen – und sie laufen frohen Mutes weiter. Jetzt ist mir klar, dass alles seinen Sinn hat. Auch wenn ich im Alltag oft im Kopf bin, verstehe ich diese Fügungen, ja Führungen.

Wir treffen immer dann Leute, wenn es für mindestens eine Seite wichtig ist. Und auch wenn es so klar ist, können wir es oftmals im Alltag nicht glauben.

***

Beim Kanufahren lerne ich meinen neuen Freund kennen. Er wohnt in Gauting, eine Stadt, die mir viel Unbehagen bereitet. Ich fühle mich dort wirklich unwohl, und schreibe es der Wohnlage zu, so nah an einer großen Kreuzung. An die Zeit dort kann ich mich kaum erinnern, es fühlt sich für mich alles wie im Nebel an. So freue ich mich umso mehr, dass wir im Juli 2015 nach Germering ziehen. In den Umzugsvorbereitungen finde ich meine Vision von 2013 wieder. Und da ich weiß, dass ich sie mit meinem Freund nicht umsetzen werde, trete ich sie ein zweites Mal regelrecht mit Füßen, indem ich sie dieses Mal sogar wegwerfe (2013 hatte ich ja gezweifelt, ob sie „richtig" ist, weil es für meine Meditationslehrerin nicht stimmig war, dass ich sie ohne Mann und Kind(er) zeichnete). Auf Gauting komme ich 2018 nochmals zurück, merke dir daher diesen Ort.

***

In diesem Sommer denke ich mir auch so: Lade mal wieder alle deine Daten auf die externe Festplatte, es ist wichtig. Ich fahre den Rechner hoch, trödele am Rechner, fahre ihn runter – ohne die Daten zu speichern. Und beim nächsten Mal, tja, da fährt er nicht mehr hoch. Es ist jedoch noch zu reparieren. Aber auch hier war meine Eingebung mal wieder richtig! Und ich weiß, dass es manchmal schwer ist, Eingebungen von Ängsten zu unterscheiden.

Ängste halten länger an und blockieren uns, liegen schlecht im Magen. Eingebungen können auch schwer im Magen liegen, sind aber meist flüchtiger. Oder das Gefühl wird stärker, je länger du in der Situation bist. Und das Gefühl ist kein blockierendes, sondern ein Bauch-, aber kein Angstgefühl.

Wenn du in so eine Situation kommst und nicht unterscheiden kannst, was es nun ist, dann empfehle ich dir folgende Übung. Formuliere eine Ja/Nein-Frage wie „Soll ich jetzt gehen?", wirf eine Münze – und im Flug der Münze wirst du spüren, welche Antwort du dir wünscht. Du brauchst gar nicht auf die Münze zu schauen, denn dein Gefühl spricht die Wahrheit.

***

Einige Tage oder Wochen später erfahre ich bei einer Veranstaltung, dass heute ein guter Tag sei, um grünes Licht durch den Körper fließen zu lassen. Habe ich noch nie getan und probiere es abends im Bett liegend aus. Und ich spüre wirklich um mich herum grün, mein Körper fühlt sich leichter und auch weiter an. Als wenn die Begrenzung verfließt. Mein Körper füllt sich mit Kraft, als würde ich aufgetankt werden. So habe ich es mir immer vorgestellt, wenn Elisabeth Kübler-Ross schrieb, dass sie manchmal nachts eine Energieaufladung erhalten habe. Es sind außerkörperliche Energien, die uns anfüllen, Kraft geben. Ich lasse es in mir wirken, bin ganz beeindruckt. Als ich mich bewege, ist es weg. Dies habe ich seitdem auch in dieser extremen Form nicht wieder erlebt. Oder bewerte ich es jetzt anders?

***

Ebenso fange ich diesen Sommer durch den Para- und Inklusionskanusport mit dem Wildwasserpaddeln an. Und ich habe in mir eine unwahrscheinliche Angst vor dem Ertrinken. Dieses Gefühl kenne ich vom Flachwasser überhaupt nicht (Flachwasser sind Seen und fast stehende Flüsse). Und es beschleicht mich das Gefühl, dass ich in einer anderen Reinkarnation mal ertrunken bin. Diese Angst fühlt sich auch ein wenig so an, als wenn sie zwar zu mir gehört, aber dennoch irgendwie so gar nicht. Und ich habe sie nur während des Wildwasserpaddelns, nicht an Land oder beim Schwimmen. Und obwohl ich ein sehr gutes Bootsgefühl habe, bin ich im Wildwasser teilweise wirklich sehr ängstlich, vorsichtig und total verkopft. Andererseits gibt es auch Situationen, in denen ich einen klaren Kopf bewahre – und sehr gut ein Hindernis umfahre. Gerade diese Ambivalenz spüre ich immer und immer wieder in meinem Leben. Und inzwischen vermute ich, dass sich dort ganz oft Verstrickungen oder Gefühle aus bisherigen Leben bemerkbar machen. Ich sage öfter, dass ich mich wie Faust fühle: Es kämpfen zwei Seelen in meiner Brust.

Ich ahne und habe dies bestätigt bekommen, dass ich zur Hamburger Sturmflut 1962 gelebt habe. Vielleicht bin ich damals ertrunken? Was erklären würde, warum ich im Wildwasser Angst habe, fortgerissen zu werden und dabei zu ertrinken. Ich habe Angst, mich nicht befreien zu können.

Natürlich werde ich nie zu 100 Prozent wissen, dass ich tatsächlich dann und dann gelebt und diese oder jene Erfahrung gemacht habe. Dies ist nicht belegbar. Aber wenn deine Intuition sagt, dass etwas wahr ist – und dies auch andere Menschen als Eingebung bekommen, ist die Wahrscheinlichkeit recht hoch. Und es gibt Menschen, die Informationen zu deinen früheren Leben in Form von Bildern, Zahlen, Empfindungen erhalten können – soweit es für deine Seele jetzt wichtig zu wissen ist. Bei reiner Neugier kommen selten Informationen.

***

Im Sommer 2017 spricht mich nach dem Kanutraining eine Ruderin an, ob ich ihr kurz helfen könne. Es ist Maria. Maria und ich verstehen uns auf Anhieb. So beginnt eine lockere Freundschaft, die in den kommenden Jahren bedeutend für weitere Erlebnisse aus früheren Inkarnationen ist, was ich zu diesem Zeitpunkt natürlich nicht weiß. Es ist nur mal wieder spannend, wie sich alles fügt, wie sich Treffen zu einem Zeitpunkt ergeben, wo wir Raum und Zeit hierfür haben.

Die Wege von meinem Freund und mir trennen sich. Ich habe das Bedürfnis (eher einen unerklärlichen Drang), unbedingt in Germering wohnen zu bleiben. Ich manifestiere meine Wohnung (auch wenn ich es zu dem Zeitpunkt noch nicht so nenne) – und bekomme sie. Mir ist klar, dass ich in dieser Wohnung nicht ewig wohnen werde. Sie ist ein Ort, an dem ich Klarheit finden darf. Was übrigens auch die Hausnummer nach dem schamanischen Medizinrad bestätigt: Klarheit.

***

Die Zeit verfliegt das Jahr 2018 über. Ich bin mal mehr, mal weniger bei mir, mir treu. Auch wenn ich mich wiederfinde, fühle ich mich verloren. Ich spüre immer mehr, dass unsere Antworten in einem offenen Herz liegen. Aber wie dorthin kommen? Manfred hatte mich dies zwar vor drei Jahren schon gelehrt, aber nicht immer finde ich den Zugang in mir.

Seit Januar schreibe ich mehrmals in mein Tagebuch, dass ich mir eine mehrwöchige Auszeit wünsche, in der mein Geldfluss gesichert ist. Dies hatte ich zuvor auch einige Male geäußert, aber sehr unkonkret.

Im September scheint dies einzutreten: Mein Arzt überweist mich wegen meiner Brustbeklemmung (die ich ja seit 2011 habe, aber bis dato niemandem davon erzählte) zum Lungenarzt nach Gauting (du erinnerst dich, wo mein Exfreund früher gewohnt hat?). Ich fahre ungern dorthin. Die Busfahrt beklemmt mich, ich will nur zügig wieder heim – und verpasse nach dem Arzttermin knapp den Bus. Was will mir dies sagen? Ich springe sofort in die nächste S-Bahn, will nur schnell weg. Mit ihr brauche ich zwar doppelt so lange nach Hause, aber warten will ich auf keinen Fall. So eingeengt hatte ich mich bisher nicht gefühlt, ich bekomme kaum Luft (daher ja auch der Lungenarzt, haha!).

Der Lungenarzt hat nichts gefunden, mein Arzt rät mir dennoch davon ab, meine geplante Alpenüberquerung von Tegernsee nach Sterzing anzugehen. Aber ich weiß, ich muss sie laufen! Jetzt! Für mich kommt eine Verschiebung nicht in Frage.

***

Und wie wichtig das Laufen für mich ist! Ich bin ehrfürchtig vor der Natur und ganz im Einklang mit mir. Und es gibt ein sehr nennenswertes Ereignis: Den einen Tag stiefle ich so vor mich hin und sehe etwas weiter einen Mann mit einem großen schwarzen Hund. Ich habe ein ungutes Gefühl – und nehme aus dem Grund erst den Straßen- statt den Wanderweg, den der Mann einschlägt. Nach 200 Metern ist klar, dass der Weg an der Straße endet und ich den Wanderweg in den Wald nehmen muss. Ich drehe um, laufe über die Brücke, an deren Ende der Mann – mit Handy am Ohr und völlig in sich versunken – steht. Und der Hund? – Der rast in einem Mordstempo auf mich zu! Kurz stockt mein Atem, dann mache ich mich groß – ich spüre, wie ich drei bis fünf Meter „breit" bin – und rufe aus tiefsten

Herzen und Lunge: „Aus! Aus! Aus!" Und ungefähr drei Meter vor mir bleibt der Hund stehen und geht mit gesenktem Kopf zu Herrchen (der natürlich völlig erstaunt ist und sich entschuldigt). Ich bin geschockt und stolz zugleich. Beim Weiterlaufen drehe ich mich zwar noch einige Male um, aber eher wegen des Schocks, nicht wegen einer Angst. Und mir dämmert, dass der Hund meine Aura wahrgenommen hat. Meine Ausdehnung, mein Energiefeld! Ich weiß, ich bin beschützt. Vielleicht sind auch meine Engel bei mir, an die ich zu dem Zeitpunkt noch nicht glaube beziehungsweise noch nicht von ihnen weiß.

***

Von Engeln und geistigen Helfern spricht auch Robert Betz. Er ist ein Transformationscoach, auf den ich aufmerksam geworden bin. Über ihn erfahre ich von meinem Inneren Kind und löse (über Jahre betrachtet) einige innere Blockaden mit seinen Meditationen. Robert Betz hat mir durch seine Meditationen und Vorträge geholfen, mich und Situationen anders wahrzunehmen, Gefühle zu wandeln, zu transformieren. Im November bin ich bei einem Robert-Betz-Stammtisch. Bei diesem Stammtisch erzähle ich, dass ich mich gerade von einem Inkasso-Verfahren verfolgt fühle. Ich habe eine Rechnung an einen falschen Empfänger gezahlt (der aber der Verkäufer war) und dann auch online gelesen, dass die beiden damit ein Spiel spielen. Na ja, kurzer Sinn: Die Leiterin fragt mich: Wo bist du dir was schuldig? Wo fühltest du dich in einem vorherigen Leben gejagt? – Wieder eine Anspielung auf ein früheres Leben! Und inzwischen weiß ich (wie vorhin schon mal erwähnt), dass ich als Hexe in einem anderen Leben gejagt und verbrannt wurde. Und ich vermute ja schon, dass mich mein letzter Arbeitgeber in mehreren Leben jagte und folterte. Auch dazu später mehr.

Ich kann dir nur sagen: Es hängt alles zusammen! Jetzt und früher und Seelenverträge und deine Seelenaufgabe. Für mich sitzen da oben tausend Seelen und Lichtwesen in einem riesigen Cockpit und drücken zur rechten Zeit auf die verschiedensten Knöpfchen, damit wir auf unserem Weg Gefährten treffen, uns die richtigen Fragen gestellt werden, um in unserem Leben zu wachsen.

***

Zumindest hole ich mir mit der Eröffnung meines Blogs lebensweite.de die Kraft zurück, die schon immer in mir schlummert, die nun freigesetzt werden möchte. Ich hadere schon so lange damit, einen Blog aufzusetzen, weil mir schlicht und einfach der Name fehlt (und aus Angst, mich zu zeigen). Ohne Namen keine Website. Als ich dies durch einen Bericht verstehe, läuft es ganz schnell. Der Name kommt zu mir, ich setze mich hin und das Technische um. Nur muss ich beim Erstellen auch Etliches eingeben, auf das ich nicht vorbereitet bin: Untertitel und die erste Seite fliegen mir beim Erstellen zu – und sind nach zwei Jahren immer noch stimmig, da es aus meinem höheren Selbst kommt. Aus meinem tiefsten Inneren. Interessanterweise verwende ich den Begriff Vertrauen mehrmals. Behalte du diesen im Hinterkopf für meine späteren Schritte.

Was mir immer bewusster wird: Je mehr ich Klarheit für mich gewinne, über frühere Leben, über meine Vision, umso mehr verabschieden sich Freunde. Der Weg wird einsamer! Nicht für jeden ist verständlich, was sich in mir ändert. Es ist auch nichts Äußerliches, mit dem die anderen umgehen können, sondern es ist in mir. Und das ist nicht greifbar und wenig erklärbar, gerade wenn sich alles entwickelt. Ich habe für mich das Gefühl, dass ich mich sogar noch mehr einigeln und abkapseln möchte. Bin ich komisch? Ist dies nötig? Ich glaube, es ist mein Ruf. Mein Ruf zu mir selbst.

***

Auch fühle ich mich in dieser Zeit mehr denn je mit meinem verstorbenen Großvater verbunden und weiß, dass er da ist. Obwohl ich bis dato noch keinen Kontakt zu Verstorbenen habe. Als sei er um mich herum. Dass es tatsächlich so sein kann, glaube ich erst später.

Beim Stöbern finde ich unterstützend im Internet einen Blog mit Heilmeditationen, die ich nun regelmäßig mache – und spüre, wie ich leichter werde. Ich kann alte Sachen (auf-)lösen. Das tut mehr als gut! Ich sehe zum ersten Mal während einer Meditation ein weißes Licht – und ja, es strebt mich immer wieder dorthin. Aber es kann nicht erzwungen werden. Manchmal fühlt es sich für mich auch so an, als wenn ich meinen Körper weniger spüre, er leichter wird. Als wenn die Begrenzung sich weitet oder auflöst. Außer am Rücken, als wenn dort meine Seele festgehalten ist (wird sie nicht, aber das erfahre ich erst später).

Wo ist unsere Seele, wo sitzt sie? Entscheidet sie, wann wir unser Leben beenden, es zu Ende geht?

Passend zu diesen Fragen beschäftigt mich bei einem Erste-Hilfe-Kurs, den ich als Trainerin regelmäßig machen muss, die Frage, was mit den Seelen ist. Wollen sie vielleicht schon die Erde verlassen, weil ihre Mission erfüllt ist – und ich zwinge sie durch meine Wiederbelebungsversuche dazu, doch noch zu bleiben? Aber vielleicht ist es auch diese Erfahrung, die diese Seele machen möchte? Jetzt beim Schreiben spüre ich, dass ich intuitiv das Richtige machen werde, sollte ich mal in so eine Situation kommen. Ja, ich spüre gerade ganz fest, dass ich eine Eingebung erhalten werde, was ich zu tun habe. Das fühlt sich jetzt sehr gut für mich an.

***

Im Dezember nehme ich an einer Meditation von Robert Betz teil, in der ich eine Art Rückführung mache, in der ich meine Größe in einem früheren Leben erfahren darf.

Obwohl ich das Gefühl habe, dass ich die ganze Zeit im Kopf bin, fühle ich ein Bild. Ich sehe es nicht, es ist ein Gefühl, dass ich zeitlich im alten Rom bin und dort als Richter tätig bin. Ich spreche Recht – ohne ungerecht zu sein (was damals ja nicht immer üblich war).

Interessant, dass ich während der Schulzeit ein Praktikum im Gericht absolviert habe und mich auch als sehr moralischen Menschen sehe. Mir ist oft die Motivation einer Tat wichtiger als die Tat an sich. Jedenfalls fühlt sich diese Größe, diese Ausstrahlung, die ich in der Meditation wahrnehme, gigantisch an. Wie klein bin ich doch in diesem Leben! Wie viel darf ich noch lernen, dass ich in meine wahre Größe komme, die sich hinter Glaubenssätzen, Erziehung und Gesellschaftsstruktur verbirgt!

Ich habe eine Ahnung davon, dass sich bei mir noch einiges tun wird – und freue mich sehr darauf. Ich bin voller Zuversicht, obwohl ich nicht weiß, wie es geschehen soll. Aber das *Wie* hat mich ja auch nicht zu interessieren, wie ich inzwischen weiß. Darum kümmern sich unsere Begleiter und Engel.

***

Ich weiß nicht mehr, was ich gerade im Dezember tue, wo ich zu diesem Zeitpunkt bin, aber ich weiß auf einmal, dass mein zukünftiger Mann in mein Leben treten wird. Im August. Und irgendwas hat es mit Südtirol zu tun. Ich glaube, es ist meine erste bewusste Eingebung dieser Art, die mein Leben verändert.

Ich öffne mich für Zeichen aus der geistigen Welt, ohne dass mir dies zu diesem Zeitpunkt bewusst ist. Vielleicht sind es auch die Heilmeditationen. Wahrscheinlich ein Mix aus dem, was in den letzten Monaten so passiert ist.

Auch in den Rauhnächten, die ich zum ersten Mal bewusst zelebriere, träume ich viel, was ich sonst selten tue. Und auch in den folgenden Jahren so nicht erlebe. Es ändert sich eben gerade was in mir. Meine Wahrnehmung wird anders. Sie wird feiner. Und tiefer.

Rauhnächte sind die Nächte zwischen den Jahren, also vom 24.12. des laufenden bis zum 06.01. des nächsten Jahres. In diesen haben wir einen besonderen Zugang zur Anderswelt. Und jeder Tag steht für einen Monat des kommenden Jahres. Es heißt, wir sollten auf unsere Träume und Wahrnehmungen achten, weil sie uns sagen, wie das kommende Jahr verläuft. Viele Menschen räuchern und orakeln in dieser Zeit. Einen Brauch kennst du bestimmt auch – das Bleigießen an Silvester.

Kapitel 6 – Das plötzliche Wahrnehmen

„Die Zeit vergeht, sie weiß es nicht besser“ (aus *Das doppelte Lottchen* von Erich Kästner). Aber sie ändert uns – oder besser: Wir ändern uns mit der Zeit. Und bei mir ändert sich in kürzester Zeit meine Wahrnehmung, mein Bewusstsein. Es geht teilweise zack-zack, und dann auch wochenlang gar nicht. Weil es ein Prozess ist, den wir nicht steuern können. Lies nun selbst meine einzelnen Erlebnisse:

Anfang Januar 2019 sind wir in Innsbruck in der Andreas Hofer-Ausstellung unterhalb von Bergisel an der Sprungschanze. Die Ausstellung ist wirklich großartig gemacht, ich fühle mich fast lebhaft dabei. Als die anderen weitergehen, muss ich pausieren, weil mein Kreislauf nicht so recht möchte. Ich muss raus, ich halte es in dem Raum nicht mehr aus! Mir kommt es stickig und kalt vor, ich friere – und dazu fährt der Kreislauf runter. Das kenne ich nur aus einem heißen Sommer während des Studiums. Ich hatte ewig keine Kreislaufprobleme mehr. Und schon gar nicht im Winter!

Als ich später Manfred davon erzähle, erhält er die Information, dass ich einst in Südtirol gelebt habe. Also dort, wo die in der Ausstellung dargestellte Schlacht stattgefunden hat. Das erklärt mal wieder meine körperliche Wahrnehmung. Und vielleicht auch meine Eingebung, dass mein zukünftiger Mann ein Südtiroler sein wird, weil ich dort noch etwas zu erledigen habe? Ich weiß es im Moment nicht, das sind nur Vermutungen. Aber ich finde es so schön, wie sich die Puzzleteile zusammenfügen, einen Sinn ergeben.

***

Nur einen Monat später sind Dana und ich in Leipzig in einer Renaissance-Ausstellung. Dort ist ein dunkelblaues, wunderschönes Kleid ausgestellt, das ich nur sehr kurz anschaue. Und auf einmal sehe ich eine minikurze Sequenz eines Bildes: Ich in einem dunkelblauen Kleid als Geliebte an der Seite eines Mannes. Dieser Mann ist in meinem jetzigen Leben mein Vater. Ich weiß nicht, wann oder wo es war. Aber ich bin mir sicher, ein Bild aus einem früheren Leben gesehen zu haben. Es ist das erste Mal, dass ich so eine Wahrnehmung bemerke. Und weil es so kurz ist, will ich es erst – wie sonst auch? – zur Seite schieben.

Es ist so kurz, als wenn jemand dir ein Foto entreißt, bevor er es dir hinhält. Also nicht greifbar. Das Erlebnis beschäftigt mich einige Tage, denn ich glaube, dass ich ganz oft nur wenige Augenblicke Dinge sehe, aber nicht registriere, weil es eben so kurz ist. Ich bin erstaunt, gleichzeitig aber auch dankbar.

***

Mitte Februar schreibe ich in mein Tagebuch: „Ich glaube, dass sich Mitte des Jahres etwas tut, das fühlt sich so an. Ich nehme extrem wahr, wie müde ich bin, wie sehr mich mein Leben erschöpft. Ich lähme mich selbst, weil ich mir keine Bewegung gönne." Totales Tief, ich sehne eine Auszeit mehr denn je herbei.

***

Im März habe ich die Eingebung: „2020 wird mein Jahr der endgültigen Befreiung. Dieses Jahr ist die Vorbereitung. Schon letztes Jahr spürte ich, dass eine gewaltige Änderung kommt. Nun ist sie greifbar. Ich spüre schon die kraftvollen Energien, die mich emporheben."

Diese Formulierung kommt zu mir, als wenn es mir jemand eingetrichtert hat. Ich halte es fest und schaue, was nun kommen mag. Jetzt, ein Jahr später, beim Schreiben verstehe ich die Wortwahl und den Sinn: Eine gewaltige Änderung – kann ein Bruch gewaltfrei sein? Und kraftvolle Energien, die mich emporheben. Halleluja, wenn da mal nicht die Engel ihre Flügel mit im Spiel haben!?

Ich analysiere dieses Frühjahr viel, beschäftige mich mit meinen Glaubenssätzen und werfe einige über Bord, mache mich damit freier.

Glaubenssätze sind in uns verankerte Muster, die wir von unseren Eltern, Lehrern, Autoritätspersonen, aber auch aus früheren Inkarnationen unbewusst übernommen haben. Wir haben sie durch Erziehung und Konditionierung in uns verankert. Einige können wir recht leicht aufstöbern, insbesondere, wenn diese Sätze gerade in der Kindheit oft gefallen sind wie: Was sollen die Nachbarn von uns denken. Geld verdirbt den Charakter. Schöne Frauen haben es im Leben einfacher. Iss, damit du groß und stark wirst. Indianer (= Männer) weinen nicht. Undsoweiterundsofort… Wir können uns jedoch fragen, ob diese in uns integrierten Sätze und Handlungsmuster wahr sind, ob sie für uns noch richtig sind. Wenn ja, ist es okay. Wenn nein, haben wir die Möglichkeit, diese Sätze für uns zu wandeln. Manche Glaubensmuster wandeln sich bereits durch das Erkennen und Aufdecken, andere sind so tief und unbewusst in uns verwoben, dass wir hierfür Hilfe benötigen in Form von Ablöse, Decodierung. Es gibt kein Patentrezept, wie du all deine Glaubenssätze findest und wandeln kannst, denn du trägst sie vielleicht schon aus früheren Leben in dir. Deine Bereitschaft, dich von deinen Mustern, die dir Halt im Leben bieten, zu lösen, spielt auch eine entscheidende Rolle. Wenn du magst, achte die nächsten Wochen auf deine Muster und woher sie rühren, damit beginnt der erste Schritt. Wenn du zum Beispiel feststellst, dass Geld doch nicht den Charakter verdirbt, dann mach dir dies bewusst, integriere den Satz in dir: Geld macht glücklich und frei! Ich liebe Geld (oder Ähnliches, was sich für dich stimmig anfühlt).

***

Im April resümiere ich das erste Quartal 2019 und stelle fest, dass es ein Jahr der Entwicklung ist und sein wird. Es fühlt sich nicht immer leicht, sondern wirklich schwer an. Aber ich fühle, dass da noch mehr ist als das, was ich bisher erlebt habe. Mehr als das, was ich sehe. Als wäre da eine Kraft, die mich zieht. Zu mir, zu meinem Kern. Nach vorn und oben. Eine Kraft, die ich in mir spüre, aus mir heraus.

Ich meditiere den einen Abend ohne Anweisung oder Ziel. Ich wünsche mir Stille in meinem Kopf. Auf einmal spricht mein verstorbener Großvater zu mir. Ich höre seine Worte, seine Stimme, sehe ein Bild von ihm vor meinem inneren Auge. Das hatte ich noch nie – oder zumindest nicht bewusst. Es geht so schnell, ich kann weder etwas fragen noch Angst haben. Er sagt zu mir: „Sag meiner Frau, dass es mir gut geht!" Puh, ist das Einbildung? Aber der Satz ist so klar und anders als in einer Tagträumerei. Er ist zwar in meinem Kopf, aber er ist nicht von mir. Also vertraue ich darauf, dass dieser Satz von ihm ist. Eben aus dem Himmel. Ich traue mich lange nicht, meiner Großmutter dies mitzuteilen. Als ich es ihr Weihnachten, also ein Dreivierteljahr später, sage, übergeht sie es. Ich weiß nicht, ob sie es nicht wahrnimmt oder nicht wahrnehmen möchte. Und da es auch für mich neu ist, belasse ich es dabei, dass ich meine Aufgabe erfüllt habe.

Einen Tag später – ich bin wieder im April, nicht an Weihnachten – erzähle ich meinem Arzt, dass ich Blut im Hustenschleim habe (genau das wollte ich ihm nicht erzählen, hatte ich mir so fest vorgenommen!). Er überweist mich – wie bereits im September – zum Lungenarzt.

Wie auch schon im September fühle ich mich auf der Fahrt nach Gauting unwohl und hoffe, dass ich schnell wieder heimfahren kann. Es ist heute zwar etwas leichter, aber wohl fühle ich mich weder jetzt noch damals. Als ich dann bei dem Lungenarzt sitze und warte, wird mir klar, dass meine Überweisung nichts mit meiner Lunge zu tun hat. Ich habe in Gauting was zu klären. Nur was?

Ich glaube, ich darf mit dieser Stadt Frieden schließen. Und als ich dieses Mal nach dem Arztbesuch noch knapper als letztes Mal den Bus verpasse, weiß ich, dass ich durch die Stadt schlendern sollte. Das Gehen und Bummeln klärt mein seelisches Ungleichgewicht.

Ich schaue auch bewusst auf die Würm, die mir – obwohl so ein kleiner Fluss, der durch Gauting fließt – immer unheimlich ist. Ich werde ruhiger, friedlicher, aber auch schmerzvoller. Da ich diesen Schmerz nicht in der Öffentlichkeit ausleben möchte, fahre ich heim.

Zuhause lasse ich den Schmerz raus und sehe auf einmal eine kurze Bild- oder Filmsequenz. Eine weinende und schreiende Frau. Ihr wurde das Kind entrissen. Und ich weiß, dass ich es bin. Es ist so kurz und nicht nochmals aufrufbar, dass es unwirklich erscheint. Und doch so wahr. Ich kann nicht weinen, habe einen trockenen Hals, einen weitaufstehenden Mund und Schnappatmung wie ein Fisch. Ein trockenes Weinen der totalen Ohnmacht, der Unfassbarkeit. Ich fühle den unsagbaren Schmerz dieser Frau tief in mir.

Als ich es Manfred erzähle, bekommt er weitere Informationen hierzu rein: Ungefähr 1872/73, ich war Anfang zwanzig – und mein Exfreund in diesem Leben war mein damaliger Mann! Na, wenn das nicht einiges erklärt…

Manfred stellt mir einen Engel an die Seite und in Gauting einige Elohimsäulen auf. Ich wandere die zwölf Kilometer einige Tage später bewusst nach Gauting, um dieser kleinen Kinderseele die Heimreise zu ermöglichen. Mein Schmerz ist weg, ich fühle die Seele in meiner Nähe. Und ich fühle mich leichter, nachdem ich ihr gesagt habe, dass sie gehen darf. Ich denke, dass sie den Weg ins Licht gefunden hat.

Ich bin Manfred sehr dankbar für die zusätzlichen Informationen. Und ich bin in einer absoluten Ruhe.

Kleiner, aber sehr passender Zeitsprung: Schon vor 15 Jahren hatte ich ein Gefühl, als wäre ich am falschen Platz, als meine Schwester und ich eine Fahrradtour – ohne zu wissen, wo wir gerade sind – in Gauting vorzeitig beendeten. Beim Umdrehen sprang mir meine Fahrradkette ab. Ich erinnere mich an ein ungutes Gefühl. Ich schob es auf die Anstrengung und Erschöpfung. Jetzt weiß ich, was es zu bedeuten hatte: Das unruhige Gefühl hatte nichts mit der Fahrradkette zu tun, sondern mit meinem früheren Erlebnis dort! Beim Schreiben wird mir ganz warm, als wenn ein Feuer brennt. Und Angst ist da. Ich verstehe jetzt beim Schreiben innerhalb von Sekunden, dass meine Ängste, die ich in Gauting hatte und nie aussprach, nicht aus diesem Leben sind. Da war eine enorme Verlustangst, die mich fast erdrückt hat (daher die Schmerzen auf das Brustbein?). Und es passt so sehr zu der eben beschriebenen Situation, die endlich geklärt werden wollte.

An dieser Stelle möchte ich erwähnen, dass wir in unserem jetzigen Leben unbewusst Situationen aus alten Leben nochmals durchleben, weil sie gelöst werden wollen.

Ich ergänze hier auch einen für mich bestehenden Zusammenhang: Im Winter war ich oft in Germering auf einem Friedhof spazieren und fühlte mich suchend. Ich lief immer umher, als müsse ich etwas finden. Und das eine Mal bin ich vor einem Kindergrab stehen geblieben. Wie angewurzelt. Ich hatte unbewusst mein Kind gesucht. Das Kind trug fast meinen jetzigen Nachnamen! Das fand ich unheimlich, weil ich den Sinn dahinter verstehen wollte und nicht verstand. Nun fand ich meine Erklärung.

Bei diesem Treffen, an dem ich Manfred von Gauting erzähle, nimmt er über mir eine Art Deckel wahr. Ich greife intuitiv genau dort über meinen Kopf, wo Manfred diesen Deckel sieht. Dieser Deckel ist da, weil ich noch nicht ganz bereit bin, meinen Kanal nach oben zu öffnen. Aber ab und zu lüfte ich ihn doch. Denn meine Eingebung mit dem Südtiroler sieht auch Manfred. Er sagt nicht viel, aber grinst, als ich ein paar Fakten nenne: Ein dunkelhaariger Typ, mein Mann und der Vater meiner Kinder.

***

Zu Ostern – ich bin noch immer im Jahre 2019 – kaufe ich eine Zeitung, über die ich mich wirklich wegen der vielen Rechtschreibfehler ärgere. Ich will sie gerade wegwerfen, als ich sie noch einmal aufschlage und eine Anzeige für eine *Heilberaterausbildung* sehe. Ich kann es nicht erklären, aber ich weiß, das ist das, was ich brauche.

Und jetzt beim Schreiben fällt mir auf, dass mit meinem Handbruch (gleich erfährst du mehr!) gar nicht erst alles losging, sondern schon viel früher. Aber seitdem nochmals verschärft. Ich jedenfalls buche diese Ausbildung, auch wenn mein Verstand tausend Gegenfragen hat. Weil ich spüre, dass sie so wichtig für mich ist. Sie wird im September beginnen.

Und ein paar Tage darauf macht es klick bei mir: JR (du erinnerst dich an das Autokennzeichen von dem jungen Mann aus der Kantine bei meinem einen Arbeitgeber?) hat was mit der Energiearbeit zu tun, die ich bei der Heilberaterausbildung kennen lerne. Wie gigantisch! Es formt sich alles zu seiner Zeit! – Und wenn ich damals eins und eins zusammengezählt hätte… Habe ich nicht, das hat Manfred später „gesendet“ bekommen. Es wird gigantisch, verrate ich dir hier schon mal.

***

Gigatisch sind auch viele weitere „Zufälle“ wie dieser hier: Mir fällt auf, dass ich seit einer Woche regelmäßig an eine Studienkollegin denke, die ich seit einem halben Jahr nicht gesehen habe. Und auf einmal sehe ich sie in meiner Stadt an der S-Bahn! Ich erinnere mich, dass ich das vor Jahren auch schon mal hatte. Ich glaube, das ist der Klassiker, um zu verstehen, dass die Energie der Aufmerksamkeit folgt. Oder dass das Universum gewisse Dinge „geplant“ hat und im großen Cockpit auf die Knöpfchen drückt.

Und weil sich dadurch die Energie verändert, denken wir an jemanden.

Vielleicht kennst du ähnliche Situationen? Dass vielleicht ein Buch auf so eine Weise zu dir kam oder du eben auch jemanden getroffen hast, an den oder die du öfter gedacht hast. Oder du denkst, dass du dich bei einer Person mal wieder melden solltest – und dann hast du bereits eine Nachricht von dieser Person erhalten (oder erhältst sie in den nächsten Tagen, obwohl du dich noch nicht gemeldet hast).

***

Im Mai 2019 sitze ich zum ersten Mal abends auf meinem Balkon. Die Vögel zwitschern, die Luft ist leicht frisch. Ich genieße es! In mir breitet sich durch Meditation immer mehr Ruhe und Vertrauen aus. Es macht Spaß, dies anzunehmen. Ich träume von meiner Zukunft – mit meinem Südtiroler.

Ich habe einige Tage Ruhe, kann sie aber nicht so recht nutzen. Aber es tut gut, nicht ständig etwas erledigen zu müssen. Und ich habe mal wieder gezeigt bekommen, wie wichtig es ist, auf die Eingebung zu hören. Ich wurde gestern, als ich etwas zu erledigen hatte und die S-Bahn dafür nutzte, auf die Probe in Geduld und Warten gestellt. Das mir das bewusst ist, ist eine große Erkenntnis. Ich musste über eine Stunde auf die S-Bahn warten.

Mir fällt auch auf, dass ich emotional auf die sogenannten Portaltage reagiere. Manchmal bin ich schlecht drauf, schlapp – und dann lese ich, dass Portaltag ist. Es ist jetzt so häufig, dass klar ist, dass ich reagiere. Ich bin empfindsam. Die höhere, leichtere Energie zeigt mir, dass ich dafür bereit bin und mich angleichen darf. Es wird mehr werden, das weiß ich. Daher ist es auch so wichtig, dass ich mir diese Ruhe gönne. Weil ich Kraft sammle, die ich brauche. Bisher habe ich mich mit Portaltagen nicht beschäftigt. Aber in letzter Zeit wurden mir diese Tage auf verschiedene

Weise zugespielt – über Newsletter oder Aussagen von Menschen, die sich mit Portaltagen beschäftigen.

Portaltage sind Tage, an denen der Schleier zur geistigen Welt dünner ist. Sie stammen aus dem Mayakalender und werden danach berechnet. Die Tagesenergie ist anders. Viele Menschen reagieren mit Unruhe, Müdigkeit, häufigem Toilettengang oder emotionalem Auf und Ab auf diese Tage.

Und ich merke immer klarer, wie ich mich beim Garteln und an der frischen Luft, beim Wahrnehmen der Natur wohl fühle. Mein inneres Wesen offenbart und liebt die Natur. Ich gehöre mehr raus, ins Freie! Mir genügt ein festes Dach über dem Kopf für die Nacht, die Dunkelheit und unangenehmes Wetter. Ansonsten sollte ich so viel Zeit wie möglich an der frischen Luft verbringen.

Im Job plätschert es nur so dahin. Der Alltag ist eintönig, nicht mehr aufregend. Jeder Tag sieht irgendwie gleich aus. Im Moment ist es zu früh für eine Entscheidung, der Kopf braucht Freiheit. Ich merke, wie ich mehr Kraft sammeln muss. Vorbereitung. Auf etwas, das kommt, das ich aber nicht benennen kann. Es kommt eben einfach. Das Universum wird es richten. Darauf vertraue ich, auch wenn mich dieses Plätschern nervt. Dann lieber ein Knall. Hätte ich das mal nur nicht gedacht…

***

Als ich den einen Morgen mit meinem Auto zum Kanutraining fahre, hört es sich immer so an, als wenn eine Tür oder ein Fenster nicht richtig geschlossen ist. Während der Fahrt merke ich, dass es die Tür oder das Fenster hinter mir sein muss. An einer Ampel öffne ich daher nochmals die

Tür und schlage sie kräftig zu. Danach geht es auf die Autobahn. Dort ist das Geräusch, dass die Tür nicht richtig geschlossen ist, kräftiger. Ich fahre nicht ganz so schnell wie sonst, aber ich überhole natürlich dennoch, denn hinter den LKWs mag ich nicht bummeln. Und da das Geräusch weder lauter noch leiser wird und meine Fahrt nur circa zwanzig Kilometer beträgt, verlasse ich mich darauf, dass nichts weiter passieren wird, was mein Leben beeinträchtigen könnte. An der einen Stelle bin ich gerade auf der linken Spur und weiß, dass ich in die mittlere Spur zurückwechseln sollte, denn der Überholvorgang ist abgeschlossen. Aber ein Gefühl sagt mir, dass ich auf der linken Spur bleiben soll. Also bleibe ich dort auch. Und auf einmal fällt aus meinem Auto die hintere linke Scheibe raus. Da ist der Knall! Und das mitten auf der Autobahn! Gut, dass ich in der linken Spur bin, so wird niemand verletzt. Nun ist das Geräusch weg. Ich bin leicht geschockt und wechsle jetzt sogar in die rechte Spur rüber. Es ist schon etwas merkwürdig.

In der Autowerkstatt finden sie es seltsam, dass diese Scheibe rausfallen kann. Sie meinen, dass es nicht beim Hersteller gemeldet werden muss. Mein Gefühl sagt mir zwar was anderes, aber ich denke, dass das Gefühl aus der Angst geleitet ist.

Als ich nach einigen Wochen einen Brief erhalte, weiß ich, dass mein Gefühl nicht aus Angst geleitet war, sondern ich bereits wusste, dass mehr dahintersteckt. Es gibt eine Rückrufaktion für genau diese Scheiben. Nicht nur bei meinem Auto.

Ich bin die nächsten Wochen in meinem Auto immer unsicher, irgendwas fühlt sich nicht gut an. Aber dazu gibt es später mehr.

***

Der Juni kommt, es ist Vollmond. Ich habe – im Gegensatz zu früher – das Bedürfnis nach einem wirklichen Ritual, Ruhe, Reinigung. Die letzten Tage waren anstrengend, ich bin angespannt und schlapp. Obwohl ich viel allein bin, sehne ich mich nach Ruhe. In mir. Frieden. In mir. Konzentriertheit. In mir.

Ich spüre, dass in mir etwas gelöst werden will, aber ich weiß nicht, was. Ich empfinde eine Unruhe, die ich mit Beschäftigung zu füllen suche. Dabei wäre Langeweile angebracht. Am liebsten wäre ich jetzt allein in der Natur, wo mich niemand stören kann, wo ich ein Ritual machen kann, wo ich mich nackt bewegen kann.

Ich habe hier und da früher auch schon mal geräuchert oder Karten zu Voll- oder Neumond gezogen. Aber dieses Mal kommt es aus meinem Herzen heraus. Ich habe mir vor kurzem ein paar Räucherutensilien gekauft, die zünde ich nun auf meinem Balkon an.

***

Ich komme jedoch nicht zur Ruhe, obwohl ich bewusst Zuhause bleibe. Pfingstmontag hagelt es tennisballgroße Körner. Ein Unwetter jagt durch unseren Ort und hinterlässt Schäden, die auch nach einem Jahr immer noch nicht alle behoben sind. Es hört sich wie Geballer in einem Krieg an. Und die Straße sieht auch so aus. Auch mein Auto ist stark beschädigt. Ich werde es verkaufen müssen, mein Löwe hat ausgebrüllt. Ich bin völlig benebelt. Als ich dann gerade das Hageleiswasser vor dem Keller schöpfe, erfahre ich, dass nun auch mein zweiter Großvater gestorben ist. Es wirkt unreal.

Am Abend umarme ich in einer Meditation meinen Großvater, weil es mir wichtig ist. Da es im ganzen Körper kribbelt, weiß ich, dass er da ist. Dafür bin ich sehr dankbar.

Mich erschüttert diese Schnelligkeit der Ereignisse, die in mein Leben kommen, diese Plötzlichkeit und Ohnmacht bei gleichzeitigem Geschehenlassenmüssen – und ich glaube, das ist das, was ich aus meiner Gautinger Geschichte kenne. Plötzlich ist mein Kind weg, wurde mir entrissen. Ähnlich war es mit dem Unwetter. Gerade wollte ich mich gemütlich hinsetzen, als der Hagel die Häuserfronten aufriss, Scheiben zerschlug und die Natur völlig zerstört hinterließ. Und ich glaube, dass dies nötig ist, weil die Menschen so aus dem Ruder laufen und wieder geerdet werden müssen.

Und für mich ist ganz wichtig: Ich wollte mit dem Behalten meines Autos eine Neukaufentscheidung umgehen, sie abhängig von meiner Zukunft, und damit von meinem Südtiroler, machen. Dass dies nicht richtig ist, weiß ich. Und ich spüre auch, wollte es aber aus eigener Faulheit nicht wahrhaben, dass ich stillstehe, dass mir Bewegung fehlt. Bewegung heißt doch Fortbewegung, am besten ohne Einschränkung. Das kleine Auto hat mich eingeschränkt – beziehungsweise ich mich selbst. Nun darf ein zu mir passendes Auto kommen.

Auch mit meinem zweiten Fortbewegungsmittel, meinem Fahrrad, nehme ich mir die Luft zum Atmen. Mir ist in diesem Sommer sprichwörtlich die Luft ausgegangen, als ich zweimal einen platten Reifen ohne ersichtlichen Grund hatte. Ich wünsche mir wieder ein sportliches, leichtes, schnelles Rad – und begnüge mich mit einem alten, schweren Fahrrad. Ich ehre es, weil es ein historisches Geschenk ist. Aber ich enge mich damit auch ein.

Ich spüre einmal mehr: Es wird so viel passieren in den nächsten Monaten! Der ganze Wirbel jetzt ist nur Vorbereitung. Ich darf erkennen, wo ich mich selbst einenge, mir die Luft nehme(n lasse), was mir tatsächlich Spaß macht, wofür ich leben möchte. Und dann entsprechend handeln. Dafür benötige ich jedoch Unterstützung, weil da etwas in meinem Feld, in meiner Aura hängt.

***

Manfred ist mal wieder zu Besuch und befreit mich von einer alten Geschichte, die in meiner Aura hängt. Eine Kriegsverletzung von ungefähr 1530 – sie passt zeitlich nach Norditalien. Südtirol? – Vielleicht zieht es mich deshalb dorthin.

Jedenfalls hatte ich in den letzten Wochen mehrfach eine Geste an mir wahrgenommen, die ich immer ausübe, wenn meine Chefin an meinem Schreibtisch steht. Ich lege jedes Mal meine linke Hand auf die rechte Schulter und blockiere damit mich und meinen Atemfluss. Und ich schütze mit dieser Geste mein Herz! Manfred kann so etwas ausleiten. Mein Brustraum erfährt eine mir unbekannte Freiheit! Es ist enorm, wirklich befreiend.

Alle Menschen können meines Erachtens so eine Ausleitung mit Hilfe der Engel durchführen. Diese Gabe darf nur nicht missbraucht werden (zum Beispiel aus Neugier oder bei ungefragter Anwendung). Ich traue es mir bisher nur für aktuelle Beschwerden zu, noch nicht für frühere Inkarnationen.

Manfred und ich waren in einem früheren Leben mal Vater und Tochter, wie passend! Passt auch in diesem Leben vom Alter her. Daher stammt die Verbindung zwischen uns.

***

Mein Balkon blüht jetzt Mitte Juni. Beziehungsweise die Pflanzen darauf. So herrlich! Ich atme frische Luft. Wegen Regenwetter in den Bergen habe ich einen Tag Zuhause geschenkt bekommen. Ich darf genießen und die Leichtigkeit des Lebens aufnehmen beziehungsweise annehmen. Ich merke, wie ich hier draußen auf dem Balkon, wenn ich dem Wind, den Vögeln und den Kirchenglocken lausche, runterfahre. Ich darf genießen und Leichtigkeit empfangen. Ich darf (und muss!) Natur pur in mir aufsaugen und mich damit stärken.

Und dies ist wichtig für den Zugang zur geistigen Welt. Aber das ahne ich zu dem Zeitpunkt kaum. Spüre es mit der Zeit aber immer mehr. Mich zieht es daher immer und immer wieder in die Natur. Natur, am besten am oder im See.

***

Erinnerst Du dich an Maria aus dem Sommer 2017? Für einen Spaziergang fahren wir an einen (wie sollte es anders sein?) See. Beim Spazierengehen habe ich auf einmal das Gefühl, ich müsse auf einen Baum klettern, der im See liegt. Ich fühle mich etwas rutschig mit meinen leichten Schuhen, weil ich mich nicht richtig festhalten kann. Aber es ist wichtig, dass ich es tue.

In dem Moment gehen am Ufer zwei Männer vorbei, die mir unheimlich sind. Wir beschließen umzukehren. Als wir uns im Auto über diese Männer unterhalten, verfährt Maria sich. Sie ärgert sich, als wir beide – und da durchfährt es mich gleich wieder beim Schreiben – ein mulmiges Gefühl haben. Uns ist, als würden wir gleich überfallen werden. Jedes Auto am Straßenrand macht uns unsicherer. Erst haben wir beide nur ein beklemmendes Gefühl. Deshalb verriegele ich das Auto von innen. Dann fühle ich mich, als hätte mir jemand einen Schlag ins Gesicht verpasst, mein Unterkiefer ist richtig betäubt, mein Gesicht fühlt sich komplett entstellt, irgendwie schief an. Ich taste hin, es ist ganz normal. Maria sagt, sie fühlt sich, als hätte ihr jemand in den Bauch getreten. Und wir sind mitten im Fahren! Auch ich spüre nun ein dumpfes Bauchgefühl, als hätte jemand genau meine Magenkuhle getroffen.

Wir haben beide Bauchschmerzen (Maria fühlt sich sogar vergewaltigt, will sich dringend reinigen). An der einen Kreuzung, sie führte schon damals (in diesem früheren Leben) zur Reismühle, ist es besonders schlimm. Danach wird es wieder weniger. Wir fahren, da wir uns nun auf dem Weg befinden, nach Gauting.

Ich verstehe, warum ich nie zur Reismühle laufen wollte, obwohl ich mir den Weg schon 2015 rausgesucht hatte. Irgendwas hielt mich immer ab, und mein Gefühl stimmte. Es hat jedoch nichts mit dem Leben zu tun, in dem mir in Gauting mein Kind entrissen wurde, sondern mit der versuchten Vergewaltigung, die wir eben im Auto nachspürten.

Was interessant ist, ich gehe mit Maria an die Stelle des Flusses *Würm*, wo ich glaube, dass ich Trost fand, als ich im Vorleben mein Kind verloren habe – aber da ist keine, wie in meiner Erinnerung, Mutter Maria-Statue. Der Platz ist leer. Einbildung oder Erinnerung an ein anderes Leben. Ich weiß es nicht, sehe aber die Figur vor meinem inneren Auge ganz klar.

Maria und ich haben eh eine besondere Verbindung. Ich kann ihr wahnsinnig lange in die Augen schauen, da ist mehr. Das hatten wir schon letzten Sommer. Kannte ich bisher mit keiner anderen Person. Kennst du das? So richtig tief und lange ohne Absicht dahinter. Einfach nur schauen, als wenn ich ein Gemälde anschaue und mit ihm verschmelze.

***

Einige Tage später bin ich allein im Wald spazieren. Mich überkommt ein ängstliches Gefühl an einer bestimmten Stelle, ich drehe um. Auf dem Foto, das ich an dieser Stelle noch schnell mache, sind Farbkreise – Engel? – zu sehen.

Nochmals einige Tage später fasse ich Mut und gehe an dieser Stelle weiter, denn mein mulmiges Gefühl ist wachsam, aber nicht mehr ängstlich. Und genau in dieser Kurve kommt ein schwarzer Hund auf mich zu. Er hält Abstand. Nur das Herrchen ist seltsam und meint, ich müsse eher vor ihm als vor dem Hund Angst haben. Nun weiß ich, was die Vorahnung meinte.

Ich habe gelesen, dass die Engel sich eine Frequenz gesucht haben, mit der sie uns zeigen können, dass sie da sind – daher haben die neueren Smartphones oft Punkte oder Lichtkreise auf Fotos. Schau dir mal deine Bilder an.

Was interessant ist, im November 2018 hatte Dana mich in diese Richtung laufend fotografiert – nur von einer größeren Entfernung – und ein ähnliches Wesen ist über mir auf dem Foto zu sehen.

***

Nach der Arbeit spüre ich jeden Tag, ob ich zur S-Bahn schnell oder langsam gehen muss. Und ich muss nie länger als zwei-drei Minuten auf sie warten – außer ich vertraue meinem Gefühl nicht. Das tat ich einmal ganz bewusst und schlenderte rum. Leider gab es dann einen Notfalleinsatz und ich musste eine Stunde warten, wie ich vorhin schon erzählte. Eine Stunde! Seitdem vertraue ich meinem Gefühl bezüglich der S-Bahn immer. Und je seltener ich S-Bahn fahre, umso besser „funktioniert" mein Gefühl. Sehr faszinierend!

Faszinierend ist auch, dass ich auf dem Weg zur S-Bahn auf einmal alle Farben viel deutlicher wahrnehme. Es ist, als hätte ich bisher alles in 2D gesehen und sehe nun in 3D. Die Konturen der Häuser sind viel deutlicher. Alles setzt sich klarer ab: Ein Blatt auf dem Gehweg sieht vielschichtiger aus als zuvor. Dies hält einige Wochen an. Vielleicht ist es jetzt auch immer noch so, nur erinnere ich mich nicht mehr, wie es zuvor war. Das kann ich gar nicht beurteilen. Jedenfalls ist diese Schärfe wunderbar. Lässt mich tiefer spüren.

***

Auf meiner Zugfahrt zu einer Familienfeier schreibe ich mit Dana, erzähle ihr von meiner Vorahnung mit dem Südtiroler. Auch wenn es eine schöne Ahnung ist, beeinflusst sie meinen Alltag sehr. Ich meide Entscheidungen (daher musste mein Auto kaputt gehen). Ich bin aber auch mutiger – zum Beispiel während der Arbeit. Ich spreche Dinge aus, die ich früher geschluckt hätte oder lasse alle Fünfe gerade sein. Ich bin aber gleichzeitig auch zurückhaltender, weil ich zwar eine angesprochene Gehaltserhöhung erhalte, aber den Betrag nicht zufriedenstellend finde und mir denke: Ach was soll's, bin ja eh Ende des Jahres weg.

Es ist eine harte Probe für mich: Ich kann für alle Sachen nur ein Gefühl bis zum Ende des Jahres aufbauen. Alles fühlt sich gerade komisch an und endet Ende des Jahres. Und solche Vorahnungen kenne ich ja bereits. Es ist ein wenig mulmig im Bauch. Dort sitzt gerade kein klares Gefühl.

***

Bevor ich mit diesem Buch begonnen habe, dachte ich, dass der folgend geschilderte Tag meine Wahrnehmung geöffnet hat. Aber beim Recherchieren merke ich, dass dies nur das i-Tüpfelchen ist. Dana hatte (wie passend!) auf mein Bitten einige Tage vorher eine Tarotkarte für mich gezogen: *vier Stäbe – die Vollendung*. Es ist etwas voll, beendet, Zeit für etwas Neues.

Normalerweise ziehe ich meine Karten für mich, aber ich hatte über das verlängerte Wochenende keine dabei.

Aber nun komm mit ins nächste Kapitel, meine langersehnte Auszeit beginnt…

Kapitel 7 – Der große Wandel

Es ist der 24. Juni 2019, für mich ein sehr ereignisreicher Tag, der mein Leben komplett auf den Kopf stellt. Ich hatte mir drei Tage zuvor, ich stand so ein wenig neben mir, auf einem Kinderspielplatz (!) einen Zeh gebrochen und humple nun durch die Gegend. Und an diesem besagten Tag mache ich mich auf die Rückreise von einer wunderschönen Familienfeier. Im stehenden (!) Zug breche ich mir in einer total banalen Situation, in der ich meinen Rucksack in die Gepäckablage lege, an der linken Hand den Mittelhandknochen des kleinen Fingers. Es schmerzt zwar, aber hinter meiner Bewegung steckte keine Power.

Ich fahre noch sieben Stunden mit dem Zug und gehe davon aus, weil der Schmerz erträglich ist, dass ich mir eine Sehne überdehnt habe oder ähnliches. Ich habe nette Mitfahrer und irgendwie vergehen beim Erzählen und Musizieren die Stunden doch relativ schnell, sodass ich über das Ganze, was da gerade geschehen ist, gar nicht weiter nachdenke.

Kurz und knapp: Ich muss, weil die Radiologie bei mir im Ort bereits geschlossen hat, noch mit dem Taxi in die Notaufnahme des Nachbarorts fahren, wo mir ein Dreifachbruch in so einem kleinen zarten Knochen, der normalerweise so viel aushält, bescheinigt wird. Es ist alles so unreal, weil ich mir auch gerade den Zeh gebrochen habe. Den hatte ich mir – symbolisch betrachtet – gebrochen, um auf meinem Weg zu bleiben, mich nicht auf meiner Ahnung auszuruhen.

Meines Erachtens sind alle Krankheiten, Gebrechen, Brüche und Co. seelische Zeichen, weil wir von unserem Weg abgekommen sind. Selbst eingerissene Fingernägel oder ein kleiner Schnitt in den Finger beim Obstschnippeln. Natürlich schneide ich mir als Rechtshänder eher in die linke Hand, wirst du jetzt vielleicht sagen. Aber ich denke, dass die weibliche (linke) Seite mehr Beachtung benötigt, hier ein Ungleichgewicht herrscht. Wenn du dich schneidest, kannst du dich zum Beispiel fragen, wo du dich im Leben einschneidest, begrenzt, wo du deine Seele verletzt. Dies kann manchmal nicht so einfach gelöst werden, manchmal ist die Symbolik aber auch sofort klar. Je nachdem, wie offen du dafür bist. Was Schick-sal bedeutet, hatte ich dir vorhin schon erklärt.

Einen Tag später „klare" ich langsam wieder auf, der Schleier des Entsetzens, Erschreckens, Überfordertseins legt sich. Ich sitze seit gefühlt fünf Minuten auf meiner Couch und lese nochmals das Buch „Ich bin dann mal weg" von Hape Kerkeling. Es erdet mich. Hat meine Großmutter mir genau zum richtigen Zeitpunkt geschenkt – weil ich doch auch immer so gern allein laufe.

Auch Hape Kerkeling erhält immer wieder Zeichen auf seinem (Jakobs-)Weg. In Form von Liedern! Wenn er am Ende seiner Kräfte ist, schallt aus einem Café ein Lied, das ihm Kraft schenkt. Vielleicht ist es dir auch schon mal so ergangen?

Das Bezeichnende ist, dass beides, also mein gebrochener Zeh und mein Handbruch in Hamburg passiert sind. Die Frau im Zug, die mir sofort geholfen hat, hat sogar gefragt, ob ich aussteigen möchte. Mein Herz hat kurz ganz klein *ja* gesagt, mein Verstand natürlich nicht: Ich wollte artig nach Hause, Dienst leisten (arbeiten) und keine Fahrkarte verfallen lassen.

Ich mache also das, was ich in dieser Situation managen kann, und lasse mich ein paar Tage später operieren, weil das für mich der einzig logische Weg ist. Der Bruch ist zu komplex, als dass ich mich auf meine Selbstregulationskräfte verlasse. Als Kanute brauche ich meine Hand!

Hatte ich nicht vor ein paar Wochen gesagt, dass sich da eine Spannung lösen muss? – Es ist eben Zeit für den Umbruch, mich auch nach außen so zu zeigen, wie ich bin, was ich denke. Das weiß ich ja, habe mich immer selbst zurückgehalten. Und das schmerzt meiner Seele. Und da steckt noch viel mehr dahinter! Immer mal wieder tat mir die jetzt gebrochene Stelle weh. Vor ungefähr zwei Wochen habe ich es bewusst wahrgenommen (davor war es immer unbewusst, aber bemerkbar). Im Halbschlaf, als ich an mein(en) Südtirol(er) dachte.

Letztes Mal hatte ich mir dann vorgenommen, darauf zu achten, wann es dort schmerzt, in welchem Zusammenhang. Und es fühlte sich im Halbschlaf so an, als wäre der kleine Finger abgespalten oder weg. Beim nächsten Mal, als ich diesen Schmerz fühle, breche ich mir die Hand. Und dieser Schmerz, er fühlt sich an, als sitze da ein Holzdolch in meiner Hand. Und weil ich den Schmerz kenne, brauche ich kaum Schmerztabletten. Ich weiß ja, dass er nicht stärker wird. Es ist unglaublich, was da passiert!

Auch mein Auto sagt mir: Bleib stehen, steinige dich nicht weiter. Es gibt mehr, es gibt Größeres! Mein Handy sagt mir: Mach dich los von Verpflichtungen wie Kommunikation, den anderen (zu)hören und dich in Abhängigkeiten wie irgendwelche Fotoapps (Kamera kaputt) zu begeben. Jetzt macht es klick! Oh, ich bin so dankbar dafür.

Was interessant ist: Meine OP-Zeit steht einen Tag vorher noch nicht fest. Es müssen alle zu Operierenden zur gleichen Zeit morgens aufzuschlagen. Ich gebe es ans Universum ab mit der Bitte, meiner Mutter einen schönen Geburtstag zu ermöglichen, denn sie reist extra an. Als wir morgens mit dem Bus zur Klinik fahren (denn mein Auto ist ja kaputt wegen des Hagels), bin ich etwas unruhig wegen des Weges – und wir kommen in einen Stau. Aber es geht alles gut. Wir sind kaum im Krankenhaus angekommen, da liege ich schon im OP-Saal, denn ich bin die Erste, halleluja! Die als Erste rankommen sollte, wollte erst später – und ich stand für 14 Uhr auf dem Plan. Das bekomme ich in der OP-Schleuse noch mit.

Die OP verläuft gut, meine Mutter holt mich ab. Ich mag nicht so recht das Krankenhaus verlassen und trödele unnötig eine Stunde rum. Als uns das Taxi abholt, weiß ich, warum: Es hatte einen schweren Unfall auf unserer Strecke gegeben. Vor einer Stunde hätten wir in der Hitze mittendrin im Stau gestanden. Jetzt ist die Umleitung ausgeschildert. Wir kommen flott Zuhause an.

Bevor meine Mutter wieder abfährt, erzähle ich ihr zum ersten Mal von einigen Erlebnissen, die ich aus vergangenen Inkarnationen wahrnehme, und was ich fühle. Das tut mir gut, mich zu öffnen, mich mitzuteilen. Denn diese Erlebnisse machen ja was mit mir, verändern mich innerlich. Nach außen bin ich ja die Gleiche (abgesehen von meinem neuen Haarschnitt).

Den inneren Prozess nach außen zu kehren ist ein wichtiger Schritt. Damit gibst du dir Raum – und anderen Menschen die Möglichkeit zu verstehen, was in dir passiert. Sie werden es nicht immer verstehen. Aber du gibst ihnen die Chance, mit dir zu gehen. Dazu kommen wir am Ende des Buches noch.

***

Anfang Juli 2019 frage ich mich immer wieder, was da bei mir los ist, denn da ist etwas ganz gewaltig ins Straucheln gekommen. Ich weiß gar nicht so recht, wo ich anfangen soll. Bei fehlendem Vertrauen?

Wenn ich ehrlich zu mir bin, weiß ich seit einem halben Jahr, wie mein Jahr verläuft – und halte mich nicht daran.

- Ich wusste, dass ich im August nicht zur Meditationswoche nach Italien fahre – und melde mich dennoch an (und später wieder ab).
- Ich ahnte – konnte es aber nicht erklären, denn ich habe ja Auto, Ausrüstung und Boot – dass ich dieses Jahr kein Wildwasserpaddeln werde – und tat es dennoch krampfhaft und wollte mehr. Und fürs „normale" Kajakfahren hatte ich das Gefühl nicht; das tat ich auch regelmäßig.
- Da war das Gefühl, dass ich nicht nochmals zu Fuß die Alpen überquere. Zumindest nicht dieses Jahr. Anfangs dachte ich, es läge an der ausgewählten Route. Als ich diese absagte, mich für die vom letzten Jahr entschied, wurde das Gefühl besser, aber der Unterton blieb. Und wurde erst besser, als ich die Tour offiziell absagte.
- Ich hatte die Vorahnung, viele Artikel für meinen Blog schreiben zu müssen und mehrere Wochen im Voraus bereits zur Veröffentlichung zu planen, sodass sie zu einem von mir definierten Termin online gehen. Ich machte es halt, weil genügend Stoff zum Schreiben hatte ich ja. Aber warum dies so sein sollte, verstand ich nicht. Ich diskutierte dies sogar mit einem Freund, weil ich es seltsam fand.
- Ich wusste, dass diesen Sommer eine Wandlung ansteht – und übernahm dennoch die Funktion als Stützpunkttrainer, obwohl ich lieber weniger Kanutraining geben wollte.

- Ich ahnte auch, dass ich zur Bayerischen Meisterschaft Kanu nicht an der Regattaanlage sein werde und musste dann völlig überstürzt meine dennoch übernommenen Aufgaben managen.
- Da war das Gefühl, dass ich bald kein Auto mehr haben werde. Mir war etwas mulmig, denn ich wusste, dass das Auto kaputt sein wird und dachte an einen Unfall. Ich ignorierte das Gefühl, fuhr aber weniger Auto. Und kurz vor dem heftigen Hagel ignorierte ich auch das Gefühl, mein Auto umzuparken. Ich hatte mich ja sogar wegen des mulmigen Gefühls, aber weil ich nachhaltig agieren wollte, bereits dafür entschieden, das Auto zu behalten…

Und nun – nun ist mein Auto defekt – Zeh gebrochen – Hand gebrochen und operiert. Ich wollte Ruhe, nicht arbeiten, das habe ich nun bekommen. Ich werde meine Gedanken sortieren, in mich gehen.

Ich räuchere die Wohnung und mache eine Chakrenmeditation. Ich brauche dringend Ruhe und Klarheit. Abschottung. Rückblick und ein Öffnen für das, was kommen mag. Ein Abschließen mit alten Mustern und ein Öffnen für Neues.

Chakren sind Energiezentren in unserem Körper (die meist benannten sieben Hauptchakren) und in unserer Aura. Verschiedene Umstände – wie zum Beispiel Stress oder Vergiftungen innerhalb des Körpers durch den Nichtabbau von Medikamentenstoffen – blockieren diese, sodass die Energie nicht mehr frei fließen kann. Daher ist eine regelmäßige Chakrenreinigung und -aktivierung sinnvoll. Du fühlst dich danach energiereicher, denn diese kann ja nun wieder ungehindert fließen.

Ich habe oft bei Chakrenmeditationen Gänsehaut als Zeichen, dass sich Energien klären. Die Gänsehaut spüre ich eher auf der linken, der weiblichen Seite. Mal an den Beinen, mal im Schulterbereich, mal am ganzen Körper. Weil die Reinigung da ansetzt, wo es gerade nötig ist. Du kannst bewusst bestimmte Situationen oder Chakren reinigen – oder dich darauf verlassen, dass sich das tut, was für dich im Moment wichtig ist.

Ich glaube, ich darf da was lösen. Das Geheimnis wird sich offenbaren. Ich habe keinen Gram, sondern Gewissheit. Die Zeit wurde mir geschenkt, weil ich sie mir nicht nahm. Dafür bin ich sehr dankbar! Die Frage ist: Wo tue ich mir selbst weh? – Weil ich nicht auf das leise Stimmchen höre? Sie kommt nicht einfach so und erzählt Nonsens. Nein, sie hat immer recht und dient als Schutzschild.

Woher diese Eingebung kommt? Ich glaube aus unserem höheren Selbst. Aber das kenne ich zu diesem Zeitpunkt noch nicht mit diesem Namen. Meine Seele hat so viel gewusst und mir vorab gezeigt! Jedenfalls hat sich die Tarotkarte *der Turm* als Jahreskarte gewaltig ins Zeug gelegt, damit ich tatsächlich die Ketten sprenge und alles einstürzt (das ist die Aussage dieser Tarotkarte).

***

Einige Tage später blättere ich in meinem Südtirolbuch, das meiner Schwester und mir Ostern auf einem Flohmarkt geschenkt wurde – wieder ein Zeichen! Ich bekomme beim Blättern Gänsehaut.

Später sehe ich mich – wie in einer kleinen Filmsequenz aber eher als Gefühl – unterhalb einer Burg kämpfen. Die Schlüsselsituation zu meiner gebrochenen Hand? Ich denke ja, dass die Hand in einem anderen Leben verletzt war, weil ich den Schmerz kenne. Und nun darf ich das Alte aufarbeiten gemeinsam mit meiner aktuellen Situation. Da ist noch viel zu klären.

Leider fällt mir die klassische Meditation schwer, da ich die Hand hochhalten soll. Sie tut mir selbst weh, wenn ich sie nur auf mein Bein lege. Der Fokus liegt gerade immer auf meinem Arm, nicht bei mir. Ich bin gar nicht so recht bei mir.

Ich brauche dringend Bewegung. Am liebsten würde ich jetzt pilgern, um besser zu mir zu kommen, die Ablenkung zu reduzieren, die Natur zu intensivieren. Aber ich nehme es jetzt so, wie es ist. Dankbar, dass ich Zuhause bin, denn hier fühle ich mich wohl. Und gleichzeitig auch gelähmt.

***

In meinem Sumpf des Rumhängens verstehe ich auf einmal, dass eines meiner Krafttiere der Elefant ist. Und ein Puma. Der Puma kommt gerade über einen Duft zu mir.

Ich habe ein großes Elefantenbild im Schlafzimmer hängen und stoße immer wieder auf Bücher, in denen es um Elefanten geht. So erhalte ich meine Zeichen. Ich darf offen für die Zeichen sein, sie wahrnehmen und deuten.

Krafttiere begleiten unser Leben so wie Engel und Geistführer, Naturwesen auch. Manche sind zeitweise bei uns, manche immer. Manche Menschen können die Wesen sehen, andere spüren sie.

2017 hatten Manfred und auch eine Teilnehmerin bei einer Veranstaltung die Gazelle als Krafttier bei mir gese-

hen. Habe ich zuvor überhaupt schon mal von Krafttieren gehört? Ich weiß es nicht. Jedenfalls belese ich mich zur Gazelle, spüre aber keine Resonanz.

So ist es manchmal, wenn andere für uns etwas wahrnehmen. Wenn du es selbst spürst/siehst/riechst, bist du viel intensiver damit verbunden.

Dies sagt auch meine Engelheilerin Alana, die ich in den nächsten Tagen online kennen lerne. Sie führt auch lieber die Leute über eine Meditation zu ihrem spirituellen

Namen, als dass sie es für ihre Klienten herausfindet. Weil eben die eigene Verbindung etwas ganz anderes ist, die Klienten viel mehr in ihre Eigenverantwortung gehen.

Und die Eigenverantwortung ist gerade in der Energiearbeit und bei der Bewusstwerdung sehr wichtig: Du kannst dir immer helfen lassen, aber noch wirkungsvoller ist die eigene Erfahrung. Es ist wie mit kleinen Kindern: Das, was sie selbst schon können, sollten sie selber tun, und die helfenden Hände der Eltern sind zur Unterstützung da. Jede geführte Meditation kann dich tief bringen, daher liebe ich sie. Aber in ungeführten, eigenen stillen Meditationen mache ich meine spontanen, „zufälligen" Erfahrungen. Aber die Erfahrungen sind – zumindest bei mir – anders (in Form von weniger, nicht so intensiv) als bei den Geführten, daher nehme ich die helfende Hand regelmäßig in Anspruch. Bleibe aber auch den stillen Meditationen treu, da ich dann den Kopf frei habe für tatsächliche Ruhe und für Dinge, die sich zeigen wollen und sonst keinen Raum bekommen.

Ich spüre auch tief in mir eine Trauer. Die ist da immer, aber ich lasse sie selten zu Wort kommen. Heute darf sie da sein, ich fühle sie wie einen großen Stein – besonders auf der linken Brustseite. Als laste etwas auf mir.

***

Der erste Monat mit der Hand im Gips verstreicht, ich nehme mir nicht die Ruhe, die ich benötige und mir seit über einem Jahr gewünscht habe. Ich hatte mir ja schon 2018 regelmäßig eine Auszeit gewünscht, in der mein Geldfluss gesichert ist. Dies trifft nun ein. Das Krankengeld fließt.

Auch wenn der Bruch heilt, löse ich nicht meine Lernaufgabe. Statt tatsächlich in die Ruhe zu gehen, verfange ich mich im Selbstmitleid. Und obwohl ich in meinem Selbstmitleid gefangen bin, habe ich eine Eingebung, der ich folge: Ich buche mein erstes Onlinecoaching, das weitere Türen für mich öffnet. Dies sollte in etwa so lang gehen, wie ich mit der Hand krankgeschrieben bin.

Ich bin einerseits voll beschäftigt mit dem gebuchten Sommercoaching, andererseits auch leicht depressiv. Weil die Sommerhitze meiner Hand nicht guttut, kann ich mich schön in der Opferrolle suhlen und vor mich hinvegetieren. Und mich andererseits auch mit dem Coaching stressen.

In dem Coaching lerne ich, wie ich Onlineseminare gebe und meine Klienten erreiche. Ich habe also das Unterrichten wieder in meinem Leben! Und da wir nicht nur das Technische lernen, muss ich mich auch damit auseinandersetzen, was ich vermitteln möchte. Irgendwann komme ich zu dem Titel „Gewinne dein Ur-Vertrauen zurück". Erinnerst du dich, dass ich das Wort Vertrauen vor einem dreiviertel Jahr auf meinem Blog nannte? Dies wird mir allerdings erst Anfang 2020 bewusst. Aber es ist spannend, dass sich alle Schlüsselkomponenten immer und immer wieder im Leben zeigen – wenn wir bereit sind, sie wahr- und anzunehmen.

Hier habe ich auch zum ersten Mal Kontakt mit den Engeln. Ich spüre ihren Luftzug bei Meditationen oder bekomme Botschaften in Bildern: Zum Beispiel einen Wasserkrug, als ich dazu meditiere, was ich denn thematisch als Inhalt anbieten kann.

Der Wasserkrug steht für Weiblichkeit, Fließenlassen, für inneren Reichtum und Kreativität. Solche Botschaften wollen natürlich erst einmal übersetzt werden! Das ist uralte Symbolik, über die es Aufzeichnungen gibt, die du dir selbst online raussuchen kannst.

Ab jetzt sehe ich regelmäßig Bilder. Ich glaube, ich habe sie früher auch schon gesehen, aber weil sie so minikurz auftauchen, habe ich ihnen keine Beachtung geschenkt. Und nun achte ich bewusst darauf.

Während des Coachings höre ich zum ersten Mal den Begriff *höheres Selbst*. Eine Seeleninstanz von uns, die meines Erachtens im Herzen sitzt, auch wenn ich sie außerhalb von mir spüre. Ich nehme sie eine Handbreite links über meinem Kopf wahr.

Das höhere Selbst sitzt ungefähr 15 Zentimeter über unserem Kopf – und wird bei dem atlantischen Chakrensystem als 11. Chakra aufgeführt. An den sieben Hauptchakren orientiert wird es als 8. Chakra bezeichnet. Je nach eigener Entwicklung kann es auf einer Seite sitzen und zeigt an, ob dein weiblicher (links) oder männlicher (rechts) Kraftanteil gerade mehr ausgebildet wird, in den Fluss kommt.

Und da ich, wie eben schon gesagt, meine Lernaufgabe nicht annehme, ziehe ich mir nach der Bruchheilung und dem Coaching ein kompliziertes Schmerzsyndrom in die Hand. Diese Diagnose ist so vielfältig, so – ich kann es gar nicht richtig beschreiben – komplex, und bei jedem Menschen so anders und auch anders intensiv verlaufend. Falls du Morbus Sudeck oder CRPS (komplexes regionales Schmerzsyndrom) nachschlagen magst, tue es am besten an dieser Stelle.

Soll heißen, ich weiß nicht, wann und wie es bei mir weitergeht. So falle ich zuerst in eine ich-muss-jetzt-dochnoch-alles-schnell-erledigen-Taktik und andererseits in eine große Dankbarkeit, dass ich Zeit für mich habe. Ich lasse, nach Jahren, zum ersten Mal Entspannung zu. Ich setze auch das Coaching nur noch sporadisch um, weil ich merke, dass es zu viel ist. Aber ich spüre, dass ich immer mehr meinen Impulsen folge. Impulse, dass ich jetzt etwas schreiben darf, dass ich Kontakt mit einer bestimmten Person aufnehmen solle, dass ich eine bestimmte Straße langlaufen muss, in der ich dann nach dem Weg gefragt werde. Es sind so kleine Hinweise, dass ich mich auf meine Intuition voll und ganz verlassen kann – und sollte.

Es ist ein heißer Sommer, wie doch eigentlich immer, wenn ich gerade nicht arbeite. Nur dass ich sonst arbeitslos war und nicht mit einer gebrochenen Hand zu Hause sitze und schlechte Laune habe – die immer wieder durch Impulse schlagartig unterbrochen wird.

So verläuft auch der August. Ich notiere zwar, dass mein größter Wunsch die Harmonie ist und träume davon, aber an sich suhle ich mich immer wieder in Selbstmitleid. Weil alles so unreal scheint und ich mich von diesem Schmerzsyndrom fremdsteuern lasse.

***

Der August ist rum, kein Mann in Sicht. Ich fange ein wenig an zu zweifeln, dass meine Eingebung richtig ist. Aber sie war so klar. Sie kam nur dieses Mal auf eine andere Weise. Es war kein Bild, es war keine Durchsage, es war eine Vorahnung, wie ein Gefühl. Es ist nicht in Worte zu fassen, aber am ehesten trifft noch das Wort Gefühl zu. Gepaart mit Gewissheit. Mit absoluter Gewissheit. Zweifel-los.

Und erinnerst du dich an meinen Satz als Jugendliche, dass es reicht, wenn ich mit 40 meinen Mann kennen lerne? Na, 40 bin ich erst im August in zwei Jahren!

***

Eine Freundin ist im September zu Besuch. Da mich meine Hand immer noch auf Trab hält (ich bekomme gerade zwei Wochen Cortison und bin dadurch benebelt), machen wir nur kleinere Ausflüge. Einen Tag nach München, weil wir die Flößer auf der Isar sehen wollen. Wir wissen nicht, dass sie heute nicht kommen, am Wochenende davor die letzte Fahrt war. Als wir da spazieren gehen, erkenne ich eine mir bekannte Kanutin. Wir plaudern, und sie gibt mir einen entscheidenden Hinweis: die Klinik für Naturheilweisen in München. Dazu im nächsten Monat in ein paar Seiten mehr!

***

Ich bin im Loch. Ich gebe es nicht zu, aber ich bin depressiv. Nur phasenweise, aber gut drauf sein ist definitiv was anderes.

Du merkst es beim Lesen vielleicht selbst: Es ist ein Auf und Ab, eine totale Freude, Begeisterung und dann wieder ein Tief. Ich habe mich noch nie so fremd mit mir gefühlt.

***

Meine im Frühjahr entdeckte Ausbildung zur Heilberaterin in Lindau beginnt. Ich steige in den Zug und werde von Minute zu Minute ruhiger. Es fühlt sich an wie nach Hause kommen. Die Gruppe in Lindau ist süß, herzlich, achtsam, einfach passend. Am ersten Abend strömen alle in ihre

Unterkunft, nur Silke und ich gehen zusammen essen. Dies ist der Beginn einer Verschmelzung.

Inhaltlich klingt die Ausbildung so, als würden sich viele Bausteine zusammenfügen, die ich hier und da alle kenne und schon (teilweise) umsetze: Chakren, Aura, Bachblüten, Klangschalenmeditation, basische Ernährung, energetische Körperreinigung. Das klingt sehr gut und fühlt sich auch so an.

Was mich ein bisschen wundert, ist, dass mir kein Name der Frauen passt. Silke möchte ich mehrmals – und nicht nur an diesem ersten Wochenende – Steffi nennen. Ich gewöhne mich mit der Zeit an die jeweiligen Vornamen, aber finde es sehr seltsam. Und vermute nur, dass dies ein Zeichen einer anderen Verbindung ist. Denn fremd sind wir uns nicht – und dieses Phänomen kenne ich so an sich nicht. Ich habe manchmal Probleme, Leute bei einer zweiten Begegnung in einer anderen Umgebung wiederzuerkennen, aber das ist was anderes.

***

Durch das Sommercoaching lerne ich viele wunderbare Frauen online kennen. Eine von ihnen ist Heike. Sie gibt eine Meditation, bei der ich meine spirituelle(n) Gabe(n) erkennen kann. Ich sehe wahnsinnig viele Bilder und Farben, die Heike mir „übersetzt“:

- Eine Möwe zeigt sich – Sinnbild für: Weiche nicht vor Neuem zurück, sondern folge dem Rhythmus und den Bedürfnissen deines Herzens. Ich kann neue Wege und Möglichkeiten in Betracht ziehen.
- Ich sehe ein altes Schloss – das für meine alten Räumlichkeiten (= Innenleben) steht, die ich nun loslassen kann.

- Da sind ein Reiter und ein Pferd – die das Vorangehen im Eiltempo darstellen.
- Die Sonne zeigt sich – und steht dafür, dass ich und meine Wege mit Wärme und Licht durchstrahlt werden.
- Eine Taube – ist oft Sinnbild, dass sich die Geistführer zeigen. Engel!
- Der Schlüssel in meiner Hand – ist der Schlüssel zu all meinen Antworten.
- Die Farbe Rot und Feuer – stehen für Mutter Erde und damit für Erdung, aber auch für Aktivität.

Am Ende schreibt Heike als Quintessenz: „Komme ins Tun, vertraue dir, du bist beschützt. Es kann dir nichts passieren!“ Wow, da durchrieselt es mich als Bestätigung. Dieses Gefühl des Beschütztseins spüre ich gerade zum (fast) ersten Male. Diese absolute Sicherheit macht sich breit. Das ist das, was uns tatsächliche Sicherheit gibt – nicht das Geld, das Haus, die Festanstellung. Das werde ich in den nächsten Wochen immer mehr spüren, wie göttlich und wohlig! Wie nährend für meine Seele.

***

Mir wird bewusst, dass ich in Wolken permanent Drachen sehe und fühle mich ihnen daher verbunden. Ich frage Heike nach Drachenorakelkarten, sie nimmt den Ort *Avalon* in den Mund. Im ersten Moment fühle ich mich mit Avalon nicht verbunden. Dies ändert sich jedoch in den nächsten Wochen. Auch jetzt beim Schreiben spüre ich durch eine Gänsehaut die Verbindung. Ich weiß nichts Genaueres, aber am liebsten würde ich sofort hinfahren. Der richtige Zeitpunkt hierfür wird sich noch finden.

Und mich finden andere Drachenkarten. Die von Werner Neuner. Auf ihn komme ich beim Venuscode wieder zu sprechen. Erst finde ich keinen Zugang zu seinen Karten, aber je öfter ich sie in die Hand nehme, umso aussagekräftiger sind sie für mich. Nicht in ihrer Darstellung, denn die ist recht einfach, sondern in dem, was dahintersteckt, in dem Fühlen und der Botschaft.

Nachdem ich die Karten habe, verschwinden die Wolkenformationen, die wie Drachen aussehen, wieder für eine Weile. Sie haben ihre Aufgabe erfüllt, ich habe das Symbol erkannt.

Ich greife hier vorweg, dass ich im Frühjahr 2020 auch Avalonorakelkarten kaufe. Eigentlich suche ich Engelkarten, aber in dem einen Buchladen vibrieren auf einmal diese Avalonkarten in meiner Hand. Ich finde die Darstellung nicht anziehend, eher kindlich. Aber das Vibrieren spüre ich eindeutig – sogar jetzt beim Schreiben! Also nehme ich sie mit. Und verstehe, warum Kartenlegerinnen so viele Kartenblätter haben. Sie kommen einfach in das Leben. Dann, wenn man dafür bereit ist.

***

Weil ich Elena in diesem Coaching einen für sie wichtigen Tipp gebe, erhalte ich von ihr als Dankeschön eine Ablöse. Die ist heftig, weil ich so viel fühle: Wie unsicher ich bin. Bildlich sehe ich mich eine Treppe hochlaufen, die uneben ist und an der einen Seite nur ein wackliges Geländer hat. Die andere Seite ist ganz offen. Die Treppe ist im Gebirge. Und auch wenn sie breit genug ist, beängstigt sie mich – und stellt übertragen dar, wie ich mein Leben beschreite.

Ach, rutschig ist sie auch, mit Moos überzogen. Ich stehe also nicht fest mit beiden Beinen im Leben.

In der Ablöse gehe ich tief in dieses Gefühl hinein, muss sogar einen riesigen Fels umarmen, um ihn mit den dahinterliegenden Gefühlen loslassen zu können. Ich spüre Parallelen zu meinem Ertrinkungsgefühl beziehungsweise der Angst davor – und wir lösen auch diese.

Leider werde ich bis zum Ende des Buches kein Wildwasserpaddeln können, aber mich beschleicht das Gefühl, dass es eine Fortsetzung dieses Buches geben muss, weil viele Ahnungen offen bleiben werden (und du bestimmt neugierig bist, wie es ausgeht).

Jedenfalls fühlt sich am Ende die freie Treppe gut an – auch ohne Halt. Außerdem trocknen die Stufen, sodass ich sicheren Schrittes hinaufgehen kann. Was für ein sagenhaftes Gefühl! So frei und unbeschwert! Und ich weiß, dahin darf meine – unser aller! – Reise gehen. Ist das nicht wunderbar? Ich freue mich darauf!

Ja, wir dürfen unsere Ängste und Sorgen loslassen, alte Glaubensmuster lösen, um wirklich frei zu sein. Dahin wird es meines Erachtens gehen. Frei und naturverbunden und naturnah.

***

Anfang Oktober bin ich irgendwie immer noch im Nebel. Mit dieser Schmerzsyndromdiagnose ist alles so unwirklich. Ich weiß nicht, wann und wie es weitergeht. Mein Arbeitgeber setzt mich zudem unter Druck, fordert die Wiedereingliederung. Ich kann sie gar nicht leisten, nicht mal, wenn ich wollte.

Nach über einem Jahr verstehe ich, dass dieses Schmerzsyndrom ungefähr drei Jahre in dem Körper wirkt. Mal mehr, mal weniger. Mal ist meine Narbe überempfindlich, mal ist ein Teil des kleinen Fingers taub. Manchmal schrecke ich zurück, wenn jemand meiner Hand zu nahe kommt, manchmal kann jemand zudrücken, ohne dass ich

Schmerzen habe. Manchmal, besonders in der Entspannung, schießt ein Schmerz ohne Fremdeinwirkung ein. Als würde im Knochen etwas ausstrahlen. Total irre und für niemanden nachvollziehbar, der es nicht kennt. Jedenfalls ist es ein Prozess der Geduld – und des Loslassens der Kontrolle. Eine Gnade, die mir hier gezeigt wird, die ich aber erst zum Ende des Buches verstehe.

Aus Neugier lasse ich mir von der spirituellen Patrizia, die ich auch über besagtes Coaching kennen lerne, ein Kartenreading legen. Sie äußert, dass ich vermutlich in früheren Leben – und auch in diesem – mit dem Pendel arbeite. Auch für meine Heilberaterausbildung benötige ich eins. Ich selbst habe mich nie getraut, ein Pendel zu kaufen. Denn ich hatte Angst vor der Wahrheit und wollte nicht in die Esoterikecke abdriften oder für eine Wahrsagerin gehalten werden. Und dieses Gefühl auf Klassenfahrt mit dem Gläserrücken sitzt mir weiterhin im Nacken, finde ich unheimlich. Aber mit diesen beiden „Genehmigungen" erlaube ich mir nun, ein Pendel zu kaufen.

Dies hat auch nichts mit Wahrsagerei zu tun, sondern ist letztendlich nur ein Hilfsmittel, um eine Situation zu klären und etwas sichtbar zu machen, was eh schon in unserem System, in unserem Feld ist.

Auch das heutige Schreiben habe ich ausgependelt. Ich hatte eine innere Unruhe, die ich nicht erklären konnte. Nun weiß ich, dass das Buch schnell geschrieben werden soll, ich meinen Fokus hierauf legen „muss". Dies ist eine Anweisung der geistigen Welt, da das Buch Hilfsmittel sein wird. Dies als kurzer Ausflug.

Als ich mein Pendel kaufe, sehe ich ein kurzes Bild einer Hexe, die verbrannt wird. Das bin ich – und es erklärt, warum ich Angst hatte, mich mit dem Pendeln zu beschäftigen. Anscheinend wurde ich in einem früheren Leben als Hexe verbrannt, weil ich mit dem Pendel arbeitete. Sonst wäre dieses Bild nicht im Laden aufgetaucht, als ich verschiedene Pendel teste. Und ich kann daher die zuvor genannten Situationen interpretieren, die mich gehemmt hatten. Dies erleichtert mich, nimmt mir meine Angst, lässt Vorfreude aufsteigen.

Da ich mich meinem einen Großvater so nah fühle, und mein anderer Großvater vor kurzem gestorben ist, stelle ich meine erste Aussage (das Pendel wird nicht befragt!) und erhalte weder Ja noch Nein: Ich will wissen, ob ich Kontakt zu meinen Großvätern aufnehmen dürfe. Das Pendel gibt keine klare Antwort.

Als ich die Großväter einzeln um Antwort bitte, erhalte ich einmal Ja, einmal Nein. Heute weiß ich, dass einer meiner Großväter, also seine Seele, noch nicht im Licht war.

Ich habe gehört, dass Seelen nach dem körperlichen Sterben eine Weile auf der Erde verweilen und verschiedene persönliche Orte aufsuchen und sich dann auf den Weg in den Himmel machen. Und bei diesem Prozess kann es passieren, dass sie den Weg nicht mehr nach Hause finden und erdgebunden bleiben. Wofür du zur Erlösung die Elohimsäulen aufstellen kannst, wie du bereits weißt.

***

Durch das Sommercoaching habe ich, wie viele andere auch, eine Coachinggruppe eröffnet, in der ich nun mein Wissen weitergebe. Hier gebe ich meine erste Meditation.

Wow, bin ich aufgeregt und wow, ist das geil! Ich mache eine Meditation, in der wir in unser Herz gehen. Und ich vibriere, bin energiegeladen, wach und ganz präsent. Ich weiß, dass ich dies nun regelmäßig machen werde. Weil ich in dem Moment so absolut bei mir bin. Es ist gigantisch, was da an Energie fließt! Dies sagen auch meine Zuhörer im Nachgang. Ich bin sehr beeindruckt und sehr dankbar, dass ich über mich hinausgewachsen bin. Ich, die sich selten Zeit zum eigenen Meditieren nimmt, erfahre absolute Hochgefühle beim Meditationsgeben und öffne andere Herzen. Was für ein Geschenk! So wundervoll!

***

Und es gibt noch einen Lichtblick am Horizont, den ich im Tagebuch festhalte mit „bezaubernd, kraftvoll, öffnend!": Ich bin für zwei Wochen in der mir empfohlenen Klinik für Naturheilweisen.

Obwohl ich weiß, dass ich in einem Dreibettzimmer untergebracht bin, beunruhigt mich das nicht. Ich habe beim Universum passende, inspirierende Zimmergenossinnen bestellt. Nach der ersten Nacht zweifle ich kurz, ob ich doch hätte den Aufschlag für ein Einzelzimmer nehmen sollen. Aber nein, es ist alles richtig so, wie es ist! Die eine geht, eine Neue kommt. Wir sind ein Super-Dreier-Gespann: Es passt zwischenmenschlich und auch von den Themen wie Inneres Kind, Selbstständigkeit und Stillstand. Wir sind alle intuitiv und ich erhalte Lesetipps, die mich in meiner Gesundheit weiterbringen.

Was ich hier noch erlebe, kannte ich davor nicht: Das Klinikum steht auf einem unbeschreiblichen Kraftplatz! Obwohl es eine Klinik ist und der Notfallhubschrauber oft laut unterwegs ist, ist die Kraft dennoch zu spüren. Eine unwahrscheinliche Ruhe strahlt dieser Ort aus. Gerade in dem kleinen Waldstück nebendran. In dem Waldstück fühlt es sich wie Nachhausekommen an. Meine Hand bessert sich morgens nach einer Stunde Spaziergang im Wald schlagartig! Ich bin gerührt und den Tränen nahe.

Im Wald lerne ich am letzten Tag eine Frau kennen, die mir viel von Engeln und einem Channeling erzählt. Dieses Gespräch ist wichtig für mich, um mehr in das Vertrauen zu kommen, denn in den Gruppenmeditationen während meines Aufenthalts, also meine Pflichtveranstaltung für die Therapie, sehe ich zum allerersten Mal Dinge, Situationen, ich weiß es nicht genau. Es sieht aus wie orange-schwarze Bleistiftskizzen (also diese Form der Wahrnehmung ist neu). Inzwischen weiß ich nicht mehr, was ich alles gesehen habe, aber an drei Sachen erinnere ich mich:

Einmal sehe ich eine Freundin, ihren Bruder (den ich nur von Fotos kenne) und kurze Zeit später auch ihre Tochter als Familie. Ich weiß nicht, warum und zu welcher Zeit das gehört oder was mir dies sagen soll, welche Botschaft dahintersteckt.

Zum anderen sehe ich an einem Tag Marianna Liliane und einen Tag später sie und Sekunden später einen Wolf. Für mich klang schon im Sommer während des Coachings ihr Name Marianna für mich nicht richtig, sondern Liliane. Dies ist ihr spiritueller Name. Sie erzählt mir, dass unser Coach ihr gesagt habe, dass sie eine Gruppe, ein Rudel, anführen wird. So verstand ich dieses Bild, denn die Symbolik des Wolfes ist das Rudelanführen. Warum mir dies zugetragen wird, weiß ich auch nicht so recht. Oder doch? – Denn mit Marianna Liliane mache ich Anfang November meine erste Rückführung wegen meines Arbeitgebers. Dazu gleich mehr.

Dank schnellem Austausch via Internet erhalte ich von Marianna noch weitere Informationen zu den Essenern mit

Jesus, Mutter Maria und Maria Magdalena. Wen sehe ich am nächsten Tag in der Entspannungsgruppe bei der Meditation? – Die drei! Mich durchrieselt es! Ja, an dieser Stelle kann ich nicht mehr leugnen, dass ich Sachen wahrnehme, die wir nur über das dritte Auge wahrnehmen können. Alles andere hätte ich bis dato vielleicht noch mit „Bauchgefühl" erklärt. Aber es ist mehr!

Noch kurz für dich eine Erklärung, wer die Essener waren: Es ist eine Glaubensrichtung, eine Philosophie, die mit strengen Alltagsregeln verknüpft ist, die wir auch heute immer wieder finden. Es geht um unser göttliches Sein, um Annahme und Hingabe, um Liebe und das Dienen, aber auch um teils strenge Ernährungsweisen. Das Essenertum hatte mehrere Ausrichtungen oder Ausläufer, die wohl am Ende auch für den Zerfall zuständig waren. Insbesondere, weil sie nach dem Untergang von Atlantis die Hüter des atlantischen Wissens waren. Jede Ausrichtung hatte ihren „Geheimcode" oder ein Symbol der Erkennung.

Sehr interessant, während ich dies schreibe, spüre ich an meinem linken Ringfinger einen Ring. Aber ich trage dort keinen! Dieses Gefühl begleitet mich aber seit Jahren mal mehr, mal weniger stark am Ring- und Mittelfinger. Jedenfalls gehört der rubinrote Strahl zu den Essenern, den du auch auf Engelkarten findest und mit dem Maria Magdalena abgebildet wird, denn sie erstrahlt in dieser Farbe. Ich fühle mich den Essenern verbunden, kann aber mit dem Buch, das ich mir hierzu gekauft habe, nichts anfangen. Vielleicht, weil es nicht meine Erfahrung, meine Wahrnehmung ist, sondern eine Art Vorgabe, wie es war, wie es sich anfühlt. Marianna meint, dass wir uns daher kennen könnten.

Außerdem sieht sie mich als Nonne im Kloster, als ich ihr erzähle, dass ich ein Faible für immer das gleiche graue

Kleid beziehungsweise einen bestimmten Schnitt habe. Das kann ich nur so im Raum stehen lassen, denn außer, dass ich immer wieder einen bestimmten Kleiderschnitt in Augenschein nehme, habe ich keine Verbindung. Außer zu Marianna. Die Verbindung war von Anfang an da, als sie das Coaching im Sommer kurz nach mir buchte. Daher erzähle ich ihr auch von meiner Verstrickung mit meinem Arbeitgeber und mache mit ihr meine erste Rückführung.

***

Vor der Rückführung entfernt Manfred noch Metallstäbe aus meinem Körper, die er dort wahrnimmt, und die von einer früheren Folterung noch in meiner Aura stecken. Dies war wohl wichtig, sonst hätte er es nicht jetzt wahrgenommen.

Da Marianna nicht auf meiner Ecke wohnt, machen wir die Rückführung online, bin ich aufgeregt! Ich weiß ja nicht, was mich erwartet. Weder vom Prozedere her, noch von den Empfindungen. Ich bin absolut im Kopf und weiß gar nicht, ob ich mich darauf einlassen kann.

Und wie ich mich darauf einlasse! Sehr schnell bin ich im alten Rom und seh-spüre (es ist kein richtiges Sehen, eher ein Spüren, aber in Bildern) eine Situation. Ich stehe in einem Hauseingang und habe Angst hinauszutreten. Ich gehe einen Schritt vor und sehe vier oder fünf Gestalten in dunklen Gewändern, die mich fangen wollen. Ich husche zurück ins Haus, um mit Marianna zu sprechen, was ich tun kann. Zuerst verstecke ich meine Unterlagen, die ich bei mir habe. Geheime Dokumente. Und ich zögere lange, bevor ich wieder raustrete, denn ich weiß, was kommt. Und kaum bin ich rausgetreten, spüre ich schwere, mich fesselnde Ketten, habe das Gefühl zu ersticken, werde von den Ketten lahmgelegt. Da mich das so fängt, steige ich aus der Situation aus, komme mit meinen Empfindungen und meinem Sein wieder im Jetzt, in meiner Wohnung, an.

Dieses Seh-Spüren ist das Sehen mit dem dritten Auge. Es ist kein Bild, wie du es mit deinen zwei körperlichen Augen siehst, sondern ein inneres Bild, das sich eher als Bildgefühl zeigt.

Aber um die Situation zu lösen, muss ich nochmals rein. Daran führt kein Weg vorbei. Einige Tage später tue ich dies auch – dieses Mal allein – und spreche mit den Menschen. Ich nehme wahr, dass der Anführer sich nicht die Hände schmutzig macht, dafür die anderen vier Leute da sind. Ich spreche sie an und frage, was sie dort tun, was das soll, in wessen Auftrag sie unterwegs sind. Ich bekomme zaghaft Antworten, dass sie eben so handeln müssen, weil es ihr Auftrag vom Staat (ihrem Arbeitgeber) ist. Welchen Hintergrund ihre Handlung hat, das wissen sie nicht. Sie sollen mich festnehmen und knebeln. Klar ist, sie haben Angst! Sie machen das nur, um ihre Familie zu ernähren, nicht, weil sie davon überzeugt sind.

Und so kommt es mir auch bei meinem Arbeitgeber vor. Er ist der Brotgeber und die Angestellten führen aus, was von oben kommt (wie in den meisten Unternehmen üblich). Und ich, ich fühle mich mit meiner Krankschreibung unehrlich, obwohl ich wirklich nicht arbeiten kann. Aber ich habe ein schlechtes Gewissen, weil ich meine Kollegen allein lasse, nicht wie gewohnt zur Verfügung stehe. Meine Glaubenssätze zeigen sich stark, sie wollen erlöst werden. Auch Scham und Schuld zeigen sich. Damals war ich fest überzeugt, das Richtige zu tun, indem ich Informationen weitergebe. Es war aber nicht für den Staat, sondern für eine andere Organisation, der ich diese zuspielte. Es ist also jetzt eine Spiegelung der alten Situation. Sie möchte gelöst werden. Mit Meditation lasse ich die Ängste gehen, spüre auch, dass nicht ich die aktuelle Situation lösen kann, sondern dass sie von der anderen Seite aus gelöst werden muss. Wie eben damals auch. Daher kann ich auch jetzt keine Kündigung schreiben.

Als mir die Situation jedoch sprichwörtlich zu sehr auf den Magen schlägt, pendle ich aus, ob ich kündigen muss, auch wenn es sich für mich nicht stimmig anfühlt. Das Pendel spricht, dass das Arbeitsverhältnis im Februar von Arbeitgeberseite aus endet (und tatsächlich kommt es so!). Aber bis dahin ist noch ein wenig Zeit, in der sich einiges tut!

Einige Wochen später bekomme ich eine Botschaft aus einem früheren Leben, die erklärt, was hinter der Festnahme, der Folterung und Ermordung stand: Ich war in dem Leben in meiner wahren Größe, habe mich für die Gerechtigkeit eingesetzt, sodass einflussreiche Leute Angst vor mir hatten, mich niedermachen mussten, um nicht aufzufliegen. Die Gerechtigkeit spielt in vielen meiner Leben eine große Rolle. Ich bin sehr dankbar für diese Botschaft. Dieses Mal habe ich sie im Halbschlaf wahrgenommen, es war mehr ein Gefühl als eine Situation oder ein Gespräch.

***

Ich komme kaum zum Verarbeiten dieser ganzen Erlebnisse, denn es ist mal wieder Zeit für Lindau. Was freue ich mich darauf! Die Energie, die Frauen.

Silke und ich fahren vor Ort gemeinsam mit dem Auto rum, um eine schöne Ferienwohnung für uns zu finden. Es ist so harmonisch, dass wir uns einig sind, dass wir in einem früheren Leben Schwestern gewesen sein müssen. Manchmal, wenn ich sie ansehe, sehe ich eine Hexe in ihr. Sie war bestimmt in einem früheren Leben auch eine.

Bei den Energiebalanceübungen, die wir machen, spüre ich meine Hand-Chakren sehr stark. Selbst jetzt beim Schreiben sind sie sofort wieder aktiv. Dadurch spüre ich, dass ich über meine Hände Energie geben und auch ausleiten kann. Ich finde es irre spannend – und bin sehr dankbar dafür!

Wenn du magst, hältst du deine Hände mit den Handflächen zueinander vor deinen Körper. Spüre mal rein, ob du etwas wahrnimmst. Bewege nun deine Handflächen mal aufeinander zu und voneinander weg. Ändert sich das Gefühl? Wird es wärmer oder kälter? Kribbelt es vielleicht? Wird es leichter oder schwerer? Fühlt es sich an, als sei da etwas zwischen deinen Händen? Du kannst die Übung wiederholen, es wird sich mit der Zeit verstärken!

***

Durch das Sommercoaching lerne ich auch Alexandra kennen und mache mit ihr Ende Oktober eine Meditation. Ich bin gar nicht so recht darauf vorbereitet und sitze vor meiner kalten Balkontür. Aber es ist so intensiv, es ist der Hammer! Ich spüre die Kälte im Rücken gar nicht.

Während der Meditation pflanze ich Samen in einen Topf und wahnsinnig schnell kommt die Blume, die sich rankt und viele lila Blüten trägt. Symbolisch geht es darum, dass mein zukünftiger Mann bald in mein Leben kommt. Schauen wir mal, ich hatte ja vor Monaten den August als Monat empfangen. Am Ende lege ich zwei Samen in eine Schachtel, die ich nun hüten soll. Alexandra hat am nächsten Morgen eine Riesenüberraschung für mich und schreibt, dass sie mir eine Botschaft übermitteln darf: Die beiden Samen sind Gottes Liebe und Gottvertrauen. Uh, das fühlt sich groß an, mich durchrieselt es gleich wieder! Ich möge die Samen in meinem Herzraum einpflanzen und zusammen mit meinem Wunsch das Wachstum dieser Samen in Gottes Hände geben. Ich habe die Liebe Gottes gespürt und diese möchte ich bitte beibehalten. Oh wow, ist das schön! Ich bin sooo unendlich dankbar für diese Meditation und diese Botschaft! Ich, die unkirchlich aufgewachsen ist, fange an, ein Gefühl für Gott, Christus, zu entwickeln. Zu verstehen, was damit gemeint ist. Zu fühlen, wie groß und mächtig er ist. Wie einzigartig und liebevoll. Wie lichtvoll und herzlich – für jede(n)! Ich fühle mich wie auf Wolken. Getragen und – ja, ich fühle mich beschützt! Es ist ein Gefühl, wie es kleine Kinder haben, die sich vollkommen in einer Situation fallen lassen und keinen Gedanken an Negatives verschwenden, vollkommen im Vertrauen sind, weil alles harmonisch ist. Nur als Erwachsene ist dieses Gefühl bewusst und enorm tragend.

***

Durch mein Sommercoaching und meine Hinwendung zum Inneren Kind kaufe ich mir Buntstifte und Malblöcke.

Den einen Tag Ende Oktober drückt mir meine Traurigkeit arg aufs Herz. Ich setze mich hin, schalte meinen Kopf aus und lasse meine Traurigkeit sprechen. Ganz intuitiv entsteht ein Bild. Ich lasse es aus mir herausfließen und spüre in mich hinein, wo ich im Moment stehe. An der engsten Stelle! Dies ist das intuitive Malen, das ich weiter vorn bereits angesprochen habe. Es entsteht aus meiner Seele, nicht aus meinem Kopf. Ich lasse auch zu, dass das Bild nicht perfekt ist – ich kann einfach keine wunderschönen Menschen, Bäume, Tiere, Engel zeichnen. Aber das ist auch nicht wichtig. Wichtig ist, dass ich erkenne, wo ich stehe – und sehe, dass meine Seele den Weg kennt. Und dieser Weg wird lichtvoller, leichter, weicher, weiter!

Das intuitive Malen kann jede(r)! Du brauchst nur ein paar Stifte und ein Blatt Papier. Wenn es dir schwer fällt, deinen Kopf frei zu bekommen, dann putz erst noch deine Wohnung oder geh eine Runde joggen.

Hier noch die Erklärung, wie das intuitive Malen funktioniert. Es gibt zwei Möglichkeiten: Bei der ersten zeichnest du mit geschlossenen Augen – und greifst auch die Stifte und damit die Farben intuitiv – das, was gerade kommt. Das können konkrete Dinge wie Zahlen, Buchstaben oder auch Gegenstände sein. Durch deine geschlossenen Augen wird es unperfekt, aber das ist auch der Sinn! Es kann aber auch einfach nur Gekritzel wie ein Wollknäuel werden. Lass deine Hand, deine Seele sprechen.

Bei der zweiten Variante malst du mit geöffneten Augen und bewusster Stiftfarbe zu einem bestimmten Thema wie „meine Traurigkeit", „meine Arbeitssituation" oder „das nicht greifbare Gefühl in mir". Und dennoch lässt du deine Seele sprechen – es kann also sein, dass du die Sonne lila malen möchtest oder den Rasen rot. Es kann sein, dass du Engel zeichnen willst, aber nicht weißt, wie du Engel zeichnen sollst – dann vertraue darauf, dass dies unwichtig ist, es geht nicht um Schönheit! Lass dich treiben und gib dem Gefühl in dir Platz, sich auszudrücken, da sein zu dürfen.

Wenn du fertig bist, prüfe innerlich, ob noch was fehlt. Wenn ja, ergänze es. Wenn nein, betrachte dein Kunstwerk (Ja, das ist es! Du bist kreativ und dein Bild ein Werk von dir!). Schau, was da aus dir kam. Schau, wo du dich gerade wiederfindest. Schau, was dein Bild in dir auslöst. Normalerweise ist links die Vergangenheit, rechts die Zukunft. Lass dich auch in der Interpretation einfach treiben. Mache es spielerisch. Das Malen wie auch das Interpretieren.

***

Einige Tage später mache ich mit Alana, bei der ich mich für einen Engelheilerkurs ab Januar anmelde, eine Meditation nach Atlantis. Ich weiß nicht, ob ich damals schon gewirkt habe, lasse mich daher auch nur sehr schwer auf die Meditation ein, bin viel im Kopf. Aber es kommt was! Ich sehe mich als einfache Frau, die Wäsche aufhängt. Und ein Kind flitzt um ihre Beine. Wie schön, ich bin sehr dankbar.

Mitte 2020 erfahre ich, dass in Atlantis viele einfachgekleidete Menschen waren. Heiler und Vielwissende waren eher bunt geschminkt. Das finde ich als Information interessant. Und lasse es wertfrei stehen.

***

Angeregt durch meine Zugfahrt, auf der ich mir die Hand gebrochen habe, kaufe ich mir eine sogenannte *Zungentrommel*. Ein kleines Ding, auf dem ich mit zwei Schlegeln Klänge produziere. Ohne Anleitung, einfach in den Tag hinein. Das macht mir Spaß! Und ich nutze sie gleich für meine nächsten Schritte, brauche sie für meinen nächsten Kurs, denn mitten am Tag…

…kommt mir auf einmal das Wort *Ahnenheilung* in den Sinn. Ich notiere es und finde es als eigenes Coachingthema (noch) etwas weit weg von meinem jetzigen Wissen. Was sich genau dahinter verbergen könnte – ehrlich gesagt – keine Ahnung!

Ein paar Tage verstreichen und dann kommt ein Ahnenheilungskurs von Frauke (auch sie kenne ich – natürlich – von dem Sommercoaching) zu mir! Vielleicht darf ich gar nicht mit anderen ihre Ahnenreihe heilen, sondern bin dran, meine zu heilen? Egal, ich buche den Kurs, denn spannend ist es auf alle Fälle! Und wie!

Ahnenheilung bedeutet, dass du (meist) sieben Generationen zurück heilst durch Vergebungsrituale. So können übernommene Energien gelöst werden. Wir übernehmen immer Themen unserer Eltern, Großeltern, Urgroßeltern und diese wiederum ja auch von ihren Vorfahren. Durch das Lösen der alten Anhaftungen, Schuldgefühle, Kleinhaltung und Ähnlichem kommst du mehr in deine wahre Größe, befreist dich von altem Ballast, gehst in deine Eigenverantwortung. Auf diese Weise können auch in der Aura gespeicherte Geschehnisse wie Kriegs- und Vergewaltigungserlebnisse deiner Vorfahren gelöst werden. Mit der Auflösung gibst du sie energetisch auch nicht an deine Kinder weiter!

Interessant ist, dass an den Tagen, an denen ich zu Hause den Kurs aufarbeite, sich mein Arbeitgeber meldet – und ich mich dadurch blockiere.

Gerade bei den Aufstellungen wird mir schwindlig, mein Kreislauf sackt ab, ich steige regelmäßig aus den Aufstellungen aus, weil ich nicht einschätzen kann, ob ich gleich umkippe oder nicht. Der Kurs bedeutet jede Menge (innerlicher) Arbeit! Hier ein zeitlicher Schnelldurchlauf:

Für die erste Aufgabe gehe ich aufs Feld, Steine sammeln, die meine Ahnenreihe repräsentieren. Meine Stimmung ist fast feierlich. Ich fühle mich wohl und geborgen, als seien meine Großeltern bei mir. Und sie sind es! Meine Großmutter sagt auf einmal: „Muss sie denn da im Dreck wühlen?" Oh ja, ich muss, denn der eine Stein wollte zu mir, lachte mich so an – aus der Pfütze heraus. Erst finde ich es komisch, dass meine – noch lebende! – Großmutter zu mir spricht, aber dann finde ich es schön. Ihre Seele kann ja dennoch mit mir sprechen. Und auf einmal nehme ich wahr, dass mein Großvater sogar antwortet: „Kind, du weißt, dass meine Frau und ich nicht immer einer Meinung sind!" Ach, wie putzig, die beiden necken sich auch jetzt noch! Und wie schön, wenn mein Großvater zu mir spricht, dann ist er jetzt definitiv im Licht (was Frauke auch bestätigt). Bei dem Spaziergang habe ich leichte Schmerzen im Bizeps, da will sich wohl schon das Erste lösen. Außerdem hat mich ein Eichelhäher begleitet, voll schön! Er ist der Wächter des Waldes, zeigt mir meine Naturverbundenheit an.

Die zweite Aufgabe ist auch leicht, denn ich versetze mich in die jeweiligen Familienmitglieder und ihre Rollen, die wir innerhalb unserer Familie spielen. Vom Täter, Opfer und Retter nimmt jede(r) je nach Konstellation immer mal eine andere Rolle ein. Das ist spannend. Und ich spüre mal wieder, wie sehr meine Eltern mir immer die Verantwortung übergeben haben. Und ich sie mir damals zur Trennung meiner Eltern selbst auferlegt habe (und dann mit der systemischen Familienaufstellung gelöst hatte, wie du schon weißt).

Das ist keine Kritik. Alle Familienmitglieder konnten und wussten es damals nicht besser. Das sind übernommene Rollen und Muster, die sich so ausleben, dass es für die Person stimmig ist. Bei jedem von uns. Selbst wenn wir sehr bewusst leben. So wie sich jeder mal klein macht oder klein machen lässt oder einen anderen klein macht. Da stecken Innere Kinder, Überzeugungen, Erziehungsmuster und Glaubenssätze dahinter, die erstmal erkannt werden müssen, bevor sie gelöst werden können.

Bei der dritten Aufgabe setze ich mich in meinen Ahnenkreis, lege meine gesammelten Steine um mich herum. Und da ich keine Engelkarten habe, male ich mir einfach selbst welche. Das macht nicht nur Spaß, sondern gibt den Karten eine besondere Kraft. Überhaupt spüre ich in dem Ahnenkreis eine ganze enorme Kraft, Power und Schutz. Es ist WOW!

Am nächsten Abend sitze ich wieder in meinem Steinkreis und habe Gänsehaut. Ein Großvater ist schon da – und will meinen Glühwein trinken. Ich sage ihm, dass es kein Portwein ist, den er geliebt hat. Er will dennoch trinken und beschwert sich dann über den schlechten Geschmack. Ich muss lachen!

Mit meiner Zungentrommel rufe ich dann meine Großeltern zur Unterstützung und Heilung herbei. Meine Großmutter fühlt sich beim Abendessen gestört, wahrscheinlich sitzt sie gerade am Küchentisch. Den anderen Großeltern war – natürlich – meine Trommel zu laut.

Während der Sitzung löst sich einiges, ich weine und kann meinen Großeltern sagen, dass ich sie liebe. Es fühlt sich ganz erhaben, aber nicht abgehoben an. Ganz beseelt. Meine Großeltern sagen mir noch, was sie sich wünschen. Gar nicht so einfach, ihre Wünsche über die nächsten Wochen zu erfüllen! Meiner Großmutter erkläre ich, dass ich ihr keinen Kanarienvogel kaufe, weil er ihr doch zu laut sei (und der macht ja mehr Krach als meine Trommel!). Dass ich ihr dann einen zeichne, ist okay. Großvater freut sich über sein Marzipanherz und ein Knobelspiel, das sich beide Großväter jetzt teilen (ich gebe zu, das Knobelspiel habe ich neulich einfach gelöst, als mir danach war; vielleicht sollte ich mal schauen, ob sie es wieder durcheinandergebracht haben). Interessant ist, dass sich auch meine Urgroßmutter kurz zeigt.

Nach einigen Tagen mache ich die sogenannte Sieben-Generationsaufstellung. Es fühlt sich mächtig an, ich bin stolz und freudig. Während ich die einzelnen Steine (= Generationen) durchgehe, durchziehen mich verschiedene Kräfte, die meisten machen mich klein, schwach und müde. Es laugt mich aus!

Ich wiederhole dieses Aufstellungsritual, muss aber vorzeitig aussteigen. Gerade die fünfte Generation macht mir zu schaffen. Ich fühle eine Kopfverletzung am Hinterkopf und muss mehrmals das Ritual sprechen und wiederholen, bis ich eine Besserung merke. An dieser Aufstellungsheilung arbeite ich mehrere Tage. Auch in der dritten Aufstellung zieht es mich immer wieder nach hinten, weil da noch was gelöst werden möchte. Ich bin wieder platt und müde.

Nach Fraukes Empfehlung mache ich eine weitere Ablöse mit meinem Arbeitgeber – das hilft, um die Aufstellung einmal komplett durchlaufen zu können. Die hängen da irgendwie im Feld. Interessant ist, dass nach der Auflösung das anstehende Personalgespräch verschoben wird. Es gibt keine Zufälle!

Zwischen diesen Aufstellungen sammle ich bewusst Kraft durch Meditation, Räucherung, Natur und Zukunftsmanifestation der Leichtigkeit und Liebe.

Zurück zur Ahnenheilung. Hier steht nun die Vier-Elemente-Aufstellung an. Sie geht leicht und fühlt sich gut an. Sie ist ein wunderbares Zeichen, dass meine Großelternablöse leicht gehen wird.

Jedes der vier Elemente Feuer, Wasser, Erde und Luft ist einem Großelternteil zugeordnet. Jeder Mensch hat von seinen Großeltern aus dem jeweiligen Element etwas mehr Energie mitbekommen. Daher hat die Aufgabe ihren Namen.

Nun steht die Thronbesteigung (= Großelternablöse) an. Mein Stuhl ist zu klein. Ich fühle, dass da ein roter Sessel hingehört. Den habe ich nicht, also stelle ich mir den Stuhl eben rot vor. Fantasie darf sein! Ich spüre die Krone auf meinem Kopf (also ich habe nichts auf, es ist die Energie), von außen fühlt sich das gut an.

Das Ritual ist jedoch kraftraubender als ich dachte. Ich unterbreche beim Element Feuer, weil ich spüre, dass ich erst noch eine Räucherung machen sollte. Beim Element Wasser muss ich auch unterbrechen, weil es mir die Beine wegzieht. Ich spüre, wie mich Wassermassen fortreißen wollen und ich mich am Stuhlbein festklammere. Aber genau da muss ich durch, ich kann nicht ertrinken! Ich kann mich treiben und ans Ufer spülen lassen.

In diesem Ritual nehme ich mit meinen Großeltern Kontakt auf und bitte sie, zur Seite zu treten, damit ich meinen Platz, meinen Thron, einnehmen kann. Meine Großväter treten zügig zur Seite, meine Großmütter verteidigen ihren Platz. Ich rede mit ihnen und spreche das Ritual mehrmals gemeinsam mit ihnen vor, bevor sie bereit sind, Platz zu machen.

Dieses Ritual ist wichtig, um in die eigene Größe zu kommen, eben seinen Thron einzunehmen, den wir uns vor der Inkarnation ausgesucht haben.

Und weißt du, was dann passiert? Wir tanzen alle gemeinsam um diesen Stuhl herum! Es ist so wunderbar, so frei, so leicht! Und in dem Moment kommt auch noch die Sonne zwischen den Wolken hervor. Es ist unbeschreiblich!

Als Bonus erhalten wir von Frauke noch das Ablöseritual von unseren Eltern. Ich schreibe Briefe an meine Eltern, die ich dann – wie vorgeschrieben – verbrenne. Beim Räuchern kommt mein Großvater zu mir und gibt mir eine Botschaft mit: „Junge, du brauchst keine Angst haben!“ Ach Großvater, ich gebe die Botschaft weiter an die Person, die mir dabei in den Sinn kommt, wenn die Zeit dafür reif ist!

Bei diesem letzten Ahnenheilungsritual löse ich mich von meinen Eltern. Da auch dieses wieder heftig ist, bringe ich es nicht ganz zum Einklang. Ich weiß, dass ich es in 2020 wiederholen muss, sonst bin ich nicht ganz frei. Aber ich bin durch die Ahnenheilung schon viel freier als vor ein paar Wochen. Und das fühlt sich leicht an, wohlig!

Falls du dich an dieser Stelle fragst, warum wir uns in einem Ahnungsheilungsritual von unseren Eltern, Großeltern, Urgroßeltern,... befreien müssen, schließlich gehören wir doch zusammen, kann ich dir versichern, dass die Zusammengehörigkeit nicht verschwindet. Es geht darum, dass wir uns von Glaubenssätzen und Fremdenergien lösen, die uns auferlegt wurden. Dass wir Energien trennen, die uns klein halten, uns fremdbestimmt steuern und so unser Leben beeinflussen. Wenn alle eine Ahnenheilung machen würden, würden viele negative Glaubenssätze und Gewalttaten auf der Erde verschwinden, weil sich die Energien in der Aura lösen.

Die Ahnenheilung mehrmals zu durchlaufen, ist sinnvoll, da sich jedes Mal neue – eben ganz alte – Muster zeigen, die gelöst werden wollen. Wichtig ist, nicht in die Emotionen der Ahnen einzusteigen, sondern in die Eigenverantwortung zu gehen.

***

Während der Ahnenheilung geschehen noch einige wichtige Dinge:

Ich spüre während einer Meditation einen Schwertstoß im Rücken und erzähle den anderen Teilnehmerinnen davon (erinnerst du dich, dass ich vorhin schrieb, dass ich das Gefühl habe, dass meine Seele in Meditationen am Rücken festgehalten wird? Das ist das!).

Erst will Tanja nicht so recht mit ihrer Eingabe heraus. Aber dann erzählt sie mir, dass sie sofort gefühlt hat, wie sich ihre Kehle zugeschnürt, sie keine Luft mehr bekommen hat. „Zum Schweigen meiner Wahrheit verdammt!" Und der Schwertstoß galt meinem Herzen, auch wenn er durch den Rücken gestoßen wurde. Puh, das ist heftig. Und ich ahne, weil es gerade nochmals eine Reiberei mit meiner Chefin gibt, dass sie der Auslöser ist. Muss nicht sein, aber nach einer Ablöse aus meiner Aura setze ich mich gegen ihren Druck zur Wehr. Dass ich in einem früheren Leben von ihr gefoltert wurde, weiß ich nicht nur, sondern spür(t)en wir immer wieder im Büro. Heute eben verbal und nicht mehr mit Peitsche und Co. Und ich habe in der jetzigen Situation das Gefühl, dass mir nicht geglaubt wird (und damit der Aussage meines Arztes ja auch nicht). So wie damals auch. Daher ist die Situation auch so, wie sie ist. Die Erkenntnis hilft mir ungemein, es fällt ein schwerer Brocken von meinem Herzen. Das Verstehen der Zusammenhänge lässt vieles leichter erscheinen!

Auch das (An-)Erkennen, dass ich meinen Kollegen nicht als Retter helfen kann. Bevor ich meinen jetzigen Job anfing, war das Team überlastet. Ich war die Rettung. Und nun ist das Team (wenn auch in einer anderen Zusammensetzung) wieder in dieser Verzweiflungslage, ist ängstlich, wütend, enttäuscht, kraftlos. Nur dieses Mal darf ich nicht zum Retten kommen, denn ihre Seelen wollen die Situation nun selbst lösen. Daher (das ist jetzt meine Vermutung) ist mein Arzt (unbewusst) gegen mein Arbeiten. Weil ich nicht einspringen darf. Nicht mal ansatzweise. Das Team muss sich aus der Situation selbst befreien. Ich muss mich da rausnehmen und auch meinem Drang nach Anerkennung, Helferleinsein, Angsteingeständnis für mich sortieren und nicht in einer gewohnten Situation (wieder zurück in den Job) verdrängen oder umgehen. Beide Seiten haben ihre Lernaufgabe zu erfüllen, in ihre wahre Größe zu kommen. Egal, ob mir geglaubt wird oder nicht. Ich kann an dieser Stelle nicht klein beigeben und andere retten, denn ich muss mich selbst retten!

Ich erhalte weitere Botschaften hierzu und erkenne die Essenz: Ich war in früheren Leben so groß, dass sie mich wegsperren mussten, gefoltert und getötet haben, weil sie Angst vor mir hatten! Weil ich Gerechtigkeit eingefordert habe. Es ist alles auf einmal so schlüssig!

Außerdem nehme ich vor meinem dritten Auge einen schwarzen Hund wahr. Wahrscheinlich kommt dieser als Symbol zu mir, weil ich mir in Vorleben etwas verboten habe, das nun gelöst werden möchte. Frauke gibt mir einen „Reinigungstipp“, sodass das Licht wieder fließen kann.

Es gibt mehrere Möglichkeiten, das dritte Auge zu reinigen, zu klären, das Stirnchakra wieder zu aktivieren. Zum Beispiel über eine Chakrenmeditation. Weitere Möglichkeiten findest du im Kapitel „Förderlich“.

Schon seit einigen Monaten wünsche ich mir ein Krafttierkartenset. Denn die Bedeutung der Tiere wird mir immer wichtiger. Aber ich muss die Karten in der Hand haben, eine Onlinebestellung mag ich nicht. Im Laden finde ich die Bilder fast kitschig, aber die Karten vibrieren in meiner Hand. Also nehme ich sie mit! Sie sind so schön. Das Kitschige weicht einer Leichtigkeit, einer kindlichen Verspieltheit. Mit den Karten fühle ich mich sofort naturverbunden, egal, wo ich gerade bin. Sie sprechen mit meiner Seele.

Und auf einmal kommt morgens meine zukünftige „Jobbeschreibung“ zu mir: Energiecoach. Klingt das nicht cool?

Für mich bedeutet es, dass ich Energien ausgleiche. So wie ich es in meiner Heilberater- und Engelmediumausbildung lerne. Zum Beispiel durch Chakrenreinigung oder Organharmonisierung. Durch das Aktivieren der Selbstregulationskräfte in den Menschen. Und auch, dass ich die Herzenergie in den Menschen öffne. Und zu einem späteren Zeitpunkt erweitert sich für mich das Feld noch auf Platzreinigung, auch Clearing genannt, und Wirbelsäulenbalance. Und letztendlich zählt hierzu auch das Arbeiten mit Karten, Pendel, Engeln und Co.

Überhaupt spüre ich beim Tun für mein Onlinebusiness, wie sehr es mir Kraft schenkt, wenn ich anderen Menschen Kraft, Liebe, Licht gebe. Es ist fast berauschend. Es erhöht meine Energie, wenn ich die Energie von anderen erhöhe.

Ich spüre meine Kraft und Liebe in den Momenten ganz besonders.

Auch habe ich das Bedürfnis nach Aufräumen, Ausmisten. Als wenn ich für jemanden oder etwas Platz schaffen möchte. Das Gefühl hält auch die nächsten Monate an.

***

Wir sind Anfang Dezember beim Heilberaterausbildungswochenende in Lindau. Beim Thema *Wasser* kocht mir regelrecht die Galle über. Ich verpulvere meine Energien an eine Freundin, die längst nicht mehr in mein Leben passt. Und von der ich mich in der Jugend aus meiner inneren Ruhe reißen ließ. Ich triggere sie bewusst zu ihrer Wasserfilteranlage. Ich kann gar nicht recht erklären, warum ich mich so heiß mache. – Bis ich morgens am Frühstückstisch mit Silke rede und Worte wie „Reinheit" und „systematische Körpervernichtung" verwende und auch den Vergleich zu Adolf Hitler bringe. Es sind nicht meine Worte. Und auf einmal macht es klick: Hinter den Machenschaften einiger Filterhersteller steckt das alte Naziregime. Sie versuchen in diesem Leben unbewusst, ihre Verstrickungen zu lösen und sitzen im gleichen Schlamassel wie damals. Als ich es Markus, unserem Ausbildungsleiter, erzähle, bekommt er Gänsehaut.

Gänsehaut oder auch ein Durchrieseln, wie ich es vorhin schon nannte, sind meist Zeichen der Bestätigung. Wir denken nur oft, dass es ein Zeichen des Erschauerns, der Abneigung ist. Oft ist dieses Durchfluten jedoch ganz leicht anders (zumindest bei mir) und eine Zusage aus der geistigen Welt an das eben Genannte/Gehörte/Gesprochene/Gefühlte. Ob das Eigene oder das des Gegenübers spielt dabei keine Rolle. Vielleicht durchrieselt es dich beim Lesen dieses Buches auch öfter?

Im Zuge dessen wird mir wieder bewusst, wie sehr ich mich im Geschichtsunterricht mit der Nazizeit auseinandergesetzt habe. Mir fällt auf, mit welcher Hingabe ich in der Schule eine Arbeit über Kurt Tucholsky geschrieben habe, der sich mit sehr viel Eifer gegen die Nazis gestellt hat. Und Tucholskys Worte bewegen mich seit der siebenten Klasse. Ich spüre, dass ich zur Nazizeit ein Nazigegner war. Ich weiß nicht, ob ich standhaft war, aber ich spüre, dass ich viel Energie verschleudert habe, um andere Menschen aufzurütteln, um mich selbst fern zu halten.

Ich hatte übrigens schon im Frühjahr ein schlechtes Bauchgefühl, als ich auf die Website des Wasserfilterherstellers meiner Freundin ging. Nur konnte ich das Gefühl nicht erklären, es war einfach da. Jetzt erklärt es sich.

Manchmal sage ich auch etwas, was nicht von mir zu kommen scheint. Auch wenn die Worte aus meinem Mund fließen. Und in dem Moment, wo ich es äußere, ist klar, dass es aus der geistigen Welt kommen muss. Das ist nicht nur beim Frühstück so, sondern immer mal, aber für mich oft erst im Nachgang präsent.

Wir alle vermitteln auf diese Weise unbewusst Botschaften, vergessen sie leider nur oft auch. Manchmal sind es Versprecher wie „deine" statt „eine" Frau. – Weil der Gesprächspartner Überträger ist und unbewusst schon weiß, dass zwei Menschen heiraten.

***

Ich mache – mal wieder – eine geführte Meditation mit Alana. Diese bietet sie regelmäßig an, heute steht eine

Reise in die *Akashachronik* an. An sich habe ich bereits nachgelesen, warum ich – seelisch betrachtet – einen Herpesvirus (HPV im Gebärmutterhals) habe. Aber das Geschriebene verstehe ich zwar vom Kopf, aber ich möchte es fühlen. Und daher stelle ich bei dieser Reise auch die Frage nach der Ursache der Erkrankung. Denn zuerst dachte ich, dass es weggeht, wenn ich es ignoriere. Aber da es nicht weggeht, habe ich die Aufgabe dahinter wohl nicht gelöst.

Noch bei der Einführung zu der Meditation erhalte ich zu meinen Schulterschmerzen, die ja gar nichts damit zu tun haben, eine Information: Diese verkühlt sich, verhärtet sich, weil ich mich wegen meiner lauten Nachbarn verhärte. Meinen Ärger gegen mich richte. Oh, das macht klick! – Und ich kann dir sagen, seitdem sind die Schmerzen weg, weil ich anders mit dem Lärm umgehe.

Aber zurück zu der eigentlichen Reise. Da ich die Ursache ja schon aus einem Buch kenne, bin ich unsicher, ob ich überhaupt eine Antwort erhalte. Ich bin daher auch sehr im Kopf. Und erhalte dennoch die Information: Ich sehe einen Hund, der noch mit der Leine am Hals wegläuft. Klarer kann es nicht kommen. Meine eigene (Herzens-)Untreue zeigt sich hier, denn der Hund steht für Treue. So kann ich aber viel besser damit umgehen als mit dem Text aus einem Buch. Ich darf aufarbeiten! Dies schiebe ich jedoch noch ein halbes Jahr vor mir her. Zu unwirklich ist, dass da in meinem Bauch irgendwas unnormal sein soll. Und auch wenn sich über Jahre die Messergebnisse verschlechtert haben, bleibt das Thema bei mir außen vor. Weil noch nicht der richtige Zeitpunkt der Heilung ist. Der kommt noch!

Die Akashachronik ist unsere „Bibliothek“, in der all unsere Erlebnisse gespeichert sind. Aus diesem und aus früheren Leben. Und wir können dorthin reisen, ein Buch aus dem Regal nehmen, darin lesen und Antworten erhalten.

Oder etwas professioneller ausgedrückt: In der Akashachronik ist das allumfassende Weltgedächtnis gespeichert, was auch als Buch des Lebens oder die DNA des Universums bezeichnet wird. Jeder Gedanke, jedes Tun, jede Begegnung, eben wirklich alles ist hier gespeichert.

Nicht nur du, sondern auch andere Menschen können in deine Akashachronik reisen, allerdings nur mit deiner ausdrücklichen Zustimmung.

***

Mitte Dezember schreibe ich an Dana: „In meiner wahren Größe bin ich ja noch lange nicht. Weil ich noch nicht das lebe, was mich im Kern wirklich ausmacht. Weil ich mich noch beschränke und dieses Licht, was da in uns allen scheint, nur ab und zu spüre, es noch nicht in mein Leben integriert habe. Aber spüre, dass es in mir leuchten möchte. Ich es aber auch wegdrücke und im Verstand bin. Kennst du dies? Diese Fülle, dieses Leuchten, das Glück, als wenn jemand den Vorhang zur Seite schiebt und dann glänzt alles, alles ist harmonisch und wirklich okay so, wie es ist. Es ist einfach. Dieser kurze Blick auf das große Ganze, der sich immer öfter zeigt, wenn man es einmal gesehen, erahnt hat. Und das kommt niemals erzwungen, sondern dann, wenn unsere Seele bereit ist. Der eine muss dafür stundenlang meditieren, der andere hat auf einmal diesen Lichtblick. Und der lässt einen nicht mehr los. Aber erjagen geht nicht. Das ist das, was ich vor einem halben Jahr mal schrieb, als wenn ich jetzt in 3D schaue, davor nur in 2D. Als wenn auf einmal alles klarer wirkt.“

Das fasst sehr gut zusammen, wie ich mich gerade fühle. Es wird alles immer stimmiger, die Zeichen werden mehr – und klarer. Auch die Welt wird klarer und herzlicher (also mehr aus dem Herzen heraus).

***

Silvester verbringe ich allein, weil ich ein absolutes Bedürfnis nach Ruhe habe. An dem Abend lege ich aus dem Herzen eine Kartenlegung aus den unterschiedlichsten Kartensets, die ich inzwischen habe. Es ist das erste Mal, dass ich mich traue, die Sets intuitiv zu mischen und zu deuten. Und es macht so Spaß, sich ohne Kopf auf die Karten einzulassen. Es fühlt sich fließend an.

Und natürlich, wenn ich im Sommer erst ein Coaching buche, dann die Heilberaterausbildung und im Januar 2020 mit einer Engelheiler- und Engelmediumausbildung anfange, ist es kein Wunder, dass gerade so viel auf mich einprasselt. Und das sind genau die Erkenntnisse, auf die ich im Vorwort hingewiesen habe. Es wird jetzt so viel klar, während ich das niederschreibe. Aber komm mit ins nächste Kapitel, da gibt es die Details!

Kapitel 8 – Die vielen Botschaften

Das Jahr der Klarheit und Veränderung beginnt. 2020. Im Tarot steht die 20. Karte für Erkenntnis, Wandel und Befreiung. Niemand kann sich mehr verstecken, wir werden auf unsere Essenz geprüft. Wir werden aufgefordert, in uns zu gehen, was uns wirklich wichtig ist. Und dann auch dazu zu stehen. Leugnen wird zwecklos. Wer weiterhin im Verstand bleibt, wird sich quälen. Zumindest glaube ich das.

Für viele wird das Jahr 2020 noch lange „das Jahr mit Corona" sein. Diese schreckliche Krankheit, die die ganze Welt lahmlegt. Und für mich bedeutet diese kollektive Auszeit eine wunderbare Möglichkeit, die uns Menschen geschenkt wird, um zur Ruhe zu kommen und in uns zu gehen. Wir dürfen erkennen, was uns wichtig ist, was unser Herz begehrt. Ich bin gespannt und neugierig auf dieses Jahr.

***

Im Januar bin ich auf einer Beerdigung. Irgendwie fühle ich mich verbunden, obwohl ich den Nachbarn kaum kannte. Ich suche in den nächsten Wochen öfter sein Grab auf – und laufe dabei übrigens immer an dem Grab vorbei, bei dem ich damals stehen blieb, als ich so suchend über den Friedhof geirrt bin und unbewusst die Kinderseele meines entrissenen Kindes gesucht habe.

Warum ich das Grab immer wieder aufsuche, erfährst du bald. Es geht um Ablöse.

Wie wichtig die Erlösung, das Abtrennen alter Geschichten ist, zeigt sich auch in einem fast herzlichen Gespräch mit meinem Arbeitgeber. Er kündigt mir. Und ich fühle mich so frei, so groß, so leicht. Es ist stimmig. Wie schon lange nicht mehr. Und ich kann ganz bestimmt sagen, was ich möchte, bin auf Augenhöhe mit meiner Chefin. Es fühlt sich sehr gut an.

***

Auch dass Manfred mich immer wieder als Kanal nutzt, um Dinge abzuklären, fühlt sich sehr gut an. Er weiß die Lösung meist schon, aber es tut meinem Selbstwert und meinem Vertrauen mehr als gut, zu spüren, wie einfach diese Abfrage in der geistigen Welt für mich ist. Manchmal muss ich mich mehr konzentrieren oder nehme unterstützend das Pendel. Es macht mir kindliche Freude. Ich bin im Vertrauen.

Und ich fühle mich frei.

In dieser Freiheit habe ich eine Erkenntnis: Ich dachte doch immer, dass ich mit 24 Mutter werde. Aber ich werde es wohl mit 42. Die Quersumme von beiden Zahlen ist die sechs, im Crowleytarot die Karte *die Liebenden*. „Na bitte", würde meine Großmutter jetzt sagen.

Ich zweifle zwar kurz über meine Erkenntnis, denn als Manfred irgendwas von November 2021 erzählt, kann ich gar nicht zuhören, weil in mir der Satz klingt: „Da bin ich schwanger." Andererseits sage ich, dass ich zwei Kinder gebäre. Wann dieser Satz zu mir kam, weiß ich leider gar nicht mehr. Ich glaube irgendwann 2019. Ich weiß auch nicht mehr, auf welche Weise diese Aussage kam – ob im Halbschlaf oder auf einmal als Gewissheit oder ausgesprochen bei einer Unterhaltung. Ich sage jedoch nicht, dass ich keine Abgänge habe und dadurch Mutter von mehreren Kindern werde. Ich ulke nur mit Manfred rum und spüre, dass ich im Jahr 2025 ein Kind in die Welt setze – und dass die Schwester (oder das Geschwisterkind, so genau kann ich es nicht fühlen) so zwei-drei Jahre älter ist. Das wiederum passt zu dem Schwangersein im November 2021, aber nicht dazu, dass ich mit 42 Mutter werde.

Also schauen wir mal, was da kommen mag. Ich kann zwei Kinderseelen spüren. Die eine kräftiger, die andere weniger. Aber beide sind da.

Und nicht nur ich nehme sie wahr, auch Alana sieht in einer unserer Sitzungen eine Kinderseele bei mir. Ist das schön! Meine Ausbildung zur Engelheilerin und zum Engelmedium beginnt nun.

All diese kleinen Erlebnisse, Aneinanderfügungen kommen mir so unreal, und gleichzeitig so stimmig vor. Immer deutlicher spüre ich, dass alles irgendwie vorbestimmt ist, und dennoch so gar nicht. Es gibt mir gleichzeitig ein Gefühl der Sicherheit und der Unsicherheit. Wenn alles vorgeschrieben ist, wie bin ich dann noch selbstbestimmt? Andererseits weiß ich genau, dass nichts von meinen Vorbestimmungen (die vielleicht Seelenverträge sind) eintreten würde, wenn ich nur passiv bleiben würde. Nicht in meine Eigenverantwortung gehen würde.

Eigenverantwortung ist das A und O bei der Bewusstwerdung. Und beim Kontakt mit der geistigen Welt oder Verstorbenen, also Jenseitskontakten.

***

Alana macht mit einigen Frauen eine Jenseitskontaktrunde. Ich darf zuschauen. Es ist spannend, und ich finde es gleichzeitig unheimlich. Hier gehe ich ganz bewusst nicht in meine Eigenverantwortung, bleibe passiv.

Jenseitskontakte sind nicht selbstverständlich und sollten mit sehr viel Achtung bedacht werden. Für die Seelen im Licht ist es eine Selbstverständlichkeit, uns bei Bedarf zu unterstützen. Aber wir irdischen Seelen sollten dies nicht strapazieren und aus Neugier oder zur Streitschlichtung auf Antwort beharren.

Bei dieser Jenseitskontaktrunde zeigen sich Seelen, die von sich aus etwas mitteilen möchten. Alana geht es nicht darum, dass wir Fragen stellen, sondern dass sie und ihre Frauen helfen, Altes zu lösen.

Ich erwarte in dieser Runde nicht, dass jemand für mich kommt, ich interessiere mich dafür, wie es abläuft. Den Abend verbanne ich bewusst alle Energien und Wesen aus meiner Wohnung, die nicht zu mir gehören, nicht Licht und Liebe sind. Ich hoffe, dass ich nachts nicht auf Toilette muss. Muss ich ja sonst auch nicht, aber da mir unheimlich ist, ist es mir umso wichtiger.

Ich bin dankbar, dass ich wegen meiner Ahnenablöse Kontakt mit den Seelen meiner (Ur-)Großeltern habe. Aber dass da jemand Fremdes vielleicht zu mir spricht… Da traue ich mich noch nicht ran – obwohl Patrizia das zum Beispiel in dem Kartenreading im Oktober gesehen hatte. Kann ja noch werden, muss aber nicht.

Es kommt das zu mir, was für mich wichtig und richtig ist. Und dem Wohle aller dient.

Du kannst jederzeit zu Erzengel Michael sprechen und ihn bitten, alle Fremdenergien (für diese Nacht, die Operation, den Friedhofsbesuch und anderes wie auch Familienfeiern, wenn du dich sehr vereinnahmen lässt (wobei es hier wichtig wäre, deine Glaubenssätze anzuschauen, warum du dich vereinnahmen lässt)) von dir fern zu halten, dich zu schützen.

Dies wiederhole ich diesen Abend mehrmals, weil ich mich dadurch besonders geschützt fühle.

***

Ich bin einige Tage später im Wald spazieren, als mich die Waldwesen oder Naturwesen, ich weiß es nicht, weil ich kann sie nicht sehen, sondern nur ihre Energie wahrnehmen, sagen, dass sie gerne in Schokolade eingebettete Espressobohnen hätten. Ich finde es ganz witzig und nehme mir vor, ihrem Wunsch nachzukommen.

In Germering finde ich die besonderen Espressobohnen nicht, und online möchte ich sie ungern bestellen. Also frage ich rum, woher ich sie bekomme. Und erhalte von Alexandra (die mit der Meditation, wo ich zwei Samen in mein Herz pflanzen durfte) die Antwort, dass man diese doch sehr gut selbst machen kann.

Ich muss gar nicht lange nachdenken, wie man diese Espressobohnen mit Schokolade überzieht, denn mir fällt ein, dass ich gerade heute früh bereits das Zeichen erhalten habe: Ich habe meine eine Küchenschranktür geöffnet und das Schokofondueset lange angestarrt, ohne zu verstehen, was es mir sagen möchte. Nun weiß ich die Antwort.

Dieses Mal habe ich keine Stimme im Kopf, kein Bild, ich sehe keine Bleistiftzeichnung, sondern ich schmecke diese Schokoladenespressobohnen, als mir die Wesen „sagen", dass sie diese Süßigkeit wünschen. Und ich weiß, dass dies mir die Naturgeister eingegeben haben. Der Unterschied zwischen so einer Eingebung und einem Tagtraum, einer normalen Idee, eines normalen Gedankens, der uns so im Kopf herumschwirrt, ist, dass es klarer ist. So beschreibt es auch Silke, als ich sie frage, wie sie ihre Eingebungen wahrnimmt. Da ist eine absolute Gewissheit dahinter. Es ist, als wenn etwas schärfer dargestellt wird, als wenn die Umrisse genauer sind. Bei den normalen Gedanken sind sie oft so im Gedankenkarussell eingebettet, das heißt nicht so exakt greifbar, da eher unbewusst. Und diese Eingaben aus der geistigen Welt, aus unserem höherem Selbst, kommen aus unserem Herzen. Die sind präziser, fühlen sich viel genauer an. Es ist ein feiner Unterschied, so als würdest du mit einem stumpfen und weichen Bleistift zeichnen, was eben deine Alltagsgedanken sind. Und einem harten und gespitzten Bleistift, der die Linien genauer zeichnet und am Rand nicht so ausläuft innerhalb seiner Linie (wie ein weicher Bleistift). Es ist eine Aussage, in der kein Gefühl mitschwingt, daher ist sie so klar.

Es ist alles so einfach. Wir erhalten permanent Informationen, die wir in dem Moment gar nicht entschlüsseln können, uns manchmal die Idee fehlt, wozu so eine Information gehören könnte. Aber wenn du in deinem Leben mal darauf achtest, wo du vielleicht in eine Straße falsch reinläufst (dann aber den Laden siehst, den du woanders gesucht hast) oder eine Tür fälschlich öffnest (und erinnert wirst, was du deinen Chef fragen wolltest, weil er da gerade langläuft) oder ein Gespräch führst, bei dem du immer an eine andere Person denken musst, dann erhältst du so viele Informationen, die dir gar nicht bewusst sind. Aber sie sind wichtig, wir haben nur verlernt, sie zu verstehen.

Und ich glaube, darum geht es gerade jetzt. Dass wir diese Hinweise wieder wahrnehmen und mit der Zeit auch wieder verstehen. Denn alles in unserem Leben hat einen Sinn. Jede Verletzung, jedes Anstoßen, jedes Falschlaufen, jeder Unfall, jede Nachricht, jeder Anruf, jeglicher Lärm, jede laufende Klospülung oder jedes verstopfte Rohr. Alles hat seinen Sinn. Und wenn wir nicht mit dem Verstand dagegenhalten, verstehen wir auch den tieferliegenden Grund.

Ich weiß, dass es für etliche Menschen unverständlich ist, wie ein Handbruch anzeigen kann, dass ich von meinem Herzensweg abgekommen bin. Aber wenn ich es mir genau anschaue, dann ist das so klar, warum ich mir beispielsweise die linke Hand brechen musste. Und warum dies auch in einem Verkehrsmittel passiert ist, nachdem ich meine anderen Verkehrsmittel bereits verloren hatte. Denn mein sportliches Fahrrad ist 2018 kaputtgegangen und mein Auto kurz vor meinem Handbruch. Und die Verkehrsmittel stehen für unseren Weg, unsere Fortbewegung, für unseren persönlichen Lebensraum. Und die linke Hand ist die Hand des Herzens. Und wenn du noch etwas tiefer in die Symbolik einsteigen magst, dann schaust du mal, wo der sogenannte Herzmeridian im Körper langläuft, er endet am kleinen Finger.

***

Zwei Tage später kommt die nächste Eingebung. Ich empfange, dass ich die Herzöffnung verstärkt aktiv anregen darf. Nur so hat unsere Erde die Chance zu überleben.

Und aktiv heißt nicht Worte in soziale Netzwerke zu setzen, sondern die Menschen bewusst in ihr Herz zu führen, sodass sie ihr Herz spüren, ihren Frieden, ihr Vertrauen, ihre Stärke in sich wahrnehmen. Ohne Technik dahinter. Reines Fühlen zum Beispiel in einer Meditation. Das reine Herzfühlen steht im Vordergrund. Und ich spüre, dass wir dies als Gruppe aktivieren dürfen. Jede/r auf seine/ihre Weise, dennoch im Kollektiv für das Kollektiv.

Ganz konkret empfange ich für mich: „Ich bin auf der Erde, um die Herzen der Menschen zu öffnen." Ist das nicht wunderbar? Ich bin so unendlich dankbar für diesen Satz!

Für mich bedeutet dies: Zukünftig wird es wichtig sein, dass wir Frauen und Männer, die aus dem Herzen leben und arbeiten beziehungsweise heilen, bewusst Menschen unterstützen, die bereit sind, ihren Weg zu erkennen. Dass wir ihre Energien anheben, sie ins Vertrauen bringen, damit sie mit den neuen Schwingungen auf der Erde mitgehen können. Wir sind Leuchttürme, die ihre eigenen Blockaden gerade lösen und erkennen, was uns guttut, Kraft tanken und dann dies an andere Seelen weitergeben.

Das klingt jetzt für dich vielleicht abgehoben, aber viele Leute, die meinen, dass sie im Herz und im Hier und Jetzt leben, tun es nicht. Weil es dennoch aus dem Verstand kommt. Der Kopf ist eingeschaltet, nicht das Fühlen. Es ist so, als wenn du jetzt rational überlegst, wofür du alles dankbar sein solltest: Für deine Wohnung, deine Arbeit, deine Familie, dein Essen. Und wenn du mit deinem Herzen fühlst, wofür du dankbar bist, dann kommen kleine, fast unscheinbare Dinge hinzu, weil du dich an einer Blüte in ihrer Einzigartigkeit erfreust. Oder es ist das Gefühl, dass du mit deiner Wohnung oder einer Beziehung verbindest. Und du verstehst, dass das die wahre Dankbarkeit ist, die dich erfüllt. Weil sie aus dem Herzen kommt – und nicht an die Sicherheit gebunden ist, die Haus und Hof, Arbeit und Geldfluss vermeintlich bieten.

Und wir Leuchttürme dienen jetzt und zukünftig und haben wiederum selbst Leuchttürme, die uns unterstützen. So, wie es sich unsere Seelen vor der Inkarnation ausgesucht haben. Der Weg, den die ersten Leuchttürme gegangen sind, war viel beschwerlicher als es jetzt beispielsweise mein Weg ist. Zukünftig wird der Weg noch leichter werden, weil mehr Wissen zur Verfügung steht, weil sich die Erdschwingung bereits erhöht hat.

Ich bin im totalen Vertrauen, dass es wunderbar wird – aber auch seine Zeit benötigt, bis viele Seelen sich trauen, diesen wunderbaren Weg einzuschlagen.

***

Weil ich gerade so tief dankbar bin, gönne ich mir eine Klangschalenmeditation in einer Salzgrotte. Ich habe das Glück, diese ganz allein genießen zu dürfen. Wie magisch!

Während der Meditation spüre ich ein totales Ungleichgewicht in meinem Körper. Es wechselt die Seiten – und am Ende ist es ausgeglichen. Außerdem ist mir kalt, ich bin erschöpft. Das hatte ich alles bei anderen Klangschalenmeditationen auch schon, wird mir bewusst. Mein Körper arbeitet etwas auf, lässt sich wieder in den Fluss bringen.

Auch in Lindau sind wir einige Tage später bei einer Salzgrottenmeditation. Die anderen Frauen finden die Meditation sehr unruhig, nur ich kann wunderbar schlafen. Hier spüre ich das Ungleichgewicht nicht.

Überhaupt ist dieses Mal in Lindau bei der Heilberaterausbildung sehr viel intuitives Arbeiten gefragt: Wir aktivieren die Chakren unserer Partnerin mit Stimmgabel und Klangschale und – natürlich – der liegenden Acht und unseren Händen. Was der andere Energiekörper eben gerade benötigt. Auch wenn Iris, unsere Ausbildungsleiterin, uns zeigt, wie wir die Stimmgabel nutzen sollten, habe ich die Eingebung, sie andersherum halten zu müssen. Das Chakra meiner Partnerin benötigt Energie, bevor ich es aktivieren kann! Auf dieses Gefühl dürfen wir uns verlassen. Da ich erst unsicher bin, habe ich Iris auch gefragt, aber es ist alles richtig so, wie es ist, wenn es sich stimmig beziehungsweise leicht anfühlt. Ich teste auch, ob ich die Stimmgabel andersherum, also wie gelernt, halten kann, aber das fühlt sich schwer, unstimmig an.

Mit so einer einfachen Geste, einem Testen können wir spüren, ob unser Tun stimmig ist. Wenn es sich leicht oder einfach anfühlt, ist es stimmig. Wenn es sich schwer, vielleicht gar wie Blei oder disharmonisch anfühlt, ist es unstim-

mig zu dem, was wir – oder in diesem Fall meine Anwendungspartnerin – benötigen.

Die eben erwähnte liegende Acht steht für die Harmonisierung und den Ausgleich. Wir nutzen sie daher als Grundbaustein unserer Energiearbeit. Hierzu gibt es Literatur, wenn sie dich interessiert.

Als ich meinen Chakrenausgleich bekomme, bin ich anschließend wie benebelt und komme gar nicht so recht zurück. Ich habe das Ungleichgewicht, das ich aus der Salzgrotte bereits kenne. Nur mit Unterstützung lasse ich die männlichen und weiblichen Energien, die gerade in Disbalance sind, wieder gleichmäßig fließen, finde zurück in meine Mitte.

Was auch interessant ist: Wir haben mittags eine Klangschalenmeditation, in der ich mal wieder merke, dass ich die hohen Töne nicht hören mag. Die Tiefen, die vibrieren in mir. Die Hohen lösen Schmerzen aus. Iris sagt, dass dies ein Zeichen sein könnte, dass ich etwas nicht hören will. Da darf ich wohl auf die Suche gehen. Eine Ahnung habe ich schon, wo der Schattenaspekt versteckt sitzt, denn bei ihrer Aussage denke ich an eine bestimmte Person. Also ist da noch was zu klären.

Wenn jemand etwas sagt, und du denkst an eine bestimmte Person oder eine Situation, weißt du, dass da ein Zusammenhang bestehen kann, dass dich etwas triggert und gelöst werden möchte. Oft schieben wir es weg nach dem Motto: „Ach, was hat es denn jetzt damit zu tun?" Weil uns nicht klar ist, dass gerade unsere Inneren Kinder viel aushalten und erlöst werden wollen. Sie führen uns immer wieder in Situationen, die schmerzen oder nicht wohlig sind, damit wir sie lösen können.

Jede/r hat sein/ihr Inneres Kind in sich. Unsere gesamte Kindheit ist in uns gespeichert: Alle Situationen und die damit entstandenen Glaubenssätze und verbundenen Gefühle (positiv wie negativ). Das Negative möchte heilen, gelöst werden. Dies kann erfolgen, indem wir die Gefühle annehmen und die in den Situationen gebildeten oder von Erwachsenen übernommenen Glaubenssätze und -muster erkennen und wandeln.

Wir üben außerdem das Auralesen. Das ist spannend! Bei dieser Übung werden Silke und ich als Partnerinnen ausgelost. Ich sehe bei ihr immer mal wieder einen hellen zweiten Kopf links und rechts von ihr. Ist das ihr Schutzengel?

Ich sehe manchmal auch bei Gegenständen diese sozusagen doppelt: Einmal real und daneben als helle Erscheinung. Wahrscheinlich nehme ich die Energien wahr? Früher dachte ich immer, dass mit meinen Augen irgendwas nicht stimmt...

Silke sieht bei mir die Farbkombination blau-grün im Brustbereich. Das ist faszinierend, denn blau-grün ist seit Tagen als Farbe bei mir. Ich spüre eine magische Anziehung zu dieser Farbkombination und bin beeindruckt, dass Silke dies in meiner Aura sieht. Es hängt doch alles gigantisch zusammen! Zum Beispiel sind die Avalonkarten blau-grün. Von diesen hatte ich bereits geschrieben. Sie kommen nur einige Tage vor dem Auralesen in mein Leben. Und in Lindau ziehe ich eine Affirmationskarte, die auch blau-grün ist. Die Farbe ist gerade sehr präsent.

Eine Heilberaterin erzählt in Lindau, dass sie Frequenzen sieht. Das finde ich spannend. Ich für mich weiß, wenn ich bereit bin, wirklich alles wahrzunehmen, werde ich meine Brille nicht mehr brauchen. So war es bei ihr auch: Von heute auf morgen konnte sie wieder scharf sehen. Und eben diese Frequenzen wahrnehmen – und sich inzwischen auch davon abgrenzen oder, wenn nötig, schützen, wenn es zu viel ist.

An dem Wochenende lasse ich mir auch meinen berechneten Venuscode nach Werner Neuner geben. Von ihm habe ich ja bereits die Drachenkarten. Ich freue mich sehr – auch, weil mein Code *das Erblühen* ist. Als ich die Unterlagen jedoch lese, habe ich überhaupt keinen Zugang dazu.

Das ist das, was ich vorhin schon nannte. Wenn du eine Erfahrung nicht selbst machst, fühlst du dich manchmal nicht verbunden, nicht nah. Als wenn dir jemand ein Kochbuch schenkt, weil ihr neulich über das Kochen gesprochen habt. Aber es ist nicht dein Metier, daher ist das Buch auch nichts für dich. Diese fremde Hilfe ist zwar meist gut gemeint, manchmal auch erleichternd, aber nicht immer das Richtige.

***

Die Tage fliegen dahin. An einem dieser Tage, es ist Donnerstagmorgen, eröffnet mir mein Arzt, dass er noch in diesem Monat die Metallplatte, die von dem Handbruch beziehungsweise der anschließenden Operation noch in meiner Hand ist, entfernt.

Abends ist die Kündigung von meinem Arbeitgeber in der Post. Zufall? – Nein! Es soll so sein, dass ich dort nie wieder arbeite. Nun brauche ich das komplexe Schmerzsyndrom auch nicht mehr. Dieses Schmerzsyndrom hatte eine frühere Metallplattenentfernung verhindert. Ich hatte mir schon so lange gewünscht, dort nicht mehr arbeiten zu müssen. War aber zu sehr im Kopf. Nun, wo ich immer mehr verstehe, wie wichtig es ist, im Herz zu sein, löst sich das schnürende Außen auf. Wie wunderbar. Es ist göttlich, befreiend! Und im Nachhinein ist es noch wichtiger, dass die OP schnell erfolgt, denn es kommt eine heftige Phase des Stillstandes auf die Welt zu: Die Coronakrise.

Was vor der OP auch wieder so „zufällig" ist: Die Narkoseschwester will mir eine Vollnarkose geben, da dies für das kleine Krankenhaus eine schnelle Lösung ist (die anderen Narkosen benötigen mehr Vorbereitung, aber in diesem kleinen Krankenhaus gibt es keinen Vorbereitungsraum). Ich weigere mich, und sie „verplappert" sich, dass mein Arzt bestimmt eine andere Methode bevorzugt. Sie ruft meinen Arzt an und klärt genau diese Methode mit ihm ab – wie wunderbar. Ich brauche nicht um Unterstützung aus dem Universum bitten, sie ist bereits da!

Am Tag der Operation stelle ich bewusst vor dem Krankenhaus Elohimsäulen auf und bitte um meinen göttlichen Schutz. Damit sich keine Fremdseelen anhaften können. Denn gerade in Narkose oder traumatischen Zuständen können sich fremde Seelen leichter an eine lichtvolle lebende Seele haften. Dies tun sie, weil sie Hilfe erwarten. Und durch Narkose, Drogen oder Schockzustände können wir diese Anhaftung schwieriger fernhalten. Nach der Operation hebe ich diesen Schutz natürlich auf.

Das Aufheben des Schutzes ist wichtig, damit die Energie wieder fließen kann. Dieser Schutz ist eine Art Mauer, wie du sie von Häusern kennst: Sie schützt uns innen vor Kälte und Wärme. An manchen Tagen wäre es aber schön, wenn die warme Außenluft auch das Innere wärmen könnte. Wir öffnen dann das Fenster und laden die Wärme bewusst ein hereinzukommen. Und so ist es eben auch mit dem energetischen Schutz: Wir blockieren den Austausch, wenn wir immer die Fenster geschlossen halten. Energien wollen fließen. Nur in manchen Situationen ist es hilfreich, den Schutz besonders zu aktivieren. So wie wir an sehr kalten oder heißen Tagen zusätzlich die Fensterläden zur Isolation schließen.

Am Abend nach der Operation fühle ich mich verloren und rufe meinen Großvater. Er hat eine Botschaft für mich. Es zeigt sich mir die Tarotkarte *der Teufel*: Schattenaspekte bearbeiten. Mir werden zwei Dinge bewusst: Zum einen, dass ich ab und zu – bereits seit Jahren! – Tarotkarten vor meinem inneren Auge sehe. Zum anderen, dass ich mich schon immer davor drücke, wirklich tief in mir die Schattenaspekte anzuschauen, meine Ängste zu bearbeiten. Oberflächlich mache ich es. Aber durch den tiefen Schmerz gehe ich nicht. Ich weiß, dass es Zeit ist, dies nun anzugehen. Interessanterweise spricht dies eine Freundin genau nach meiner Erkenntnis an: Ich bin gedanklich immer bei den anderen, um mich und meine Schmerzen nicht wahrnehmen zu müssen. Wow, da kommen Wochen der Erkenntnisse auf mich zu. Das spüre ich. Und ich bin so dankbar, dass meine Freundin mich auffängt und mich meine Erkenntnis immer selbst erarbeiten lässt. Ich verstehe mich selbst immer besser – und glaube, dass ich niemanden kenne, der wirklich tief in sich arbeitet. Weil da eine große Schutzmauer ist, die wir uns selbst errichtet haben. Ich weiß nicht, ob ich sie durchbrechen werde. Aber die Erkenntnis ist schon sehr viel wert und lässt mich immer mehr zu mir kommen.

Und kaum habe ich die Erkenntnis, dass ich Tarotkarten vor meinem inneren Auge sehe, sehe ich bei einer Chakrenmeditation mehrere Tarotkarten, um mein Empfangen zu bestätigen. Wow, ich bin ganz berührt über diese Art der Wahrnehmung. Wahrscheinlich „musste“ ich daher laut meinem Seelenplan an Tarotkarten herangeführt werden.

***

Anfang Februar an Vollmond bin ich neugierig, ob ich mich mit der Mondin verbinden kann. Ich spreche kurz zu ihr, werde dann still und höre innere Worte: „Bleib dir treu." Mehr nicht. Ich notiere sie spielerisch auf einem Blatt Papier und erinnere mich immer wieder daran, wenn ich spüre, dass ich mich zu sehr ablenken lasse. Aber das ist alles verstandsbezogen. Erst im Mai spüre ich die Botschaft mit meinem Herzen.

Viele nette Sprüche und Sätze klingen wunderbar für uns – und wir glauben auch, dass wir sie mit dem Herzen aufnehmen. Aber mit dem Herzen nehmen wir sie tatsächlich erst auf, wenn es dort klick macht, du die Nachricht spürst, sie in dir vibriert. Wenn es dir passiert, dass du einen Spruch nicht nur toll findest, sondern er dein Herz schwingen lässt, so richtig schwingen lässt (nicht nur kurz), dann weißt du, dass du wirklich im Herzen, mit dir verbunden bist.

Am nächsten Tag kommt eine weitere Botschaft zu mir, die ich über Tage in mir reifen lassen muss, bis ich sie verstehe – und auch kommunizieren kann:

Für uns ist es nun wichtig, unsere letzten Zweifel und Ängste abzuwerfen, uns gemeinsam stark zu machen. Denn es wird eine Zeit kommen, in der wir unsere gemeinsame Heilkraft strahlen lassen müssen! Wir sind aufgefordert, unsere Kräfte zu bündeln, um den Menschen beizustehen, wenn sie bereit sind, ihren neuen Weg zu gehen. Und wenn sie uns ganz besonders brauchen. Leider kann ich mich an den exakten Wortlaut nicht mehr erinnern, aber noch wichtiger als diese Botschaft ist die Zeitangabe, die ich erhalte: Nachdem die Großkonzerne zusammengebrochen sind! Wow, das haut mich fast um. Nicht nur, dass ich kleines Persönchen etwas für die Welt empfange, sondern auch, dass meine Ahnung, dass die Wirtschaft so nicht weitergehen kann, einen Namen bekommt. Ob dies wirklich so geschehen wird, weiß ich natürlich nicht. Aber für mich fühlt es sich sehr stimmig an.

Meines Erachtens werden wir zukünftig tatsächlich wieder naturnah leben, bauen, ernähren, heilen. Weg von der Chemie und den Chemiezusätzen in Medikamenten und Essen und Baumaterialien und Kleidung. Ich selbst sehe mich, wie ich im Wald (aber in einem Haus) mit der Natur lebe.

***

Zeitgleich habe ich in Meditationen vermehrt körperliche Wahrnehmungen. Ich nehme manchmal Bilder wahr, es ist alles so unterschiedlich und doch ist es da. Es ist anders, aber es gehört zu mir. Es ist neu, und doch vertraut, und manchmal auch beängstigend. Ich habe zum Beispiel, und das habe ich nur beim Meditieren, Schmerzen im Rücken. Und diese Schmerzen habe ich seit Beginn des Meditierens, also seit acht Jahren. Und diese Schmerzen kann ich genau beschreiben, in diesem Fall sage ich, dass es sich anfühlt, als wenn in meinem Rücken ein Schwert steckt. Ich habe einige Zeit gebraucht, um von diesen Schmerzen zu erzählen. Dank Manfred kann ich mir dieses Schwert aus meinem Rücken herausziehen und aus meiner Aura entfernen. Dank meiner Engelheilerin Alana kann ich einige Tage später mit Erzengel Michael auch die letzte offene Wunde heilen und klären.

Dieses Erlebnis eröffnet mir weitere Wahrnehmungen und das Verstehen von Zusammenhängen. Ich kann ähnliche Sinneseindrücke auf die gleiche Weise lösen. Es gibt so viele Dinge, Erlebnisse, Gefühle, was auch immer es sein mag, aus vorherigen Inkarnationen, die wir dann wahrnehmen, wenn es für uns Zeit ist, sie zu lösen. Ich habe beispielsweise seit Jahren beim Meditieren das Gefühl, ich sei das Phantom der Oper. Also als wenn mir die Hälfte meines Gesichtes fehlt. Und ich denke immer, dass mein inneres Gleichgewicht zwischen männlicher und weiblicher Kraft nicht im Einklang ist. Alana bekommt die Eingebung, dass mir in einem früheren Leben das Gesicht weggeschossen wurde. Ich konnte mein Gesicht nicht wahren.

Ich habe auch ein anderes Gefühl, das seltener auftritt, aber bei dem ich mich so fühle, als wenn ich mit dem Rücken gegen einen Stein gedrückt, also an den Pranger gestellt werde.

Diese drei Erlebnisse haben alle den gleichen Hintergrund: Kommunikation. Und Kommunikation ist das Thema, was mich ja dauernd im Leben begleitet. Es ist nicht nur so, dass ich mich oft nicht getraut habe, meine Meinung zu sagen, sondern ich habe ja tatsächlich Kommunikation, Sprechwissenschaften, studiert. Ich habe mich mit Körpersprache auseinandergesetzt, die zur Kommunikation zählt. Und ich habe es in der Schule und Universität geliebt, vorne zu stehen und Referate zu halten. Und da schließt sich dann auch der Kreis zu meinem zweiten Thema, was mich im Leben begleitet, das du ja schon kennst. Das ist das Unterrichten. Als Kind wollte ich doch Lehrerin werden, als Jugendliche bin ich Kanutrainerin geworden, beim Studium wollte ich Richtung Rhetoriktraining gehen, entschied mich dann aus Angst dagegen. Aber du erinnerst dich an das Coaching im Sommer? Es war ein Coaching, wie ich coachen und damit unterrichten kann. Und ich hatte es ganz intuitiv gebucht.

Und so zieht sich alles wie ein roter Faden durch mein Leben. Und das wird mir jetzt erst so richtig bewusst. Und nicht nur bewusst, dass ich es mit dem Verstand greifen kann. Nein, ich fühle diese Zusammenhänge in meinem Herzen. Mein Herz leuchtet und brennt, ich bin ganz freudig über die Dinge, die sich so unendlich genial zusammenfügen.

***

Und wie sich alles so fügt… Im Februar sitze ich bei der wunderbaren Andrea. Es ist sofort eine Verbindung da, als sie mir die Tür öffnet. Ich bin bei ihr, weil ich einen Monat zuvor über die Heilberaterin Anna-Katharina einen „Wink" erhalten habe. Sie erzählte mir von dem sogenannten Yoni-Ei. Und ich wusste sofort, das brauche ich, das will ich. Und das will ich von Andrea. Und so bin ich nun bei ihr. Aufgeregt, denn es geht um ein intimes Thema. Das Yoni-Ei trägt frau in ihrer Vagina. Da habe ich natürlich ein paar Fragen, die ich einer wildfremden, wenn auch vertrauten Frau stelle. Aber es ist so harmonisch, dass ich bei dem Ritual sehr schnell im Herz bin und auch zügig das Ei finde, was zu mir passt. Sehr passend: Es ist der Heilstein, den Andrea ganz neu im Sortiment hat – und mehr kostet als die anderen. Und ich hatte vorab nach den Preisen gefragt und intuitiv mehr Geld mitgenommen, da es für mich stimmig war. Und als ich mein Ei habe, erzählt Andrea, dass es das Ei war, das sie erst weggelegt hatte, das dann aber unbedingt wieder für das Ritual dabei sein sollte. Die Energie war schon da!

In dem Ritual wird erst meditiert, dann entscheidet frau sich für mehrere Eier, die sie ansprechen. Manche lachen dich wegen ihrer Farbe an, andere wegen ihrer Form. Zum Schluss fühlst du die ausgesuchten Eier in deinen Händen und nimmst automatisch wahr, welches zu dir passt. Manche Eier fühlen sich in der Hand (bei geschlossenen Augen!) zu groß oder zu klein an. Das Eine ist zu kalt, das Andere zu rutschig. Nur das eine Yoni-Ei, das fühlt sich in deiner Hand stimmig an. Es ist weder zu warm noch zu kalt, nicht zu glatt oder matt, nicht zu groß oder klein.

Und als ich meinen Mondstein bewusst ansehe, nehme ich in der Schattierung einen Schmetterling wahr. Wie schön! Und passend, denn das Yoni-Ei bewirkt Transformation, wofür der Schmetterling steht.

Andrea und ich kommen noch auf das Thema *Männer* zu sprechen und bemerken, dass wir beide unsere eigene Eingebung zu unseren zukünftigen Männern hatten. Zumindest weiß ich nun, dass ich nicht allein mit so einer Vorahnung bin.

Auch mit Alana spreche ich über das Thema. Sie sagt, dass es in ihrem System auch schon einen Mann gäbe. Das beruhigt mich, dass ich wirklich nicht allein bin mit so einer für mich bis dahin weithergeholten Vision. Und aus Neugier frage ich Alana, wann denn mein Südtiroler in mein Leben kommt. Und sie nennt mir den August. Nun muss ich fast lachen, weil es der Monat ist, den ich ja empfangen habe. Ich hatte ja gar kein Jahr genannt bekommen. Also ist alles offen.

***

In Lindau bei der Heilberaterausbildung befassen wir uns mit einem angeblichen Männerthema, dem Elektrosmog. Ich schalte Zuhause ab sofort den Strom aus, zumindest in den Wohnräumen. Insbesondere nachts im Schlafzimmer steht kein Saft mehr auf der Leitung. Auch das

WLAN stelle ich oft aus. Interessant, was in den nächsten Wochen so passiert…

Wir haben uns über die letzten Jahre einen wahren Elektrosmoghotspot in unsere Wohnungen geholt und uns damit von den Naturfrequenzen entfernt. Dies bewirkt unter anderem einige Krankheiten, auf alle Fälle eine fehlende Naturschwingung. So sind wir unbewusst permanent im Stressmodus, selbst wenn wir uns vermeintlich erholen.

***

Es dauert nur zwei Tage und meine Wahrnehmung öffnet sich!

Ich habe seit Tagen eine Diskussion mit Dana zu verschiedenen Themen. Ich fühle mich ein wenig ohnmächtig, weil ich ihr einiges nicht begreiflich machen kann. Ich weiß, dass da mein Inneres Kind nach Anerkennung sucht. Und doch ist da mehr, das spüre ich. Etwas, was nicht in mir liegt, ich aber nicht greifen kann. Und dann habe ich auf einmal eine sogenannte – meine erste! – *Durchsage*: „Bitte sag deinem System, dass es nichts zu befürchten braucht. Die Nazizeit ist vorbei, du verlierst keinen geliebten Menschen." Und einen Atemzug später: „Ich bin eine erwachsene Frau und weiß, was ich tue."

Energetisch verstehe ich sofort, warum Dana an dem einen Thema in unserer Diskussion festhält. Und ganz unrecht hatte sie damals zur Nazizeit nicht. Ich bemerke auf einmal, dass ich bereits am Vortag eine Durchsage hatte – und nahm dazu die Freundin mit dem Wasserfilter und eine Naziflagge wahr – „Komm doch auch rüber. Es ist schön hier, wir haben hier so viel Spaß!"

Puh, harter Tobak! Und ich verstehe die Anhaftung und meinen Energieaufwand gegen die Wasserfilterhersteller und auch meinen und Danas Austausch beziehungsweise meine Reaktion darauf.

Diese *Durchsagen* sind so, als flüstert mir jemand was in meinen Kopf. Als ganz klaren Satz, ohne Emotion. Nur, dass ich es nicht akustisch höre, sondern in meinem Kopf, wie eine innere Stimme, die jedoch nicht von mir ist.

Ich mache einen entscheidenden Fehler: Ich bin aus Unerfahrenheit Dana gegenüber übergriffig und teile ihr meine Durchsage mit. Die Durchsage war jedoch für mich bestimmt, damit ich die jetzige Situation besser für mich einsortieren und loslassen kann.

Gerade als „Neuling" ist es teilweise schwer zu verstehen, was wir weitergeben sollten/dürfen – und was nur für uns als Empfangende bestimmt ist, auch wenn andere Personen darin eine Rolle spielen. Mein Tipp: Wäge ab! Mein Großvater hatte mich bewusst für die eine Botschaft ausgesucht, weil er wusste, dass ich sie weitergebe. Aber eben auch zu einem Zeitpunkt, wenn die andere Person dafür bereit ist. Gehe in diesem Fall in dich und fühle, was für dich stimmig ist. Handle nicht sofort, atme tief durch.

Von der Freundin mit dem Wasserfilter habe ich mich inzwischen getrennt. Jedoch sucht sie hin und wieder Kontakt. In der einen Mail in den kommenden Wochen schreibe ich zwar, dass ich ihr als Dienerin des Staates nicht antworten möchte, aber in mir ist die Betitelung „Dienerin des Satans". Da ist für mich klar, dass ich auf gar keinen Fall mehr auf sie reagieren darf, um mich zu schützen. Eine klare Abtrennung ist nötig.

Am dritten Tag denke ich an meine Schwester. Weil sie gern wissen würde, wer oder was sie früher war. Vom Namen und ihren Vorlieben her war sie definitiv eine kleine

Kräuterhexe. So nennen wir sie manchmal auch. Ich höre auf einmal in meinem Kopf (das ist kein Hören, aber klare Worte): „Wir brauchen dich, dein Wissen." Das darf ich ihr noch weitergeben – und sie als meinen Zwilling auch ein wenig dabei unterstützen.

In drei aufeinanderfolgenden Tagen hatte ich so krasse Durchsagen bisher noch nie.

Mit diesem Erlebnis spüre ich immer mehr, dass unser jetziges Verhalten ganz oft aus alten Inkarnationen bestimmt ist. Ich nehme dies auch in meinen Formulierungen wahr, die ich verwende. Ich nutze seit dem Sommer 2019 extrem häufig die Formulierung „ich darf". Permanent gebe ich mir die Erlaubnis für irgendetwas. Ich darf jetzt in meine Größe kommen, ich darf jetzt strahlen, ich darf jetzt meine Mission annehmen, ich darf jetzt glücklich sein, ich darf jetzt reich sein, ich darf mir jetzt ein Pendel kaufen,... Alles erlaube ich mir gerade, als wenn ich es mir davor verboten hätte. Und, wenn ich es genauer betrachte, ich hatte es mir unbewusst tatsächlich durch Glaubenssätze verboten!

Sich mit den eigenen Glaubenssätzen, Mustern, Konditionierungen aus der Kindheit auseinanderzusetzen, ist Arbeit, aber diese befreit ungemein. Durch sie erlaubst du dir zukünftig Dinge, für die du dich bisher verurteilt oder begrenzt hast. Klassisches Beispiel ist: Was sollen die Nachbarn denken? Das läuft unbewusst im Hintergrund ab und lässt uns Dinge tun, um anderen zu gefallen, anstatt zu unserem Besten zu handeln. Wir alle haben den freien Willen – und begrenzen uns durch diverse Vorgaben ganz oft unbewusst. Wenn wir dies durchschauen und lösen, spüren wir, wer wir wirklich sind. – Und das ist mehr als du und ich im Moment ahnen!

***

Die nächsten Tage schießen mir ganz viele Impulse ein, so schnell kann ich manchmal gar nicht Zettel und Stift bereithalten. Manchmal sind es Tarotkarten als Botschaft. Oder auch kleine Erkenntnisse, Zusammenhänge. Themen für meinen Blog und meine zukünftigen Coachings. Und auch eine Workshopidee.

Diese reift über die nächsten Tage zu einem Konzept. Ich entwerfe den Flyer und sende eine Raumanfrage raus. Der Workshop fühlt sich in mir rund und voller Energie an. (Durch Corona schiebe ich ihn weit nach hinten, lasse die Idee schwächer werden. Und er ändert sich inhaltlich durch meine eigene Wandlung.)

Ich habe die Dozenten noch gar nicht gefragt, aber es fühlt sich so rund an. Warum mir die Heilberaterin Martina in den Sinn kommt, weiß ich nicht, aber ich nehme sie einfach mit auf. Im Juni sehe ich dann, dass sie zu dem Thema einen Kurs gibt. Wie spannend! Zu Martina gibt es später mehr.

Auch schreibe ich an eine Freundin eine Nachricht, die ich nicht genau so weitergebe, wie es in mir richtig klingt. Ich schreibe, dass ich sie *erstmal* in Ruhe lasse, auch wenn ich nicht nur erkenne, dass die Freundschaft vorbei ist, sondern wirklich spüre, dass mein höheres Selbst mir eine andere Formulierung vorgibt. Es ist endgültig Ruhe, nicht nur für einige (= erstmal) Zeit. Und weil das aus meinem Inneren kommt, ist es vollkommen okay. Ich kann es so stehen lassen, auch wenn mein Verstand es hinterfragt, daran festhalten will. Der Verstand möchte die Sicherheitsschiene fahren. Und die bedeutet: An Vertrautem festhalten, nichts riskieren. Meine innere Stimme sieht es eben anders und meint, dass ich mich für Neues öffnen kann. Und so lasse ich die Freundschaft so stehen, wie sie an letzter Stelle war. Es gibt dort kein neues Kapitel.

Da es zu viele Impulse werden, bitte ich die Engel darum, sie für den Moment zu stoppen. Ich kann einfach nicht mehr immer nur alles aufschreiben. Ich sprudle über! So intensiv habe ich es dann lange auch nicht mehr. Der Cut war wichtig, um wieder normal leben zu können.

Wenn du auch mal zu viel empfängst, überflutet bist, dann bitte die geistige Welt einfach darum, etwas ruhiger zu machen – oder sage Stopp. Es kommt wieder. Wichtig ist deine Erholung!

Solche Zeichen kommen nicht einfach so in dein Leben. Du reagierst nicht einfach so auf Karten oder Heilsteine oder erhältst Eingebungen. Nein, du reagierst energetisch auf Dinge, weil sie dir etwas mitteilen wollen.

***

So ist es auch Anfang März – immer noch 2020, auch wenn schon so viel passiert ist, als ich gerade meine Aufzeichnung zu JR löschen will, die ich noch im Smartphone gespeichert habe. Es kommt mir die Eingebung, ich sollte es zumindest in mein Buch übertragen und nicht wegwerfen. Du erinnerst dich an JR aus dem Jahre 2013/2015? Gesagt getan, und nächsten Tag erhalte ich von Manfred einen aufregenden Anruf. Er weiß, was JR bedeutet und auch, dass wir beide an dieser Marke arbeiten werden. Und auf einmal macht vieles Sinn. Manfred hat selbst seit Jahren ein Bild im Kopf. Und die Einzige, die ihn regelmäßig daran erinnert, bin ich. Seit Monaten erzählt Manfred mir, dass er sich gern elegant kleidet. Ich lache an dieser Stelle. Und obwohl er mir das seit Monaten erzählt, kommen wir nicht auf die Idee, dass wir gemeinsam arbeiten werden. Dass wir gemeinsam arbeiten werden, hat Silke bereits im Dezember 2019 gesehen. Ich hätte nur nicht gedacht, dass es JR betrifft. Manfred erzählt mir Details (die ich dir hier nicht nennen kann, weil ich dir ansonsten unseren Businessplan verraten würde, es aber noch nicht an der Zeit ist, damit raus zu gehen), und ich lache auf. Ich lache, weil ich nun verstehe, was ich dort in mein Büchlein vor ein paar Jahren gezeichnet habe. Ich hatte etwas gezeichnet, was Manfred jetzt wahrnimmt. Ich lache deshalb, weil ich damals gar nicht verstanden habe, was ich gezeichnet habe, ich wusste nur, dass ich es festhalten muss. Und ich lache deshalb, weil es so einfach ist, weil es so logisch ist, weil es so klar ist, weil alles Sinn macht. Alles hängt zusammen. Wirklich alles!

***

Manfred testet meinen Sinn nun auch beim Essen und fragt mich, woher die Speisen kommen. Sehr interessant! Er nimmt die gleichen Regionen wie ich wahr. Sei es der Fisch oder der Wein.

Dies kannst du auch testen: Nimm dir zum Beispiel einen Wein (am besten lässt du ihn dir einschenken und weißt nicht, woher er kommt) und spüre in dich hinein, was dir als Herkunft gegeben wird. Oder du testest es beim Obst- und Gemüsekauf im Supermarkt. Es funktioniert! Vertraue deinem ersten Impuls. Und ja, es wird Phasen des Zweifelns geben. Aber du wirst immer besser spüren, dass du dich auf dich verlassen, deinem Gefühl vertrauen kannst.

An dem Abend dallere ich noch im Internet rum – und mir wird ein bereits getragenes Brautkleid angezeigt. Einfach so. Und ich weiß sofort, dass dies Meins ist. Es ist der Hammer, und ich konnte mir bisher nicht vorstellen, dass frau in ein Kleidergeschäft geht und weiß: Das ist es. Nun weiß ich, dass es doch so sein kann. Ich bin völlig überwältigt! Ich glaube, wenn dieses Kleid nicht bereits getragen wäre, ich würde es sofort kaufen.

Und dies alles nur, weil Manfred heute mit mir wegen meines Südtirolers gearbeitet hat. Ja, ich habe Bedenken, dass er tatsächlich in mein Leben kommt. Und doch freue ich mich schon unwahrscheinlich darauf, dass ich bald so ein wunderbares Kleid tragen darf. Auch jetzt beim Schreiben sitze ich hier, grinse vor mich hin und fühle in mir eine Geborgenheit, Liebe, Frieden, Freude. Es ist unbeschreiblich schön!

Ich wünsche jedem Menschen, dass er dieses Gefühl in seinem Leben spüren darf. Es ist göttliche Zuversicht. Es ist viel mehr Zuversicht als die mir bekannte Sicherheit, die uns unsere Festanstellung oder unsere Wohnung geben.

***

Das Gefühl hält einige Tage sehr intensiv an und wird in einer meiner Ausbildungsstunden zur Engelheilerin mit Alana unterbrochen. Sie sieht mich ungefähr im 17. Jahrhundert als Priester zwischen den Armen. Ich werde zu einem reichen Paar gerufen, das mir eine bessere Stelle für meine Arbeit anbieten will. Als Alana dies erzählt, sehe ich meine ehemalige Chefin und meinen Chef kurz vor meinem inneren Auge.

Ich habe die Stelle abgelehnt, wurde dafür eingesperrt und geknebelt. Ich wollte nicht zu den Reichen gehören, sondern dort wirken, wo ich gebraucht werde. Dies spüre ich auch heute oftmals: Luxus verpöne ich. Und ich habe einen totalen Gerechtigkeitssinn und möchte die Menschen dort abholen, wo sie stehen. Nicht für die wirken oder denen helfen, die es sich eh leisten können, sondern denen, die am Anfang stehen, die ehrlich im Herzen sind.

In dieser Sitzung sehe ich auch ein kurzes Bild, wie jemand auf einer Krankenwagentrage liegt, die Augen verbunden, weil mit denen etwas ist. Mir ist – auch jetzt beim Schreiben – fast unheimlich, als mir erzählt wird, dass das Kind meiner Freundin keine Augentropfen mag und sagt: „Meine Augen, meine Augen." Keine Ahnung, ob es zusammengehört, aber die fast zeitgleiche Wahrnehmung des inneren Bildes mit der Weigerung der Augentropfen sind schon merkwürdig.

Andere Menschen würden jetzt sagen, dass ich eine gute Fantasie habe, dass ich solche Bilder sehe. Ich denke, du machst dir dein eigenes Bild. Das Kind und ich kennen uns aus früheren Leben, das spüren, ja, wissen wir.

Dieses innere Sehen ist ähnlich deinem Fühlen, wenn du dich beim Lesen eines Buches mit einer der Figuren identifizierst und ihr ein Aussehen verleihst. Es ist kein richtiges Sehen, eher ein Gefühl des Sehens, Wahrnehmens. Du kannst daher auch durch Lesen deine Fantasie anregen und gleichzeitig deine Wahrnehmung schulen.

Auch in dieser Sitzung müssen wir eine Ablöse machen. Manfred hatte schon beim letzten Treffen gesehen, dass ich mir eine Anhaftung eingefangen habe. Ich habe sie nicht gespürt. Alana nimmt sie in einer Energieaufstellung wahr. Gemeinsam finden wir heraus, wer sich da wann an mich angeheftet hat: Es ist mein verstorbener Nachbar, auf dessen Beerdigung ich im Januar war. Ich war dann doch noch einige Male auf dem Friedhof spazieren, habe sein Grab besucht. Weil noch was gelöst werden wollte, er Heimat gesucht hat.

Wenn Verstorbene Angst haben, suchen sie sich manchmal eine Seele, die sie für lichtvoll halten, um ihre Angst loszuwerden.

Alana spürt meinen Nachbarn, wie ihm die Beine wegsacken, was ihm Angst macht. Es war ein unerwarteter, in unseren Augen zu früher Tod. Und diese Angst versperrt ihm die Sicht und damit den Weg ins Licht. Mit einer kräftigen Meditation und vielen Lichtwesen kann er loslassen und nach Hause, zurück ins Licht, gehen. Wow, bin ich dankbar dafür, dass ich auf diese Weise helfen kann! Beim Schreiben bekomme ich wieder Gänsehaut – spüre aber auch wieder etwas am Rücken, das ich wohl trennen sollte.

***

Apropos Trennung: Ich treffe mich mit einer ehemaligen Kollegin, weil es mir wichtig ist. Sie zeigt mir ihre ganze Wut auf die Situation mit meiner Hand und der Kündigung. Ich bin geschockt, da uns im letzten Gespräch unsere jeweilige Lernaufgabe so klar war. Aber durch meine Entwicklung erkenne ich ihr aufkreischendes Inneres Kind und natürlich auch meines, das sich nach Liebe und Verständnis sehnt. Nach Wertschätzung und danach, mal gefragt zu werden, wie es mir mit dem Handbruch und seinen Folgen überhaupt geht. Tief in mir wünsche ich mir, dass sich jemand mal wirklich für mich interessiert, was so ein plötzlich aus dem Alltag gerissen werden mit mir macht, wie es sich anfühlt, dass ich nicht weiß, wann meine Hand wieder einsatzfähig ist. Wie es ist, sich damit auseinanderzusetzen, vielleicht nie wieder paddeln gehen zu können. Und genau vor diesen Fragen habe ich Angst. Ich fühle eine Leere, eine Einsamkeit, ein Traurigsein, ein Verlorensein. Ich weiß, dass sich dies zeigt, um gelöst zu werden. Nur ich kann mir diese Wertschätzung und Liebe geben. Nur ich kann durch die Gefühle der Leere durchgehen, um sie zu erlösen. Und das tut weh. Verdammt weh. Und ist dennoch so wichtig.

Und gleichzeitig ist da auch dieses tiefe Vertrauen, ein Wissen, dass alles gut wird.

Es schlagen ach zwei Herzen tief in meiner Brust, oder wie sagte schon Faust? Die Ambivalenz der alten Muster und der totalen Zuversicht. Dies kenne ich schon seit meiner Jugend, nun weiß ich aber, dass ich den Schlüssel dazu selbst in mir trage. Wenn ich dies löse, werden sich die tieftraurigen Gefühle versöhnen und ich ähnliche Situationen als Spiegel nicht mehr in mein Leben ziehen. – Nur löse ich es nicht sofort, daher ziehe ich in den nächsten Monaten Ähnliches an…

Und mit Abstand kann ich dieser ausgesprochenen Wut meiner Kollegin sehr viel Dankbarkeit entgegenbringen, weil ich mich darin erkannt habe.

***

Ich lese endlich das mir im Oktober in der Klinik für Naturheilweisen empfohlene Buch. Der Autor schreibt, dass wir vor dem Schlafengehen die Engelin des Schlafes rufen können. Mensch, so einfach ist es, da hätte ich auch selbst draufkommen können! Ich bitte zwar manchmal die Engel, mich zu unterstützen, aber dass ich konkret den Engel des Schlafes bitten könnte, darauf bin ich nicht gekommen. Dies nutze ich nun täglich als Einschlafritual und stelle mir vor, wie der Engel seine Flügel über mir ausbreitet. Ein wohliges Gefühl! Es ist alles so einfach zu lösen. Alles.

Du kannst jederzeit den Engel rufen, der gerade zu deiner Situation passt. Für alle Situationen sind Engel zuständig. Sei es der Engel der Kommunikation, der Dankbarkeit, der Kreativität, der Selbstliebe, der Unterstützung, der Heilung,… Sprich sie einfach an, sie helfen gerne!

***

Jetzt irgendwann beginnt die Coronakrise in Deutschland. Da ich kaum Medien konsumiere, bekomme ich nur sehr langsam davon mit. Und ich habe auch nicht das Gefühl, dass es gefährlich sei. Es fühlt sich für mich nicht stimmig an, was im Außen (Medien) kommuniziert und mit Regeln behaftet wird. Daher hinterfrage ich sehr kritisch das Vorgehen.

Dadurch habe ich auch ganz andere Ansichten als meine Familie und Freunde. Ich hinterfrage schon länger, aber durch Corona gehe ich mit meinen Ansichten nach Außen, teile mich mit – und stoße auf Ablehnung, Unverständnis und viele Pauschalisierungen. Die Menschen nehmen mich als aggressiv und angstmachend wahr und erkennen nicht, dass ich ihre Gefühle triggere. Ich löse in ihnen etwas aus, was in ihnen ist. Aber so können sie ihre Gefühle auf mich projizieren (und so von sich fernhalten. Ein ganz altes, tief in uns verwurzeltes Muster). Genauso spiegeln sie mir mit ihrer Reaktion das, was ich in mir nicht sehen möchte – meine bereits angesprochenen Schattenaspekte der Einsamkeit, des Verlassenwerdens und Nichtgeliebtseins. Mein Inneres Kind kreischt schmerzhaft auf. Und ich verstehe einmal mehr, warum ich mich so oft zurückgehalten habe, das zu äußern, was ich fühle, was ich meine. Aber genau damit will ich ja nun brechen.

Was ich von Anfang an sehr schön an dieser Auszeit finde, ist die Distanz zu anderen Leuten. Diese bewirkt, dass wir eine saubere Aura haben! Es dringt niemand in unser Aurafeld ein, den wir ungern bei uns haben. Kein Händeschütteln, kein Anrempeln. Das tut vielen Leuten gut. Außerdem sage ich von Anfang an, dass es eine wunderbare Zeit ist, um über Job und bestehende Kontakte nachzudenken. Ich muss mir darüber wenig Gedanken machen. Ich habe ja schon seit etlichen Monaten Zeit dafür. Und dennoch tut es mir so gut, noch mehr in die Ruhe zu gehen. Ich bin so dankbar dafür!

***

Durch diese Ruhe empfange ich mal wieder über Tarotkarten eine Botschaft. Ich denke an vier Frauen und sehe die Karte *Vier Scheiben/Macht*. Als ich überlege, ob wir eine fünfte Frau in unser Projekt involvieren sollten, erscheint vor meinem inneren Auge die Karte *Fünf Schwerter/Niederlage*.

In Meditationen kenne ich dies ja schon. Also dass mir Tarotkarten als Botschaft gezeigt werden. Neu ist, dass es auch tagsüber kommt. Zumindest muss ich so nicht lange überlegen, was zu tun ist. Ich habe zum ersten Mal gleich die Bedeutung mit im Kopf. Die musste ich bisher immer nachlesen. Wirklich spannend! Und freudig. Ich würde dich gern an dieser Stelle fragen, ob du sowas auch kennst – vielleicht nicht in Form von Karten, aber vielleicht als Farben oder Leichtigkeit/Schwere, die sich bemerkbar machen?

Jedenfalls nehme ich für uns vier eine kraftvolle Meditation auf. Ich sehe uns vor meinem inneren Auge, wie wir im Kreis stehen. Unsere Liebe bündelt sich in der Mitte, um sich dann im Universum zu verteilen. Weiße Engel sind auch da, stehen um uns herum. Wow, das kribbelt gewaltig! Ist das der Wahnsinn!

Die Meditation mache ich in den nächsten Wochen öfter, da sie mir guttut, mir Kraft und Ruhe schenkt.

***

Die nächsten Tage ruhe ich daher sehr in mir.

Ich wünsche mir schon länger ein Auto, in dem ich auch nächtigen kann. Irgendwie ein Bus oder Van. So genau weiß ich es nicht – und denke dann manchmal an die Parksituation in meiner Straße und weiß nicht so recht, ob ein größeres Auto die Lösung ist. Ich liebe große Autos, aber einen Bus? Und dennoch ist da dieses Freiheitsgefühl in mir. Und beim Spazieren sehe ich heute einen knallroten Bus und weiß: Mein zukünftiges Auto wird ein roter Bus! Rot steht für die Herzöffnung, die ich in anderen (und natürlich auch in mir) bewirken kann. Oh wie schön ist das!

Es ist genau diese Gewissheit, die man nicht erklären kann, die Silke auch schon benannt hat. Eine Gewissheit ohne Gefühl (das stellt sich erst später ein). Eine klare Klarheit, ohne Zweifel.

Okay. Ich lasse es also in mir arbeiten.

Und weißt du, was kurz darauf passiert? – Manfred fragt mich, ob ich weiß, dass ein rotes Auto in mein Leben kommen will! So amüsant!

***

Bei amüsant fällt mir das Buch ein: *Warum lacht Gott* von Deepak Chopra.

Es beschreibt genau diesen Prozess des Erwachens und Vertrauens. Und der Intuition.

Er sagt, dass sogar die nachweisliche Naturwissenschaft auf Intuition angewiesen ist. Weil sonst die Forschung in die falsche Richtung gehen würde. Die Intuition ist es, die uns lebendig macht, uns Freude schenkt und ins Vertrauen bringt.

Auch die Menschen, die meinen, dass sie bei Entscheidungen nicht auf ihr Gefühl hören, hören unbewusst doch darauf. Bestes Beispiel ist der Erstkontakt mit einem Menschen. Hier entscheiden wir innerhalb von Millisekunden, ob wir das Gegenüber mögen.

Ich finde es sehr schön formuliert – einfach und verständlich zu lesen. Ich habe mich in dem Buch sehr wiedergefunden. Es ermuntert uns, an eine höhere Warte, an Gott zu glauben – und Gott wird Beweise liefern! Auch für die, die sehr gern im Kopf sind.

Und Gott hat nichts mit Kirche zu tun, sondern mit der Zuversicht, der Gewissheit, die ich oben schon ansprach. Das wohlig nährende Gefühl, das tatsächliche Sicherheit bietet und aus unserem Herzen herauskommt.

***

Und wie Gott es tut, spüre ich besonders, als ich mit Silke telefoniere. Wir tauschen uns über unser Empfinden aus. Jede hat ihre Wahrnehmung, und beide sind okay. Es tut gut, mit jemanden darüber zu sprechen. Mit jemanden, die mich nicht für meine Wahrnehmungen, Gefühle, meine Worte verurteilt. Und es fügt sich in diesem Gespräch so vieles zusammen, es macht mehrmals klick.

Silke erzählt zum Beispiel, dass sie vermehrt Jesus sieht und damit die Christusenergie wahrnimmt. Dies ist alles so passend zu dem, was etliche spirituelle Leute wahrnehmen und vorhersagen. Im Moment ist die Christusenergie sehr stark präsent, passend zu Ostern.

Am gleichen Abend gebe ich wieder intuitiv eine Meditation. In dieser spüre nicht nur ich, sondern auch Silke eine totale Verbundenheit. So eine Meditation zeigt uns, was wirklich wahr ist. Unabhängig von dem, was im Außen passiert. Unabhängig davon, was Corona mit den einzelnen Leuten macht. Auch mit mir. Egal, was ich denke oder fühle. Durch gewisse Bilder oder Situationen wird gerade so viel in mir getriggert, was erlöst werden möchte. Ich kann es nur nicht so recht benennen und fühle mich daher verloren. Ja, verloren ist wohl das richtige Wort. Ich weiß, dass es wichtig ist, meiner Wahrnehmung zu vertrauen, auch wenn ich damit anecke. Und auch die Gefühle zuzulassen, die in mir hochkommen. Es sind alte Gefühle, die ich abgeschoben habe, die zu mir gehören und erlöst werden wollen, indem ich sie jetzt annehme. Pure Innere Kind-Arbeit!

Nur in mir liegt meine Wahrheit. In meinem Herzen ist meine Wahrheit.

Und mit jeder Meditation, die ich so intuitiv gebe und in der ich mich so verbunden und im Herzen fühle, werde ich dankbarer für mein Sein und für mein Wirken. Ich komme immer mehr in mein Herz.

***

Am nächsten Abend fahre ich mit dem Fahrrad ein wenig herum, zu einem meiner Lieblingsplätze, an dem eine öffentliche Bücherbox steht. Und kaum sitze ich, durchfährt es mich, dass ich in die Bücherbox schauen sollte. Also stehe ich auf, öffne die Bücherbox und finde einen historischen Roman, der im 14. Jahrhundert in England spielt. In dem Buch ist eine Geschichte aufgezeigt, in der eine Frau eine Stimme hört und eine besondere Gabe hat. Ich muss bei diesem Buch oft an Silke denken, habe das Gefühl, dass sie die Frau ist oder diese Gabe hat. Ich bin gespannt, was sie sagt, wenn sie das Buch gelesen hat. Mir ist inzwischen bewusst, dass jeder von uns so eine Gabe hat. In seiner ganz eigenen Ausprägung. Einer kann mit den Händen, ein Zweiter mit Worten, ein Dritter mit Kräutern oder Heilsteinen heilen. Der Vierte erlöst bei Räucherungen Negativenergien, der Fünfte hält beschützend seine Hand über seine „Schäfchen“. Jeder von uns hat seine ganz eigene(n) Gabe(n), die es nun zu entdecken gilt. Und die wir in früheren Inkarnationen bereits gelebt haben!

***

Manfred ist einige Tage später sehr lange bei mir. Wir ergänzen uns spielerisch mit Antworten zu JR, lachen viel und sind ganz im Herzen. Unter anderem nimmt JR immer mehr Gestalt an, wir sehen unsere Zentrale in den Bergen. Ich sehe dabei noch ein großes Hotel und muss an ein Hotel zwischen Mittenwald und Reutte denken. Dort herrscht eine schlechte Energie, die wir sogar hier spüren. Ich sage zu Manfred, dass wir dort Elohimsäulen aufstellen müssen. Er macht dies sofort, wir beide spüren, wie unser Herzchakra vibriert. Es ist gigantisch. Es ist nun leichter.

Manfred nutzt mich wieder als Kanal, um Antworten zu bekommen. Und ich spüre, dass ich schon immer ein Kanal bin. Ich habe manchmal die Antwort, bevor die Frage zu Ende gesprochen ist. Und es ist egal, welchen Bereich es betrifft. Mir tut es wahnsinnig gut zu spüren, wie sehr ich mir und meinen Eingebungen vertrauen kann. Es ist göttlich.

Manfred kann dafür etwas in meinem Baum vor dem Balkon wahrnehmen. Denn da ist etwas, was ich bisher nur als dunkel wahrgenommen habe. Manfred lacht, denn er sieht einen Gnom, der darin wohnt. Manfred ist das Medium zwischen dem Gnom und mir. Er vermittelt, dass ich den Baum als Zugang zur geistigen Welt nutze, in dem ich in ihm Figuren und Energien wahrnehme. Und ich erkläre dem Gnom, dass ich ihm nichts tue, dass ich dem Baum sogar bewusst Energie aus meinem Wurzelchakra gesendet habe, damit er standfest im Sturm bleibt. Manfred lacht wieder, denn der Gnom dreht sich einfach um.

Nun sitze ich hier gerade auf meinem Sofa und fühle mich nach langer Zeit auch im Dunkeln in meinem Wohnzimmer wohl, weil ich spüre, dass das Dunkle, was ich wahrgenommen hatte, weg ist. Ich sitze hier, spüre meinen Balkon und den Baum davor und bin in Frieden, bin in der Freude. Es fühlt sich ganz warm in meinem Herzen an.

Ich nehme seit ungefähr einem Jahr in dem Baum immer wieder Energien wahr. Mal sehe ich Herzen, mal Menschen, manchmal aber auch nichts. Dies wird mir ermöglicht, damit ich der geistigen Welt immer mehr vertraue. Ich weiß nicht, wer die Menschen sind, aber ich denke, dass sie eine Botschaft für mich haben. Wenn ich bereit bin, sie zu empfangen, werde ich sie erhalten.

Und es dauert nur wenige Tage, da bin ich für eine Botschaft bereit: Ich „sehe" in den Baum den kleinen verstorbenen Hund ehemaliger Nachbarn. Und er teilt mir mit, dass er immer bei der kleinen Familie ist, sie beschützt. Ich beschließe, der Familie eine Nachricht zu schreiben. Und ich spüre beim Schreiben, dass es nicht meine Worte sind, sondern die vom Hund. Ich kann zum Beispiel nicht schreiben, dass er „euch und eure Kinder beschützt", sondern, dass er „dich und deine Kinder beschützt". Daher korrigiere ich auch meine Nachricht, weil das, wie gesagt, seine Worte sind. Ich kläre noch kurz über meine Hellsichtigkeit auf, aber ich erwarte keine Antwort – und bekomme sie auch nie.

***

Durch meine Engelheilerausbildung kann ich eine Chakrenfernreinigung ausüben. Susanne, die mich seit 2006 beruflich-freundschaftlich begleitet, bucht bei mir eine Anwendung. Ich spüre, dass ihr Stirnchakra am meisten Aufmerksamkeit benötigt. Und auch sie, die sagt, dass sie sehr im Kopf ist, spürt es! Ich finde es wunderbar! So wird es nun immer mehr Seelen geben: Es werden immer mehr Leute ihr drittes Auge öffnen. Und Leute wie ich sind da, um sie zu unterstützen, sie auf ihrer Reise zu begleiten. Zum Wohle aller. Das erfüllt mich mit Demut.

Eine weitere Anwendung mache ich bei Moni, die ich immer wieder in Coachings treffe. Sie bittet mich, ihr Handy mit einzubeziehen, da es immer mal gestört ist. Mir fällt das Handy wieder ein, als ich bei Moni das dritte Auge reinige. Als Zeichen, dass das Handy ausgeht, weil sie sich bewusst ihrem Öffnen widmen darf. So interessant! Auf alle Fälle läuft das Handy wieder, das ist so gigantisch!

Bei Moni habe ich in den letzten Wochen die Fernenergieübertragungen getestet. Sie ist offen dafür, spürt Änderungen und nimmt auch meine Meditationen sehr offen an. Das tut meinem Selbstwert sehr gut. Und ist auch wichtig für meine Entwicklung. Mein Vertrauen. Mein Vertrauen in meine Fähigkeiten.

***

Diese Engelheilerausbildung mit Alana ist wirklich der Wahnsinn. Nicht nur, dass ich lerne, Energien zu übertragen und Eingebungen besser, das heißt klarer, zu verstehen. Sondern ich bekomme auch Botschaften, die Alana für mich erhält. Heute, 24. März 2020, kommt der Impuls, dass ich ein Buch über meinen Weg in die Spiritualität schreibe. Nun sitze ich hier, beginne mein Buch und bin in totalem Frieden mit mir. In mir ist ein tiefer Frieden, eine absolute Ruhe, eine Klarheit und Zuversicht.

Dies hält eine Weile an. Wenn du mitkommen willst, schau auf die nächste Seite!

Kapitel 9 – Das weite Wahrnehmen

Inzwischen ist der April da. Ich habe eine Stunde mit meiner Engelheilerin Alana. In der Meditation nehme ich unter anderem etliche Krafttiere wahr: Einen Wolf und einen Bären. Ich sehe aber auch Neptun. Neptun steht für Weisheit und Spiritualität, aber auch für Illusion und Täuschung. Mir kommt er sehr mächtig vor, ohne mich zu beängstigen, sondern eher seine Größe zeigen. Welche Bedeutung für mich wichtig ist, werde ich sicherlich in den nächsten Wochen erkennen.

Ich sehe aber auch das allwissende Auge und eine Teufelsmaske. Dies wirkt auf mich jedoch nicht so befreiend wie die Tarotkarte *der Teufel*, sondern düster. Am Abend habe ich ein ungutes Gefühl. Ich fühle mich wie beobachtet. Dies beunruhigt mich, ich bin unsicher. Aber dank meiner Schutzkolonne – bestehend aus Erzengeln, Jesus, Mutter Maria, Maria Magdalena, meinen Schutztieren wie Wolf und Bär, geistigen Führern, meinem Schutzengel und meinem eigenen Licht – bin ich bestens gewappnet.

Bevor ich ins Bett gehe, sehe ich im Baum vor meinem Balkon ein paar Figuren. Sie haben alle Masken auf, der Teufel ist da und eine Maske, die ich aus dem Film *Scream* kenne. Sie sagen nichts, sie trauen sich auch nicht rein, und ich rede mit ihnen. Ich sage ihnen, dass sie keine Chance haben, dass ich weiß, dass sie da sind, um mich zu verführen, um mich zu kontrollieren. Und auf einmal fällt mir ein, wie wichtig sie für meine Entwicklung sind. Und ich bin dankbar, ich bin voller Liebe, ich spreche ihnen zu. Ich sage ihnen, wie dankbar ich bin, dass sie sich gezeigt haben, weil ich ja nun weiß und erkenne, wie wichtig diese Episode für mein Buch ist. Ist es nicht grandios, dass sie sich gerade jetzt zeigen, wo ich an meinem Buch arbeite? Es ist doch toll, so kann ich mit dir teilen, dass du vor nichts Angst haben musst. Es macht mich glücklich, es macht mich wirklich glücklich und stolz. Ja ich bin auch stolz, dass ich weiß, dass diese Situation von mir geändert werden kann. Also kann ich vollkommen beruhigt ins Bett gehen. Ich aktiviere meine Schutzkugel und spüre, dass sie größer ist als das Haus. Mir fällt dann noch ein, dass die Erfahrung nicht nur für mein Buch wichtig ist, sondern auch für mich. Dass ich erkenne, dass ich mich selbst schützen muss und kann. Dass ich niemanden brauche, der mich beschützt, was er eh nicht tun kann. Denn solche Angriffe oder Prüfungen sind wichtig, um die eigene Stärke zu erkennen. Ja und auch dafür danke ich ihnen. Ich bin dadurch ruhiger, wenn auch noch ein wenig aufgeregt, aber ich weiß, dass alles gut wird. Und damit spüre ich, wie ich langsam Richtung Schlaf abdrifte.

Die Nacht ist sehr unruhig. Beim Einschlafen bin ich zwischendurch sehr ruhig, mir meines Lichtes bewusst. Und beim Einschlafen spüre ich, wie etwas Rot-Schwarzes, die Farben des Teufels, in mir aufsteigt. Und als ich aufhöre, mich zu wehren, steigt die Farbe weiter in mir auf. Aber sie kommt nicht viel weiter. Mein Licht ist stärker. Meine Beschützer sind stärker! Es fühlt sich grandios an, ich weiß, ich bin beschützt. Ja, das Licht macht sich breit, das Rot-Schwarze geht. Es fühlt sich wirklich gut an, wie es sich wieder kleiner macht, schwächer wird und ich immer mehr strahle. Die Teufel schicken mir über Nacht noch ein paar Figuren, deren Gesichter ich nicht erkennen kann, aber ich kann sie immer wieder vertreiben, indem ich ihnen einfach sage, dass sie abhauen sollen. Sie haben keine Chance. Ich bin voller Stolz, dass ich sie abweise. Ich fühle mein Licht dadurch noch mehr strahlen, ich weiß, dass ich sie mit Gesprächen und durch mein Licht fernhalten kann.

Ich brauche auch nichts, was sie mir bieten könnten (meist wohl Geld und/oder Macht), ich begehre nichts davon. Sie haben bei mir keine Chance. Mein größter Wunsch ist es, andere Menschen zu heilen – mit natürlicher Hilfe, durch meine Energiearbeit. Das kann mir niemand bieten, nur ich kann durch mich wirken lassen.

Und auch wenn ich morgens völlig gerädert aufwache, weiß ich, dass das Licht in mir stärker ist. Ich bin früher wach als die anderen Tage, habe definitiv schlechter geschlafen, aber ich bin stärker. Und das ist das Entscheidende. Das Entscheidende, um zu wissen, dass meine Unruhe nun vorbei sein wird. Dass das Dunkle keine Chance hat, dass das Licht, die Liebe immer stärker sind. Ja, die Liebe ist immer stärker. Und Dunkelheit bedeutet immer nur die Abwesenheit von Licht. Oh, es ist schön, ich bin beschützt, ich bin voller Licht, ich bin voller Liebe, ich kann strahlen, strahlen, strahlen und damit das Licht in der Welt verbreiten – nicht nur in mir. Ja, diese Erfahrung war sehr wichtig für mich. Und sie hat mich gestärkt.

Und weißt du noch, dass ich von meinem Großvater die Karte *der Teufel* überreicht bekommen habe? Ich dachte, dass ich mich mit meinen Schattenaspekten auseinandersetzen soll. Vielleicht war es auch ein Hinweis auf die dunklen Kräfte im Außen. So ist es eben mit den Symbolen, die sind immer mehrdeutig. Und egal, was er meinte, ich habe meine Schatten, meine Ängste die letzten Tage gespürt. Und ich bin so dankbar dafür! Welch Möglichkeit zu wachsen, meine Stärke zu spüren, mein Licht zu spüren und zu wissen, dass mein Licht das Dunkle besiegen kann! Oh, ich danke für diese Erfahrung!

Alle Menschen, die ihr Licht mehr und mehr strahlen lassen, werden früher oder später von den dunklen Mächten, dem Teufel aufgesucht. Weil die dunklen Kräfte nicht wollen, dass das Licht strahlt. Es blendet sie. Und du kannst dich schützen, indem du um Hilfe bittest. Und dein Licht regelmäßig „auftankst“ durch zum Beispiel Meditation und Chakrenreinigung, Räucherung und Yoga. Was eben zu dir passt.

Und was wahrscheinlich zukünftig sein wird, ist, dass sich das Dunkle gar nicht mehr zeigen muss, wenn wir alle sehr hell strahlen, uns unseres Lichts bewusst sind und unsere Ängste aufgearbeitet haben.

***

Ein paar Tage später, ich schlafe wieder gut, bin ich noch im Halbschlaf, als mir auf einmal ein Buchverlag in den Sinn kommt. Schröderverlag. Nachmittags bin ich dann so neugierig, dass ich nachschaue, ob es einen Schröderverlag gibt. Und ja, es gibt ihn. In der Nähe von Berlin.

Ich werde den Schröderverlag für das Verlegen dieses Buches kontaktieren. Du wirst sehen, ob dies eine Eingebung war, der ich gefolgt bin, oder nicht. Lassen wir uns überraschen, was da auf mich zukommen mag.

***

Ich hatte nochmals das Gefühl, dass dieses Buch schnell geschrieben werden muss. Ich fühle mich ein wenig gehetzt. Und da ich unsicher bin, ob es nur die Aufregung ist oder tatsächlich aus der geistigen Welt so gewollt ist, befrage ich mein Pendel. Die Antwort ist eindeutig: Ich darf meinen Fokus auf dieses Buch legen. Ich muss sogar meinen Fokus darauf legen. Ich stelle alles andere zurück, achte jedoch darauf, dass ich mir genügend Pausen nehme. Denn das ist wichtig. Ich muss regelmäßig in die Natur. Ich muss mich bewegen, denn das fehlt mir unwahrscheinlich. Ich hatte die letzten Tage viel am Buch getan, aber auch viel telefoniert oder beim Einkaufen Zeil vertrödelt, sodass ich schon Auszeiten hatte, aber immer gedanklich bei diesem Buch war. Und dies ist auch so von oben gewollt.

Daher komme ich diesem Wunsch auch nach, und werde meinen Alltag auf das Buch priorisieren. Es wird die Zeit kommen, in der klar ist, dass es fertig ist, mir keine älteren Erlebnisse mehr einfallen. Und wo auch klar ist, dass ich wieder andere Sachen, wie das Lernen für meine Heilberaterausbildung und mein Onlinebusiness, wichtiger sind.

Ich bin sehr gespannt, wohin ich noch geführt werde. Bin so im Vertrauen, dass alles so richtig ist, wie es ist, und dass alles meinem göttlichen Zeitplan entspricht. Auch das Lernen für die Heilberaterausbildung scheint mir im Moment wirklich unwichtig zu sein, obwohl ich natürlich auch weiß, dass regelmäßiges Anschauen der Unterlagen das Lernen fördert. Aber wenn ich keine Eingebung habe, zwinge ich mich auch nicht mehr dazu, etwas umzusetzen. Es kommt die Lust auf das Lernen genau dann, wenn es für mich richtig und wichtig ist.

Überhaupt ist es wichtig, dass wir darauf vertrauen, dass alles richtig für uns läuft. Wir können dies immer an die Engel und die geistige Welt abgeben.

Und dieses Wissen ist tief in mir drin, es ist ein absolutes Vertrauen, ein absolutes Wissen, dass alles gut ist. Diese Ruhe, die ich da empfinde, die wird immer stärker und es ist klar, dass ich keine Angst vor der Zukunft zu haben brauche. Es ist immer für mich gesorgt. Auch wenn ich mir das im Moment noch nicht so recht vorstellen kann, also wie es sein wird. Aber das *Wie* ist unwichtig. Wir Menschen müssen nur wissen, was unser Ziel ist. Der Weg wird sich dann offenbaren, wenn wir anfangen, ihn zu gehen. Und an sich ist ja der Weg das Ziel. Also das Lernen, das Wachsen, das im-Hier-und-Jetzt-Sein, das Fühlen, das Leichtnehmen. Das ist das, was wir leben dürfen. Und das Ziel dient nur der Ausrichtung. Alles wird gut.

***

Ich genieße dieses Vertrauen und gehe mit Manfred im Wald spazieren. Auf Anregung von Alana mache ich ein Foto. Ein einziges Foto, nicht mehr. Eigentlich, um zu schauen, ob ich Wesen wie Feen oder Seelen wahrnehme. Auf diesem Foto sind grüne Streifen zu sehen, die uns sehr faszinieren. Sie sind in einem Kreis angeordnet. Manfred spürt hin und nimmt wahr, dass dort früher ein Heilplatz war. Das ist schon sehr faszinierend. Überhaupt ist dieses Foto sehr mächtig und energiereich.

Im Wald habe ich schon öfter Energien wahrgenommen. Also einfach, dass es dort sehr friedlich ist oder dass manche Plätze besonders sind. An dieser Stelle war ich bisher noch nie spazieren.

Als wir weitergehen, nehme ich im Dickicht des Waldes Steine wahr. Irgendwie sind sie deplatziert, aber ich sage nichts. Als wir schon fast vorbei sind, nimmt Manfred sie auch wahr und fragt: „Was ist das denn?" Wir schauen uns die Konstruktion der Steine an und stellen fest, dass die Anordnung einem Sternbild entspricht. Dieses wird laut Manfred von den Dunklen regiert oder besetzt. Wir gehen weiter, aber ich habe das Gefühl, dass wir umdrehen müssen, um diese Steinkonstruktion aufzulösen. Da das Dickicht sehr eng ist, nehme ich nur den äußersten Stein und werfe ihn zum letzten, sodass die Anordnung gestört ist. Ich hätte gerne die Mitte getroffen, aber der Stein verfehlt sein Ziel. Es ist seltsam, dass im Wald ein Sternbild nachgebildet liegt. Und Manfred, der noch feinfühliger ist als ich, findet es auch seltsam. Da wir andere Themen zum Erzählen haben, hat dieses Erlebnis keine große Bedeutung mehr für uns.

Für mich ist jedoch interessant zu spüren, dass ich immer mehr auf mein Gefühl vertrauen darf, auch wenn ich dort irgendwo in der Ferne etwas wahrnehme. Ich hätte es an sich ignoriert, aber als Manfred es auch wahrnimmt, ist klar, dass es etwas Wichtiges ist. Und es ist mein Impuls, dass wir hier eine Änderung vornehmen. Und dafür bin ich dankbar und ja, auch mir selbst bewusst. Weil sich meine Wahrnehmung so verfeinert. Und ich denke, ein wenig stolz darf ich auch sein. Das ist nicht arrogant, natürlich auch nicht demütig, aber es ist eine Anerkennung meiner Gabe, meines Wissens, meines Selbst. Und dieser Stolz kommt aus dem tiefsten Herzen, er fühlt sich dort ganz leicht und weich an, lässt mich grinsen, also strahlen.

Dies ist ja nicht das erste Erlebnis, bei dem ich etwas Merkwürdiges und negative Energien wahrnehme. Noch benötige ich Manfreds Unterstützung zur Lösung solcher Felder. Wie auch neulich mit den Elohimsäulen bei dem Hotel.

***

Ich schaue mir online noch ein Video an, in dem gesagt wird, dass wir in unserem Herzen spüren, ob jemand für uns die Wahrheit sagt. Das öffnet mir ungemein mein Herz. Und ich weiß, warum mir bei Nachrichten oft ein Stein im Herzen liegt. Leichte Wahrheit fühlt sich anders an! Die Frau sagt zudem, dass es beim Channeln und Co. so viele verschiedene Aussagen gibt, gerade was Jahreszahlen angeht, weil nicht alle Kanäle in die geistige Welt klar und sauber sind. Wenn eine Person noch etwas zu klären oder abzulösen hat, ist sie gegebenenfalls noch nicht bereit für die ganze Wahrheit und erhält daher Informationen, die für sie zu diesem Zeitpunkt richtig und wichtig sind.

***

In diesem Frühjahr 2020 sind wahnsinnig viele Schmetterlinge zu sehen. Sie stehen für die Transformation. Es hat sicherlich damit zu tun, dass gerade sehr wenige Flugzeuge (mit ihrer Verschmutzung) unterwegs sind, aber eben auch damit, dass die Welt im Wandel ist. Es ist fantastisch.

Ich gehe im Wald spazieren und sehe etliche Jesuskreuze. Ich fühle die Christusenergie sehr deutlich. Und wenn ich die Augen schließe, scheint es heller zu sein. Ich heiße nicht umsonst Christ-ine.

Auch Mutter Maria ist mir gerade sehr nah. Ich kann das gar nicht beschreiben. Ich fühle sie oft oder sehe Bilder, Figuren. Und dadurch fühle ich mich sehr geborgen, aufgehoben.

***

In dieser Zeit des Geborgenseins wird mir empfohlen, Geld anzulegen. Nicht in Aktien, sondern in Barren oder Münzen. Ich schwinge da nicht so ganz mit.

Zur gleichen Zeit fragt Silke sich, was sie mit ihrem Geld machen soll. Na, besser kann der Zufall ja nicht sein. Wir machen eine gemeinsame Meditation. Diese ist sehr kraftvoll, ich sehe mich im Silberregen stehen.

Und als ich nach der Meditation in mich reinfühle, welchen Betrag ich ausgeben soll, sagt mein Verstand eine geringe Summe, mein Herz einen höheren Betrag. Okay, ich kenne zwar noch nicht das Wie, aber dann soll dem wohl so sein. Erst überlege ich noch, ob ich den Betrag pendeln soll, aber mein Herz hat gesprochen. Und das möchte ich nicht anzweifeln. Und einige Tage später habe ich genau die Differenz auf meinem Konto! Es hängt alles zusammen! Immer und immer wieder kommen die Bestätigungen zu uns. Und der rechte Zeitpunkt, wann eine Entscheidung zu treffen ist.

Was ich auch sehr beeindruckend finde: In den gemeinsamen Meditationen mit Silke, die ich anleite, nehme ich viel wahr, die Energie ist sehr hoch. Wenn ich allein bin, lasse ich mich eher ablenken. Und führe auch nicht die Anleitung aus, sondern versuche mehr in die Stille zu gehen. Eben keine Worte zu gebrauchen. Beide Arten der Meditation haben etwas für sich. Aber dass die Energien so viel höher und feiner sind, wenn ich die Meditation anleite, fasziniert mich. Und es hat natürlich auch was mit Silkes feiner und der Gruppenenergie zu tun.

***

Und meine Energie ist gerade so hoch, dass endlich Engelkarten in mein Leben treten. Sie vibrieren in meiner Hand, sie sprechen dadurch mit mir. Und das ist das Entscheidende. Für die Autorin hätte ich mich nie entschieden, weil ich ihre Karten nie schön fand. Daher muss ich jetzt richtig schmunzeln, dass es diese Karten nun doch geworden sind. Und es ist wirklich erstaunlich, was Karten mit uns machen.

Zum einen gehst du total in Resonanz, wenn ein Kartenblatt zu dir kommen möchte. Zum anderen ist es nicht ein einfaches Kartenziehen, sondern eine Herzleitung. Das heißt, dein Herz möchte zum Beispiel am Morgen eine Karte ziehen, oder vielleicht spürst du, dass deine Hand kribbelt. Bei mir ist es manchmal beides zusammen.

Und ich schaue mir allein schon die Umverpackung an und bin in kindlicher Vorfreude. Und dass Karten immer genau richtig und passend für uns sind, das muss ich an dieser Stelle wohl nicht wiederholen. Jedenfalls ist dieses Kartenset an sich schon eine Energieerhöhung für mich. Und sehr interessant, ich ziehe nun das vierte Mal eine Karte, und sie ist wieder mit dem rosa Licht verbunden. Da muss ich an die Magdalenenbewegung denken. An die Essener. Davon hatte ich im Oktober berichtet. Mal schauen, wohin dies noch führt. Das Kartenziehen erdet mich ungemein. Ich verbinde mich mit dem Engel oder der Energie, die auf der Karte abgebildet ist. Und ich spüre entweder eine Energie oder sehe vor meinem inneren Auge eine Farbe, manchmal ist es so, als berühre mich etwas, die Engel zeigen sich auf verschiedene Weisen.

Alana hat mal erzählt, dass sie nach Unterstützung durch Erzengel Michael gerufen hat, und während sie auf den Gesprächstermin, für dessen Unterstützung sie Erzengel Michael gerufen hatte, wartete, liefen ihr innerhalb von ein paar Minuten drei Michaels über den Weg. Es ist so unterschiedlich, wie uns die Zeichen gesendet werden.

Viele Menschen nehmen die Engel auch über Wolkenformationen wahr. Manchmal ist darin klar ein Engel zu erkennen. Ich fühle mich eher mit ihnen verbunden, wenn die Wolken so ausstreichen als wären es Flügel, obwohl keine Flügelform zu sehen ist, aber diese Leichtigkeit in den Wolken mitschwingt. Das sind dann oftmals weitere leichtere Wolken, die über den gesamten Himmel beziehungsweise einen großen Teil davon reichen.

Achte du einfach auf deine Zeichen, vielleicht sind es Federn, vielleicht sind es Engelfiguren, die du in Bildern in Zeitschriften oder in einem Laden immer wieder siehst.

Ich erinnere mich gerade, dass ich an Weihnachten letzten Jahres den Impuls hatte, in ein Holzfachgeschäft in München zu gehen. Und dort kam ein kleiner Engel mit Metallflügeln zu mir. Erst stand er in meiner Meditationsecke, inzwischen möchte er auf meinem Nachttisch stehen. Denn der Engel fiel regelmäßig um. Und irgendwann verstand ich den Wink, dass der Platz nicht der richtige ist. Seit der Engel auf meinem Nachttisch steht, fällt er nicht mehr um.

Die Figuren, die in dein Leben treten, sie sprechen mit dir. Oder auch Heilsteine. Sie sagen dir manchmal, ob sie an einem anderen Ort stehen möchten, ob sie – wenn es ein Heilstein ist – aufgelegt oder entfernt werden möchten. Es ist bei mir eine Intuition, ein Fühlen, dass jetzt meinetwegen ein Stein auf ein schmerzendes Gelenk gelegt werden möchte. Du kannst dich 100-prozentig auf so ein Gefühl verlassen, auch wenn du mitten am Tag oder nachts an einen Heilstein denken musst oder eine Figur an einen anderen Ort gestellt werden möchte. Dies hat seinen Grund.

Ich habe inzwischen drei kleine Buddhafiguren, ich weiß gar nicht mehr so recht, wie sie peu à peu in mein Leben kommen wollten. Ah, die erste Figur wurde mir als Geschenk in einer Räucherwarensendung beigelegt. Bis dato hatte ich überhaupt keinen Zugang zu Buddhafiguren. Die nächste Buddhafigur ist erst anderthalb Jahre später zu mir gekommen, als ich mein Pendel gekauft habe. Und diese Figur wollte vor ein paar Wochen in den Flur gestellt werden. Sie stand bis dahin auch immer in meiner Meditationsecke. Und der dritte Buddha, der kam mit meiner Engelkartensendung. Ich hatte auf der Website des Ladens gesehen, dass die Buchhandlung kleine Figuren anbietet. Und so bat ich bei meiner telefonischen Bestellung meinen Gesprächspartner darum, die Figur einzupacken, die zu mir kommen möchte. Sie ist golden, so gar nicht meine Farbe, wie ich immer denke. Aber sie passt zu mir, und sie steht nun neben der schwarzen Buddhafigur im Flur. Und ich freue mich jedes Mal, wenn ich die beiden Figuren dort stehen sehe.

***

Überhaupt habe ich in diesem Jahr Dinge für mich neu eingeführt. Bisher hatte ich meine Tarot- und Orakelkarten immer in meiner Meditationsecke liegen. Und auch wenn ich mein Blatt, also eine Ziehung, gelegt hatte, verschwand sie recht schnell, damit ich wieder Platz hatte. Und dieses Jahr dürfen meine Karten, die ich in den Rauhnächten und an Silvester gezogen habe, im Flur stehen.

Dort sind sie präsent, ich werde viel eher an die Energien erinnert und bin dadurch viel mehr bei mir.

Wir dürfen die Energien, egal ob als Figuren oder Karten, als Gefühl oder Lichtwahrnehmung viel mehr in unser Leben integrieren. Egal, was dein Besuch denken könnte. Meistens fragt der Besuch gar nicht nach. Es ist ein Teil von mir und von dir, den wir zeigen, nach außen tragen dürfen. Natürlich gibt es immer wieder Leute, die darüber schmunzeln werden. Meist die Verstandsbezogenen. Zumindest hätte ich es früher getan.

So geht es mir mit etlichen Bekannten und Freunden und auch Familienmitgliedern, die sehr verstandsbezogen sind. Bei einem Treffen, das schon vier Monate her ist, erzählten mir einige Menschen von einer Frau, die bei einem Projekt dabei sei, in dem die Jugendlichen Verbindung mit Bäumen aufnehmen. Sie fragen diese, ob sie in dem Baum ein Baumhaus befestigen dürfen. Und dieses Baumhaus wird auch nicht an den Baum genagelt, sondern nur mit Leinen und Spanngurten befestigt. Sie zeigte dann wohl noch, wie die Jugendlichen den Baum umarmen. Und alle, denen sie das erzählte, müssen herzlich gelacht haben. Weil sie glauben, dass Bäume keine Gefühle haben. Und da bin ich inzwischen ganz anderer Meinung. Bäume strahlen eine unwahrscheinliche Energie aus. Selbst wenn sie für uns Menschen bereits tot sind. Wenn nur noch ein Baumstumpf am Boden ist oder eben kein Grün mehr an ihnen wahrzunehmen ist. Sie sind immer noch energiegeladen und geben uns Kraft. Das ist vielen Menschen gar nicht bewusst. Sie spüren unbewusst, dass sie draußen gut drauf sind, aber den Ursprung verstehen sie (noch) nicht.

Ich habe ja auch nur durch meine Heilberaterausbildung einen tieferen Einblick in zum Beispiel die sogenannten Schumannwellen bekommen. Und daher weiß ich, dass es wichtig ist, wirklich in die Natur zu gehen, und sich nicht nur mit dem Sitzen auf dem Balkon zu begnügen.

Nur in der reinen Natur haben wir die Schwingung, die uns am Leben hält. An jedem Haus, an jeder Stromleitung sind zu viele andere Energien (in Form von Elektrosmog), die uns hindern, die Schumannwellen zu spüren. Daher werden wir zu Hause, auch wenn wir uns dort total wohl fühlen, niemals so wohl bei uns fühlen wie in der Natur. Nur die Natur bietet uns einfach das, was wir wirklich brauchen.

Daher kehre ich immer mehr zur Natürlichkeit zurück. Ich achte beim Einkauf auf natürliches Material, auf biologische Qualität und immer mehr auf mein Bauchgefühl. Ich möchte das Unnatürliche und Künstliche immer mehr aus meinem Leben herausnehmen. Dazu gehören meine Klamotten, in denen Polyester (= Plastik) verarbeitet ist. Dazu zählen meine Möbel, die nicht aus Holz oder Naturstoff sind. Und auch Nahrung aus Blechdosen, über die wir zwar nur in kleinen Mengen, aber eben in Mengen über die Jahre betrachtet, Schwermetalle aufnehmen. Diese lagern sich im Körper ab und beeinflussen die körperliche Leistung, insbesondere die Leber. Und so kann jede und jeder für sich entscheiden, wie viel Natürlichkeit im eigenen Leben Platz haben sollte, um zu sich zu kommen. Ich habe auch genügend Plastiksachen, die ich jetzt nicht einfach wegwerfe, aber beim Neukauf gehe ich wieder zurück zu zum Beispiel diesen schweren Terrakottablumentöpfen. Wir übernehmen über die Jahre so viele praktische Dinge, die wir nicht hinterfragen. Wie unsere Smartphones, die unser Leben praktisch erleichtern. Aber uns ist gar nicht bewusst, welcher Strahlung wir uns damit permanent aussetzen, welchen Einfluss diese Strahlung auf unser Leben, unseren Körper, unser Wohlbefinden hat. Unsere Smartphones sind kleine Mikrowellen, die wir uns permanent ans Ohr halten. Dies möchte ich dir jetzt einfach nur kurz mitgeben, weil ich meine, dass wir peu à peu zu einer natürlichen Welt zurückkehren werden. Und damit du dir überlegen kannst, wo du stehen möchtest. Alles Natürliche fördert deine Intuition.

Das ist mein Gefühl und dahin möchte ich auch immer mehr kommen, das ist meine Mission. Und zur Natur gehört für mich immer das Herz, mein Herz, meine Liebe. Die ganz natürliche bedingungslose Liebe, die in uns allen ruht. Sie möchte wiederentdeckt werden. Sie möchte wieder gelebt werden. Und darauf bewegen wir uns jetzt zu. Und wenn du jetzt mein Gesicht sehen könntest, ich strahle, ich lache, ich bin gerade ganz bei mir. Und das wünsche ich auch dir.

***

Es ist so interessant, wie alles zusammenhängt. Die Bücher eines Mediums im Krankheits- und Ernährungsbereich ändern seit Wochen mein Leben. Ich stelle meine Ernährung um, was gar nicht so leicht ist, wenn das Tiefkühlfach voll ist. Jedenfalls verstehe ich durch die Bücher, warum ich manchmal so reagiere, wie ich reagiere, oder warum morgens oft eine schlechte Laune mein Begleiter ist. Obwohl mein Leben so friedlich und schön ist, wache ich morgens seit Jahren, vielleicht seit Jahrzehnten, ich weiß es nicht mehr, mit einer kleinen Depri-Stimmung auf. Als ich arbeiten war, habe ich es auf meinen Job geschoben. Aber nun bin ich ja seit einem Dreivierteljahr Zuhause und habe im Moment überhaupt keinen Grund, schlecht drauf zu sein. Und auch meine körperlichen Symptome unterschiedlichster Art hängen anscheinend mit einem Virus zusammen. Jedenfalls ist klar ersichtlich, dass meine Hand, die auch von diesem Virus betroffen ist, Fortschritte macht, nur weil ich meine Ernährung ändere. Aufgrund von Corona findet im Moment, es ist inzwischen schon Mai, keine Ergotherapie statt. Und allein schon eine Ernährungsanpassung bringt Besserung! Dies war jetzt ein ungeplanter Ausflug, ich wollte auf eine andere Sache hinaus.

Nun habe ich seit zwei Tagen meine Engelkarten hier liegen. Und witzigerweise lese ich seit ungefähr zwei Tagen das Buch nicht weiter. Ich tue es nun – und was soll ich sagen, es ist das Kapitel mit den Engeln dran! Und ich stimme mit dem Medium voll überein, dass uns der Glaube an etwas Großes, ob es nun Gott, das Universum, das Licht, der Kosmos, die Urquelle, das Göttliche, was auch immer, sofort zurück in mehr Vertrauen bringt. Wenn du einmal gespürt hast, dass da irgendetwas Großes ist, das uns führt und strahlt und immer zu unserem Besten agiert, dann ist in dir eine Grundzuversicht, ein Vertrauen, ein Licht, ein Glaube, ein klares Wissen. Du spürst es im Herzen, dass du ruhiger und gelassener bist, dass da etwas ist, was dich trägt. Dass ich gerade jetzt, wo ich meine Engelkarten habe, das Kapitel mit den Engeln lese, ist mal wieder kein Zufall.

Es gibt nicht nur die klassischen Engel, die jeder kennt. Du kannst immer den Engel, der zu deiner Situation passt, rufen. Sei es der Engel der Erlösung, weil du einen Schmerz hast. Oder der Engel der Dankbarkeit, weil du dich immer und immer wieder an so schönen Dingen erfreust. Oder der Engel des Glaubens, weil du an Glauben und Vertrauen verloren hast. Und selbst wenn du den Engel nicht genau benennen kannst, wenn du die Engel anrufst, dass sie dich unterstützen mögen, sie werden dich unterstützen. Wenn du klar und aus dem Herzen heraus deine Bitten, dein Hilfegesuch formulierst.

Und dank des Buches verstehe ich auch immer besser, warum es mich in die Natur rauszieht, warum ich mich so an dem Vogelgezwitscher erfreue. Es heißt, dass Vogelgezwitscher Engelstöne sind. Und dass jeder Akt, also Gedanke an die Natur oder Bewegen in der Natur, etwas Göttliches ist. Daher ist die reine Natur, wie ich eben auch schon schrieb, so wichtig für uns Menschen.

Ich möchte hier anmerken, dass ich die Nahrungsumstellung nicht dauerhaft auf diese Weise einhalte, da sie für mich nicht in allen Bereichen stimmig ist. Sie ist ein guter Einstieg und überschneidet sich mit anderen Ernährungskonzepten, die mir für Mitteleuropa passender erscheinen.

Höre auf dein Gefühl. Nur weil es einen Hype und viele Erfolgsberichte gibt, muss es nicht zwingend für dich gut sein. Teste es aus – und lasse es sein, wenn du Widerwillen, Abwehr oder auch Undefiniertes spürst. Ich schaue mir manchmal Websites an und habe kein freudiges Gefühl. Negativ oder schlecht ist das Gefühl aber auch nicht. Ich entscheide dann für mich, dass ich auf dieser Seite nicht weiterlese.

***

Ich tue mich wirklich schwer, mit meiner Familie und einigen Freunden und Bekannten zu kommunizieren. Sie haben ganz andere Ansichten als ich. Ich lausche bei Nachrichten (ob Funk und Fernsehen oder Erzählungen im Direktgespräch) immer mehr darauf, was für mein Herz stimmig ist. Nicht nur, ob die Fakten stimmig scheinen. Hier darf ich noch lernen, dass ich nicht eingreifen darf, auch wenn ich das Gefühl habe, dass ich anderen Menschen die Augen öffnen sollte. Das muss ich nicht, denn jeder hat seinen Lebensweg, seinen Seelenplan, den er auf seine Weise und in seiner Geschwindigkeit umsetzen möchte und auch muss. Jedes Eingreifen in das Leben eines anderen Menschen (auch schon verbal) ist übergriffig und nimmt ihnen gegebenenfalls eine Lernaufgabe. So lerne ich gerade, dass ich noch mehr in mein Herz gehen darf, ihnen meine bedingungslose Liebe senden kann, aber sie für sich selbst verantwortlich sind. Ich glaube daran, dass auch sie mit der Zeit ihre Augen öffnen und die Möglichkeit haben werden zu spüren, was ihnen ihr Herz alles mitteilen möchte.

Nun spüre ich auf einen Schlag, wie sich dieses Anderssein anfühlt. Ich fühle mich dadurch ein wenig einsam, unverstanden. Aber ich spüre auch umso heftiger, wie wichtig es ist, dass ich nun meinen Weg gehe. Dass ich glaube, was ich wahrnehme, was sich für mich richtig anfühlt, dass ich mich so zeige, wie ich es für richtig halte. Nicht angepasst, aber auch nicht arg rebellisch. Ich darf auch lernen, dass ich meine Energie bei mir behalte. Informationen nur gebe, wenn die andere Seite nachfragt.

Und das ist auch etwas, das in unserer persönlichen Entwicklung sehr wichtig ist. Statt anderen immer wieder unsere neue Sichtweise mitzuteilen, ihnen vielleicht sogar Tipps zu geben, ist es wichtig, bei uns zu bleiben, im Herzen zu sein, aus dem Herzen heraus zu agieren. Dies werden die Menschen, die viel im Verstand sind, vielleicht nicht verstehen. Das habe ich früher ja auch nicht. Und vielleicht werden sie es auch nie verstehen. Jede Seele hat sich ihre individuelle Aufgabe ausgesucht.

Was interessant ist, viele Leute teilen mir ungefragt ihre Ansichten mit. Nichts Persönliches von ihnen, sondern ganz Allgemeines. Und dabei gehen sie davon aus, dass ich auch ihrer Meinung bin. Mir fallen im Zuge dessen sehr viele Pauschalisierungen auf. War ich früher auch so?

Und was ich auch lerne: Ich habe durch meine früheren Tagebucheinträge verstanden, dass ich auch als verstandsbezogener Mensch dachte, ich würde meinen Weg gehen. Aber das war nur der erste Ansatz. Zumindest fühlt es sich jetzt so für mich an. Dies mag sich für jeden anders anfühlen, aber ich für mich habe nun wahrgenommen, dass ich erst jetzt richtig auf meinem Weg bin.

Davor war es ein langsames Antasten, aber immer mit einer Sicherheitsleine an Bord, die zum Land zurückführt. Und ich habe das Gefühl, dass ich diese Leine kappe, wenn ich im Herzen bin. Aus dem Herzen heraus gehen wir tatsächlich in unsere Eigenverantwortung. Und natürlich brauche ich meinen Verstand weiterhin. Er ist dafür da, dass ich meinen Alltag organisieren kann, dass ich Entfernungen einschätzen kann, dass ich die Uhr ablesen kann, dass ich ein Telefon bedienen kann. Ich möchte den Verstand auf keinen Fall schlecht machen. Ich merke jedoch, wie wichtig es ist, dass er auch mal in den Hintergrund tritt. Dass er seine Erstplatzierung abgibt und gleichberechtigt sein darf, nicht mehr ganz oben steht und mein Leben regiert.

Und ich denke, zumindest fühlt es sich für mich so an, dass immer mehr Menschen sich aufmachen, ins Herz zu gehen. Viele ahnen bereits, dass es da noch was anderes geben muss. Fühlen es auch schon ganz leicht gerade in schönen freien Situationen, im Urlaub oder in Albernheiten in der Familie. Und dies darf meines Erachtens immer mehr werden und wird es auch. Jeder in seinem Tempo. Und das lerne ich gerade zu akzeptieren. Eine schöne Lernaufgabe für mich, an die ich immer und immer wieder in meinem Leben treffe. Da sitzt eben ein kleines Helfersyndrom in mir, das die anderen Leute bekehren möchte. Das für die anderen Leute da sein möchte, aber auch oft nur das sieht, was für mich gut ist – und nicht zwingend für den anderen gut sein muss. Weil jeder seinen Seelenplan hat.

Und ja, ich weiß, dass mich für meine Worte einige Menschen komisch anschauen werden, mir vielleicht sogar einen Vogel zeigen oder Abstand suchen werden. Aber dies ist nun mein Weg, weil ich spüre, dass er für mich richtig und vor allen Dingen wichtig ist. Ich kann mich nicht mehr anpassen und mich so wie andere verhalten, nur weil ich früher auch so war. Durch das Loslassen von Glaubenssätzen und kleinhaltenden Energien geschieht automatisch ein Wandel. Nun habe ich mich verändert und geändert, und so wird sich auch mein Umfeld dadurch ändern.

Es gibt bereits die ersten Anzeichen eines neuen Umfeldes. Ich treffe immer häufiger auf Menschen, die so denken wie ich oder mit denen ich mich auch austauschen kann. Manche sind weiter, manche sind anders, manche fühlen sich gerade hinein und manche sind einfach neugierig. Wie gesagt, da hat jeder seinen Weg. Und damit darf ich mich nun auseinandersetzen und akzeptieren, dass wir alle anders sind, jeder auf seine Weise individuell. Das macht es spannend, aber auch nicht immer einfach. Es tut manchmal weh, geliebte Menschen nicht mit auf die eigene Reise nehmen zu können. Es tut manchmal verdammt weh. Und diesen Schmerz zuzulassen und auszuhalten, das ist wirklich wichtig. Denn er führt dich in dein Herz.

Und was ich auch gleichzeitig spüre: Wir sind mit unserer Familie tief im Herzen verbunden. Es ist nicht zwingend ein permanenter Kontakt nötig, damit ich mich verbunden fühle. Die Verbindung ist immer da. Im Herzen. Wir sind energetisch miteinander verwoben, verbunden. Die Liebe fließt.

Und diese tiefe Verbindung ist nicht nur mit der Familie möglich, sondern auch mit anderen Menschen. Weil wir auch mit ihnen verbunden sind. Ich habe sogar den Eindruck, dass diese Seelenverbindung zukünftig das tragende Element in uns sein wird. Sie stellt sogar Gefühle in den Hintergrund. Weil uns durch diese Herzverbindung klar ist, dass die andere Person ihre ganz persönlichen Erlebnisse benötigt, um in ihre wahre Aufgabe zu kommen. Und ich selbst benötige dieses (tolle) Erlebnis nicht. Ich habe andere (wunderbare) Erlebnisse, um zu meiner Berufung, zu meiner wahren Größe zu finden. Wenn Menschen ihre wahre Berufung leben, können sie andere Menschen wirklich so sein lassen wie sie sind.

***

Ich habe vor ein paar Tagen einen wunderschönen Tümpel im Wald entdeckt. Er ist so natürlich. Die Frösche quaken und die Schmetterlinge fliegen herum. Die Tiere sind noch schreckhaft, wenn die Menschen kommen.

Ich mache es mir hier gemütlich, fühle mich in diesem Moment der Natur noch näher als nah. Und als ich mir wünsche, die Naturwesen mal zu sehen, nicht nur ihre Energien zu spüren, erhalte ich eine Antwort: „Wie sollen wir uns dir zeigen, wenn du immer noch Tiere verabscheust (Spinnen) oder verscheuchst (Fliegen)?“

Oh, wie recht sie haben. Ich kann darauf gar nichts antworten, gehe aber behutsamer mit Tieren – auch in meiner Wohnung – um (außer mit den Blattläusen in meinen Pflanzen).

Der Satz war wieder sehr klar in meinem Kopf. Es ist kein richtiges Hören, eher wie so ein Gedanke. Aber viel klarer. Nicht so, als wenn du ein gedankliches Gespräch führst, diesem aber sehr ähnlich. Und der Gedanke ist nicht von mir, sondern wird mir gegeben. Er entspringt nicht in mir, sondern kommt von außen.

Auf dem Heimweg habe ich noch eine Hundebegegnung. Ich habe schon immer Angst vor Hunden – und werde daher auch oft darin bestätigt. Dieses Mal nehme ich die Urkraft des Hundes wahr. Seine Stärke, die vom Wolf abstammt. Und seine Erniedrigung, uns Menschen in gezüchteter Form dienen zu müssen. Nun verstehe ich, warum ich so Angst vor Hunden habe. Es ist keine Angst im klassischen Sinne. Ich spüre schon immer ihre Energie!

Fortan gehe ich entspannter spazieren. Manchmal baue ich mir noch einen Schutzkreis um mich, aber meist bin ich friedlich in mir. Natürlich gibt es Tage, an denen ich noch in mein altes Angstmuster verfalle. Aber immer öfter kann ich den Hund mit seiner natürlichen Kraft sehen. Und die finde ich beruhigender als die gezüchtete und dressierte Kraft, die Hunde oft ausstrahlen. Hunde strahlen genauso ihr Leid aus wie wir Menschen, wenn sie in Wohnungen gehalten werden und so nicht in ihrer Kraft sind.

Der Wolf als Krafttier zeigt sich sowieso häufig bei mir. Da besteht eine Verbindung. – Hierzu komme ich später auch noch.

***

Es fühlt sich so gut an, die Dinge hinter den Dingen zu erkennen, zu fühlen. Auch der Tag heute ist sehr magisch. Zum einen schalte ich mein Handy nicht wie gewohnt tagsüber aus, erhalte dadurch zwei Anrufe, die ich ansonsten nicht entgegengenommen hätte. Ein Anruf ist von Silke, der sehr wichtig für mich ist. Ich kann meine Gedanken mitteilen, und sie erzählt mir von ihrem Glückserlebnis. Und erinnert mich daran, bei mir zu bleiben und mich zu fragen, welche Werkzeuge mir zur Verfügung stehen, um bei mir zu bleiben. Allein das Wissen aus der Heilberaterausbildung erdet uns enorm, wenn wir es bei uns selbst anwenden. Es wird mir in dem Telefonat auch bewusst, dass ich in Meditationen zwischendrin das Gefühl habe, als wenn sich etwas wie eine Decke auf mich herab legt, etwas absenkt. Ich bin dann in der Meditation ganz kurz von einer Kraft und Energie umgeben, bei der ich ganz bei mir bin. Dies ist nur sehr sehr kurz, aber ich spüre mal wieder, dass die Engel oder wer auch immer bei mir sind, mich beschützen und bestärken. Und während ich das hier schreibe, zieht draußen am Himmel eine Wolke vorbei, die aussieht wie Engelflügel.

Und ja, das mag manchmal übertrieben klingen, aber ist es nicht. Es hängt alles zusammen und ist wirklich magisch (magnetisch anziehend, weil es ja nicht zufällig ist). Jedes Zeichen hat seinen Sinn und kommt immer zum passenden Zeitpunkt zu uns.

***

Mir wird klar, dass auch mir manchmal Zeichen über Lieder gesendet werden. Da ich wenig Musik höre, kann dies natürlich selten passieren. Aber gerade jetzt in der Auseinandersetzung mit meiner Familie und einigen Freunden kommt ein Lied zu mir, das mir sagt, dass ich nicht bei Sturm kämpfen brauche. „Setz dein Segel nicht, wenn der Wind das Meer aufbraust.“ – Xavier Naidoo. Und das erdet mich sofort, lässt meinen Widerstand gegen das Unverständnis brechen. So einfach ist es! Zurück ins Herz!

Wie oft ich im Herzen bin, nehme ich rückblickend auf einmal wahr. Nur als Beispiel gestern Abend: Ich wollte spazieren gehen, trödelte rum, aber es war okay. Ich würde den Sonnenuntergang schon sehen. Beim Spazieren nahm ich – weil dort Leute gingen (= Zeichen, weil ich neugierig wurde) – einen neuen Weg wahr. Also ging ich ihn und vertraute darauf, dass ich zur rechten Zeit beim Sonnenuntergang sein werde, den ich nun im Wald nicht sah. Dafür sah ich ein Reh auf einer Wiese. Es hob kurz den Kopf und graste weiter. Es hatte mich bemerkt, aber keine Angst. Ein Stück weiter stand ein Reh mitten auf dem Weg! Wie hinreißend! Ganz anmutig. Es nahm mich wahr – und ging ganz gemächlich in den Wald. Ohne Eile, obwohl ich näherkam. Es blieb dort auch eine Weile stehen, bis es sich erst langsam verzog, als ich ganz dicht war. Und unsere Rehe sind normalerweise ganz scheu! Ich war gerührt, dass ich dies erleben durfte, diese Nähe!

Ich ließ mich weiter durch den Wald treiben, den Sonnenuntergang zwar im Kopf, aber die momentane Natur war einfach zu schön! Das satte Grün, die alten Baumstämme, ich lud mich innerhalb von Minuten neu auf! Und ich spürte, dass ich nicht verweilen sollte, sondern im Vorbeigehen dies nur einatmen/aufnehmen durfte. Als ich dann aus dem Wald hervortrat, ging gerade die Sonne wunderschön unter! Es berührte mich sehr! Die Vögel zwitscherten, das Rot der Sonne ging ins Rosa über, es war sprichwörtlich göttlich! Und ich war einfach im Fühlen, im Sein! Das dürfen wir immer mehr sein, das wird zukünftig jede(r) viel häufiger erleben, fühlen, eben sein. Und dafür bin ich unendlich dankbar!

Dankbar, ein Wort, das ich von früher gar nicht kenne. Denn die Dankbarkeit, die führt uns ins Herz. Und da war ich früher sehr selten, weil der Kopf immer alles analysieren wollte.

***

Die Zeit schreitet voran, meine letzte Stunde der Engelheilerausbildung ist da. Ich bin ein wenig traurig, weil die Ausbildung zu Ende ist, denn dadurch werde ich auch weniger Kontakt mit Alana haben. Ihre Energie, ihre Stimme und ihre Art sind einfach sehr beruhigend und gleichzeitig öffnet sich meine Herzensenergie.

Heute steht ein Channeling auf dem Programm. Und das wird lösend! Ich frage nach, wie ich das Herpesvirus im Gebärmutterhals heilen kann. Die Ursache hatte ich ja früher erfahren, wie du bereits weißt. Als Antwort erhalte ich, dass es geheilt ist (auf einer höheren Ebene, also in den nächsten Monaten auch auf der irdischen Ebene in meinem Körper). Nicht nur das ist eine Erleichterung, sondern auch die folgenden Anweisungen, die mir mitgegeben werden: Ich solle mir die Yamswurzel, die auf hormoneller Basis heilt, in Pulverform besorgen und täglich nehmen.

Außerdem kann ich über das Trommeln meine Selbstverurteilungen loslassen. Also diese raustrommeln und mir selbst vergeben. Die Härte gegen mich selbst nehme ich immer wieder wahr – und werde sie in den nächsten Monaten lösen! Es ist so wunderbar!

Ich nehme hier vorweg, dass ich einige Monate später meine Frauenärztin mit verbesserten Werten überrasche. Ich bin so dankbar dafür!

***

Eine Woche später gebe ich mein erstes, und bisher auch einziges, Channeling. Für Anna-Katharina, die mir den Tipp mit dem Yoni-Ei gab, darf ich channeln. Ich bin aufgeregt, aber es ist interessant, wie schnell ich bei einer Meditation in eine andere Energie komme, wenn ich nicht nur für mich meinen Raum der Stille aufsuche, sondern Energien übertragen darf. Da geht es bei der Meditation viel schneller und tiefer, ich bin viel schneller im Herzen und mit Mutter Erde verbunden, nehme Energien in meinen Händen oder auf der Haut wahr. Ich bin immer wieder fasziniert davon. Bei dem Channeling kommen ein paar wenige Sachen, dies sei aber ein Übungsaspekt. Ich sehe eher Bilder, die Hinweise geben, als dass jemand durch mich spricht.

Beim Channeln stellt sich eine Person als Medium zu Verfügung. Das heißt, sie lässt jemanden aus der geistigen Welt über sich sprechen. Und die Klarheit der Botschaft oder auch der Experte, der sich da zeigt, hängen nicht nur von der Frage des Fragestellers ab, sondern auch von der Energie, der Tagesverfassung, der eigenen Klarheit und ich nenne es jetzt mal Sauberkeit der Aura der Person, die als Medium fungiert. Nicht immer kann sich die Person, die als Medium arbeitet, klar von ihrem eigenen Alltag trennen.

Dies sollte natürlich der Anspruch sein, aber wir sind alle Menschen. Mit Fehlern, mit Gefühlen, mit einem Verstand oder einem teils geschlossenen Herzen.

Beim Channeling ist für die Person, die eine Frage beantwortet haben möchte, wichtig, dass sie die Frage aus ihrem Herzen heraus stellt, nicht aus Neugier.

Zumindest ist für mich – und ich weiß es auch von Manfred – dieser Unterschied wichtig, wenn ich für jemanden channele. Ich denke aber auch, dass die geistige Welt es entsprechend unterstützt oder verhindert, wenn jemand zum Beispiel nur aus reiner Neugier hinterfragt, wie es beispielsweise mit der jetzigen Beziehung weitergeht.

***

Ich frage Birgit, eine Heilberaterin, wie sie Botschaften aus der geistigen Welt wahrnimmt und erhält. Bei ihr kribbelt es im Kronenchakra. Als sie es mir erzählt, kribbelt es bei mir auch dort. Ich weiß gar nicht, ob ich das schon mal wahrgenommen habe. Auf alle Fälle verstehe ich, was sie meint. Und auch sie sagt, dass es einfach so eine Art Gewissheit ist, die sie nicht erklären kann. Aber sie weiß, dass dies nicht ihrem Verstand oder ihren Gefühlen entspringt.

Passend dazu lese ich, dass eine Autorin die Wahrnehmung sehr klar auf den Punkt bringt: Die Intuition, wie sie es nennt, ist ohne Gefühl. Es ist ganz klar eine Aussage, ein Bild, ein Kribbeln, eine Wahrnehmung, wie auch immer es die Leute auf ihre Art wahrnehmen. Mit der Wahrnehmung wird kein Gefühl verbunden. Zumindest nicht zu dem Zeitpunkt der Wahrnehmung, im Nachgang verbinden wir natürlich automatisch eine Wahrnehmung mit einem Gefühl.

Als ich dann mit Birgit in der Stadt bin, habe ich das Bedürfnis, noch eine energetische Reinigung an einem Brunnen vorzunehmen. Da es regnet, unterlassen wir dies aber. Jedoch zieht sich die fehlende Reinigung mit Abgeschlagenheit und Müdigkeit noch durch den ganzen Tag. Da spüre ich, dass es richtig und wichtig gewesen wäre, diese Reinigung von den Fremdenergien der vielen Leute in der Stadt vorzunehmen.

Aber da wir gerade in einem Lernprozess stecken, überhören wir auch immer mal wieder unsere Impulse. Dies ist auch nötig, um zukünftig noch mehr ins Vertrauen zu gehen, unseren Eingebungen zu folgen. Ich sehe dies immer als eine Art Erdung an, damit wir in unserem Tempo weiter gehen, und nicht total abheben, sondern uns langsam weiterentwickeln. Denn wenn wir zu schnell in unserer Herzensenergie agieren, auf einmal nur noch mit dem dritten Auge arbeiten und unseren Alltag gestalten, heben wir eventuell ab.

Da fällt mir meine heutige Tageskarte ein, die genau dies beschreibt. Wir dürfen uns immer wieder an unsere Wurzeln erinnern, uns bewusst werden, was wir haben, wer wir sind, wohin unsere Reise gehen darf, und dafür Danke sagen.

***

Als ich mich von den Fremdenergien wieder erholt habe, möchte ich eine Meditation aufnehmen und flitze noch mal auf den Flur mit der Absicht, die Klingel abzustellen. Auf dem Flur denke ich so: „Ach, wer soll schon klingeln?" Also lasse ich die Klingel an – gegen meine Eingabe. Kaum sitze ich auf meiner Couch und mache mein Diktiergerät an, klingelt es nicht an der Tür, aber mein Telefon im Flur bimmelt. Bei mir macht es klick, denn den ganzen Tag denke ich schon, dass meine Schwester mich anrufen wird. Sie sagt zwar, dass dies gerade ein spontaner Einfall war, aber ich ulke mit ihr rum, dass meine Gedanken so stark sind, dass ich sie beeinflussen kann. Sie lacht darüber, weil sie im Innersten – das meine ich – weiß, dass da etwas Wahres dran ist.

***

Während dieser Tage fällt mir auf, dass ich des Öfteren spüre, welche Engelkarte ich nun ziehen werde. Also nicht direkt den Engel, aber die Farbe, die ihn umgibt. Manchmal sehe ich es kurz bevor ich die Karte ziehe, manchmal nehme ich es am Vorabend wahr, wenn ich mich selber neugierig frage, welche Energie wohl morgen da sein wird. Und zu 80 Prozent stimmt es. Ich finde das sehr faszinierend.

***

Am Abend schreit ein Nachbarskind wegen starker Schmerzen. Es weint so laut, dass ich mich kaum auf meine Meditation konzentrieren kann. Ich gehe in mein Herz und rufe mehrere Engel, um dem kleinen Kind Liebe, Kraft, Ruhe und vor allem Genesung zu senden. Auch für seine Eltern. Ich schicke aus meinem Herzen heraus die Liebe zu dem Kind, spreche mit ihm. Ich kann hören, wie es noch mal laut aufschluchzt und dann ruhig wird. Es scheint, als würde es nun schlafen können. Ich bin ganz ergriffen von meiner Tat, der Unterstützung der Engel. Ich bin so ergriffen, dass ich mich bei den Engeln bedanke für meine Macht. Und ich erkenne, dass das Wort *Macht* nicht zwingend mit *mächtig* verbunden ist, sondern mit *Tun*. Mächtig klingt nach *viel* oder nach *Erfolg und Luxus*, aber das ist es eben nicht. Sondern es kommt vom Tun, ich tue, mache, etwas.

Ich kann wirken. Und dieses Wortspiel lässt mich fast demütig werden, denn einerseits ist das Wirken mein Tun, und andererseits spürt mein „Gegenüber“ mein Tun, das heißt, ich wirke auf es ein. Und das ist grandios. Das ist der Kreislauf des Guten. Ich tue etwas und wirke damit aus mir heraus, und der andere nimmt diese Energie an, sie wirkt auf ihn. Das steht in meiner Macht, in meinem Tun, in meinem Sein und Wirken. Ich kann gar nicht in Worten erklären, was das gerade in mir auslöst. Dieses gegenseitige Bedingen, Auslösen, dieses gegenseitige Wirken, ohne Druck, ohne Hilfsmittel – obwohl die Engel ja Hilfsmittel sind. Ja ich bin ganz ergriffen. Ich spüre, dass ich dienen möchte, dass ich anderen helfen möchte, sie unterstützen möchte. Und in diesem Moment wird mir klar, wie sehr ich es werden darf. Mit reiner Energie. Aus meinem Herzen, aus meinem Sein, als Medium und damit als Übermittelnde. Ich darf weitergeben, meine Gaben annehmen, meine Gaben spüren und lieben. Ich erkenne immer mehr, was in mir steckt, wer ich bin und wie meine zukünftige Arbeit aussehen wird. Das ist reine Energie, es ist kein Handwerk. Ich spüre es in meinen Händen kribbeln und weiß, dass Energien durch mich durchgeleitet werden, um einem anderen Menschen zu helfen. Das ist göttlich. Es ist wirklich göttlich.

Während ich anschließend meditiere, ist mir bewusst, dass ich gerade morgens, wenn ich mich mit den Engeln verbinde, aber eben auch jetzt in der Meditation, wenn ich demütig oder dankbar bin, die klassische Gebetshaltung einnehme: Ich lege meine Handflächen aneinander und die Hände gerade auf die Brust. Anscheinend ist dies eine Urgeste, mit der sich ein Kreis schließt (wie mir Ulrike beim Korrekturlesen dieses Buches erklärt. Du lernst sie hier im Buch noch kennen). Ich bin vollkommen unkirchlich aufgewachsen, ja sogar Kirchen abgeneigt. Oder sagen wir, dem Glauben abgeneigt. Anfänglich komme ich mir daher komisch vor, wenn ich diese Geste mache. Ich habe es auch beim Yoga nicht verstanden, warum viele diese Geste machen. Sicherlich ist es teilweise eine Geste der Gewohnheit oder des Rituals. Aber es ist bei mir eine Geste aus dem Herzen. Eine Zentrierung, eine Anbindung, ja eine ehrfürchtige Unterwerfung. Wobei die Unterwerfung keine Erniedrigung ist, sondern eine Dankbarkeit, weil ich die Energien wahrnehme, die mich in mein Herz führen.

***

Mir fällt auch auf, dass mein Buch so klingt, als würde ich die ganze Zeit demütig und dankbar und herzerfüllt und energetisch herumlaufen. Aber ich kann dir versichern, dass es so nicht ist. Es sind Momente, die ich hier festhalte. Momente, um dir aufzuzeigen, wie ich wahrnehme, wie sich diese Entwicklung anfühlen kann. Es gibt Tage, an denen bin ich fünf Prozent im Herz. Es gibt Tage, da bin ich total kopflastig oder durch mein Handy abgelenkt. Aber ich spüre immer mehr, dass diese Ablenkung ein Tritt des Teufels ist. Das sind, glaube ich, die Worte aus Faust. Die Ablenkung ist nicht Meins. Es ist einfach eine Sucht. Es ist so viel einfacher, die eigene Suche in einer Sucht zu finden. Beziehungsweise nicht die Suche, aber dort auf die Antwort zu hoffen. Du siehst, Suche und Sucht haben den gleichen Wortstamm. Daher lassen sich so viele Menschen von den Bildschirmen, von Spielen und Co. ablenken. Auch viele Leute, die bereits aufgewacht sind. Es ist immer eine Selbstwahrnehmung und Zentrierung, sich diesen einfachen Ablenkungen nicht permanent hinzugeben. Und je mehr du davon weg bist, umso einfacher ist es auch, diesen Ablenkungen fern zu bleiben. Aber es ist auch einfach, wenn du voll in der Ablenkung bist, bei deinen Ablenkungen zu bleiben. Das sind wir ja seit Jahren so gewohnt. Es hat sich schleichend immer mehr in unser Leben gezogen. Und wir lassen es zu.

Aber ich glaube auch, dass wir wieder davon wegkommen. Dass wir uns zukünftig nicht mehr so abhängig machen von einem mobilen Teil, auf dem wir permanent zu erreichen sind. Daher meine Frage an dich: Müssen wir permanent erreichbar sein? Ich habe dies bereits für mich geklärt und stelle mein Smartphone regelmäßig aus. Ich lasse es bewusst Zuhause, wenn ich in die Natur gehe. Ich lasse es bewusst Zuhause, wenn ich weiß, dass ich mein Telefon vor einer Verabredung nicht mehr benötige. Denn ich möchte mich während einer Verabredung nicht mehr von meinem Telefon ablenken lassen. Ich möchte wieder mehr präsent meinem Gegenüber sein. Weil es früher auch ging. Und weil ich es unschön finde, wie wir ein Gespräch unterbrechen, nur weil ein Gerät ein Geräusch von sich gibt. Und natürlich kann es sein, dass ein total wichtiger Anruf reinkommt. Aber meistens sind es Dinge, die nicht sofort geklärt oder beantwortet werden müssen.

Ich möchte nicht sagen, dass früher alles besser war, aber ich bin fest überzeugt, dass wir wieder zu der Natürlichkeit zurückkehren. Zur Natur und zu uns selbst. Das heißt für mich ohne permanente Ablenkung. Du kannst noch so viel meditieren, wenn du dich die ganze Zeit danach und davor ablenken lässt, ist eine Meditation nur noch halb so effektiv. Wobei nicht jede Meditation effektiv sein muss, aber du würdest noch viel mehr von ihr haben, bei dir sein, wenn du dein Smartphone (und auch alle anderen Ablenkungen) einfach mal ein paar Stunden ausstellst. Das ist befreiend. Sehr befreiend!

***

Als ich mein Telefon mal wieder anstelle, telefoniere ich mit Silke, was sehr wichtig für mich ist. Dieser Austausch zeigt mir an, dass ich nicht verkehrt handle oder falsch oder anders bin. Ja, ich darf so fühlen und mich gerade nicht ganz auf meine Familie einlassen können. Ich kann zu meiner Familie gerade nur wenig Liebe und Verbundenheit fühlen. Ich weiß, dass sie tief in mir ist, aber dieses offene Herz ist im Moment ein Stück verschlossen.

Durch Silke fühle ich mich Jesus wieder näher, ihn habe ich in den letzten Tagen gar nicht gespürt. Muss ich ja auch nicht. Es sind uns mal die einen, mal die anderen Wesen näher. Aber er ist eben immer da. Seine Kraft durchleuchtet uns alle. Wenn wir uns darauf einlassen.

Am Ende des Telefonates sage ich: „Gute Nacht, Schwester!", und dies kommt aus der Tiefe. Mir ist klar, dass nicht zwingend unsere leibliche Familie unsere tiefste Bezugsquelle ist, sondern wir diese Verbundenheit, diese Ursprungsliebe auch mit anderen Personen haben können. Und das tut gut.

***

Ich merke, dass in den vergangenen Tagen viel passiert ist. Obwohl ich viel Zeit habe und auch irgendwie bei mir bin, bin ich doch nicht bei mir. Es ist keine Unruhe, aber auch keine Ruhe. Es ist irgendwas dazwischen. Bei einer Vollmondmeditation am heutigen Portaltag spüre ich, wie sich meine Energien verändern. Und ich glaube, das ist es: Da sind gerade so viele Energien, dass mein Körper und ich sich gar nicht permanent anpassen können. Und dem Bedürfnis nach viel Ruhe komme ich im Moment nach, erlaube mir, nichts zu tun und nun meine freien Tage als Urlaub zu sehen. Ich darf tatsächlich nichts tun und mich erholen. Auch nach fast einem Jahr Auszeit ist diese Entspannung nicht selbstverständlich. Weil wir so erzogen wurden, dass wir immer was tun müssen. Und letztendlich auch im Haushalt oder der Steuererklärung oder sonst irgendwas haben, was wir regelmäßig tun (müssen). Aber das darf jetzt einfach mal ein paar Tage warten. Die Energien fordern dies wirklich ein.

Und ich bin einfach so so dankbar. Ich darf mich ab und zu selbst daran erinnern, dass mein göttlicher Zeitplan funktioniert. Dass ich rechtzeitig zu der Meditation mit meinen Besorgungen durch bin oder dass während einer Meditation das Telefon nicht klingelt. Es sind so kleine Momente, an denen wir erkennen können, wie sehr wir im Vertrauen sind und auf unsere innere Stimme hören. Und es fühlt sich alles so gut an. Ich bin glücklich.

Ein wichtiges ToDo in der Entspannung ist zum Beispiel ein Telefonat mit meiner Frauenärztin. Ich habe ja schon immer gespürt, dass ich meinen Herpesvirus im Gebärmutterhals allein in Ordnung bringe, meine Zellen in der Lage sind, die krankhaften oder falsch informierten Zellen aus meinem Körper rauszulösen und wegzuschicken. Es ist kein Kampf, sondern wirklich ein Korrigieren von Falschinformation in meinem Körper. Ja, so nehme ich es wahr. Ich weiß auf seelischer Ebene, warum ich diesen Virus in mir habe/hatte und daher möchte ich ihn auch nicht operativ entfernen lassen. Unser innerer Arzt, unsere Selbstregulationskräfte können alles lösen. Wenn wir dazu tief in uns bereit sind. Im Moment weiß ich nicht, ob dazu eine strenge Ernährungsumstellung nötig ist, sie ist auf alle Fälle förderlich. Und ich ernähre mich seit vier Wochen sehr bewusst. Aber ich merke auch, dass jetzt der Zeitpunkt gekommen ist, dies wieder zu lockern. Die Ausleitung hat stattgefunden. Was mir jedoch immer mehr zuwider ist, ist das Essen von tierischen Produkten. Weil wir immer die Energien dieser Tiere in uns aufnehmen. Da darf ich noch in mich spüren, wie sich das bei mir zukünftig gestalten wird. Vegan fühle ich mich gut. Sehr gut sogar!

***

Bei meinem Channeling neulich wurde mir ja gesagt, dass ich meine inneren Verletzungen trommeln sollte, damit sie gehen können. Über Empfehlung von Frauke, bei der ich im November die Ahnenheilung gemacht hatte, bin ich auf Mike gestoßen. Seine Website hat schon ein Vibrieren in mir ausgelöst. Er hat mir vor ein paar Tagen Fotos von vier Trommeln gesendet, ich hatte erst gar keinen Bezug dazu. Und war ein wenig enttäuscht. Und heute Morgen, als ich mich in meiner Morgenmeditation mit Erzengel Gabriel verbunden habe, kam mein Krafttier, der Elefant, zu mir und schubste eine Trommel in meine Richtung. Damit ist klar, die eine Trommel, die mir auf den Fotos am ehesten zusagte, darf es nun sein. Ich bin so dankbar für dieses Spüren, für dieses Wahrnehmen. Ich bin ganz ergriffen, schau mir die Fotos nochmals an und spüre, ja, diese Trommel darf es tatsächlich sein. Jetzt ist nur noch die Bemalung zu klären. Ich bin kindlich aufgeregt und freue mich unwahrscheinlich. Ja, Erzengel Gabriel kündigt einen Neuanfang an. Und ich denke, die Trommel ist ein Aspekt davon. Ich freue mich.

***

Auch wenn hier und da einiges geschieht, habe ich das Gefühl, dass nichts passiert. Aber ich spüre auch, dass es Zeit ist, um Kraft zu sammeln. Für die nächste Phase der Öffnung, der Wahrnehmung. Selbst in meinem Baum vor meinem Balkon sehe ich kaum bis keine Figuren. Das ist in Ordnung so.

***

Manfred ist zu Besuch und es ist so wichtig, dass wir uns regelmäßig austauschen. Interessant ist, dass sich beim Reden teilweise seine Silhouette verändert. Mal sehe ich eine ältere Frau an ihm, die geschminkte Lippen hat. Und als er etwas notiert, frage ich ihn, welcher Schriftsteller er in einem früheren Leben war. Ich nehme wahr, dass er um die 25 Jahre alt ist – er bestätigt dies. Er fühlt es auch. Schon spannend, was da abläuft. Auch kann ich klären, was ich seit einigen Tagen spüre. Ich nehme mal wieder was aus einem früheren Leben wahr.

Es fühlt sich bei mir im Kinn so an, als wenn da ein Haken drinsteckt. Manfred sieht, dass ich vor drei Leben einen zertrümmerten Kiefer hatte. Und mir wurde ein Gestell durch meinen Kiefer gezogen, um diesen wieder zu richten. Wie so ein Gerüst, was außen am Haus zu sehen ist, aber mit dem innen gearbeitet wird. Sehr interessant finde ich, dass Kommunikation ja mein großes Thema ist. Und mit dem Gestell kann ich nicht richtig reden. Es scheint sich durch so viele Leben bereits gezogen zu haben. Ich werde die Tage dies aus meiner Aura entfernen, aber dafür möchte ich Zeit haben, dies nicht so nebenbei machen. Mir ist das Ritual dahinter wichtig. Ja, das spüre ich, dass ich mich mehr auf Rituale einlassen kann.

Wir haben bei dem heutigen Gespräch keine großen Erkenntnisse, aber es ist wichtig, auch mal aus der Vergangenheit zu reden und natürlich ein bisschen von unserer Zukunft zu träumen. Aber es ist alles sehr verhalten heute. Verhalten und wichtig.

Eine wichtige Erkenntnis habe ich in dem Gespräch dann noch. Ich blockiere die Heilung meiner Hand. Da ist die Angst: „Was ist danach?" Wegen Corona dauert meine Ausbildung als Heilberaterin länger, bisher habe ich das Ende der Ausbildung mit dem Start in meine Selbstständigkeit gleichgesetzt. Aber bis Dezember möchte ich nun nicht warten. Also ich könnte es schon, es wäre ein angenehmes Leben, aber ich würde mich blockieren. Mir fällt jetzt gerade beim Schreiben ein, dass meine Monatskarte *das Lebensrad* ist. Wenn ich mich selbst blockiere, können auch andere Kräfte in mir nicht fließen und mich nicht weiterbringen. Und das kostet Energie. Und die bin ich gar nicht bereit aufzubringen. Weil es fließen darf, so wie ein Rad eben auch laufen möchte. Ja, ich darf meine Hand freigeben. Und gerade heute bei der Ergotherapie haben wir festgestellt, dass kaum ein Widerstand in meinen völlig verkürzten Sehnen zu spüren ist, wenn die Sehnen aufgewärmt sind. Meine Hand kann wieder komplett heilen! Ich bestimme (unbewusst) die Schnelligkeit. Und mir ist klar, ich möchte im Sommer nicht nur warten, sondern auch in meiner Kraft sein. So Richtung August/September, das fühlt sich für mich stimmig an. Der Juni wird noch mal ein entscheidender Monat für mich, das spüre ich.

Und ich denke die ganze Zeit, bei mir passiert gerade nichts, aber ich nehme so viel wahr – wie eben, dass der Juni so wichtig sein wird. Und bis dahin sind es nur noch zwei Wochen.

Oft kommen auch so scheinbar belanglose Zeichen zu mir. Sei es eine Jahreszahl wie 951 n. Chr. Ich kann sie nicht einordnen, sie wird ihre Bedeutung haben und sich dann zeigen, wenn es wichtig ist.

Als Quersumme ergibt sich die sechs, im Crowleytarot entspricht dies der Karte *die Liebenden*.

Auch nehme ich verstärkt gleiche Autokennzeichen wahr, die ich absolut nicht einsortieren kann. Oder Zahlenkombinationen.

***

Und in diesem Gefühl des Nichtpassierens möchte ich meinen zukünftigen Verlag kontaktieren. Ich habe das Gefühl, es soll noch diesen Monat geschehen. Bei meiner Recherche bin ich noch auf weitere Verlage gestoßen, die sich auch Schröderverlag nennen. Aber ich spüre in mich und fühle mich eindeutig zu dem Verlag hingezogen, der vor einiger Zeit als erstes in meiner Suche aufgetaucht ist. Und da ja nichts zufällig ist, hätte ich mir die zweite Recherche mit weiteren Schröderverlagen auch klemmen können. Tief im Herzen weiß ich bereits, welcher Verlag für mich richtig ist. Wichtig ist mir, dass ich anrufe, nicht schreibe. Als ich die Telefonnummer raussuche, bekomme ich natürlich Muffensausen. Ich spüre aber, dass ich keine Mail schreiben möchte. Das Mailschreiben wäre eine Flucht, eine Flucht vor dem Direktkontakt. Und für mich ist der direkte Kontakt besonders wichtig. Also tippe ich die Nummer ein und rufe an. Und es passt sofort, wir plaudern eine ganze Weile – und glauben beide nicht daran, dass es ein Zufall ist (obwohl Zufälle uns ja zufallen, weil sie zu uns gehören, zu uns wollen). Ich bin ganz im Vertrauen mit dieser Zusammenarbeit, obwohl ich noch keine Bedingungen kenne. Muss ich auch nicht.

Alana hatte übrigens in einer unserer Sitzungen den Herderverlag empfangen. Oder eine Frau Herder. Sie sieht eine (im Gegensatz zu mir) ältere Frau mit vollem

Terminkalender, die einen Interviewtermin mit mir vereinbaren möchte – wegen dieses Buches! Ui, ist das alles aufregend!

***

Einen Tag später ziehe ich morgens die Karte *Engel der Kommunikation*. Mein Engel der Verständigung – Kommunikation. Wie passend zu meinem Erlebnis mit dem zertrümmerten Kiefer.

Da fällt mir ein, das Leben, in dem mir mein Kind entrissen wurde, war ebenso vor drei Leben. Das sind Angaben, die Manfred empfängt. Für mich ist es völlig irrelevant, ob es 51 oder 720.000 Leben davor war. Aber wir hatten gestern auch darüber gesprochen, dass unsere Seele anteilig in verschiedenen Leben gleichzeitig leben kann. Vielleicht ist es das, vielleicht gehört aber auch der zertrümmerte Kiefer zu dem gleichen Leben. Es ist vollkommen egal, wichtig ist nur, dass ich die Sachen, die ich wahrnehme, dauerhaft aus meiner Aura entferne. Nur so kann ich in meine wahre Größe kommen. Aus vollem Herzen agieren. Und gebe nicht nur mich frei, sondern auch Anhaftungen anderer Seelen, die daran beteiligt sind.

***

Ich bin die letzten Tage gerade durch meine bewusste Verbindung am Morgen mit den Engeln viel mehr im Herzen. Ich nehme mir bewusst Auszeiten und lasse auch mein Buch ein wenig liegen. Gleichzeitig erledige ich ein paar weniger wichtige Dinge und Telefonate. Ich bin teilweise richtig stolz darauf, dass ich bis zum Mittag meine ToDos erledigt habe.

***

Auch wenn ich kein Coaching mehr buchen wollte, habe ich es doch getan. Obwohl ich nicht mal weiß, ob ich dafür Zeit habe. Es passieren gerade so viele Dinge auf einmal, obwohl nichts passiert, ich viel Zuhause bin und die grauen Tage einfach gemütlich verstreichen lasse.

Das Coaching ist mir ins Herz gegeben worden. Ich habe schon öfter von Patrizia, die mir auch im Oktober meine Karten gelegt hatte, Angebote gelesen. Aber sie haben mich nicht berührt. Und dieser eine Beitrag über Einhörner, der ging mir ins Herz. Zumal ich einige Tage zuvor das erste Mal ein Einhorn wahrgenommen habe. Da war so ein weißes Gefühl oder Licht oder Wesen, ich kann es gar nicht richtig beschreiben, da es eher ein Gefühl war, und ich wusste, dass es ein Einhorn ist. Und Patrizia schreibt gerade viel über Einhörner. Das Interessante ist, dass sich auch Martina für dieses Coaching anmeldet. Martina habe ich über Alana kennen gelernt. Nur über soziale Medien, wir kennen uns noch nicht persönlich. Alana hat sie erwähnt, weil Martina bereits Heilberaterin ist. Die letzten Tage denke ich öfter an sie. Und gerade eben schreibt Martina, dass sie oft an mich denkt und das Gefühl hat, dass wir aus einem früheren Leben verbunden sind. Ich bestätige ihr dies, dass ich eben auch viel an sie denke, und beim Absenden der Nachricht durchrieselt mich eine Gänsehaut. Es ist alles so magisch.

***

Mit der Auflösung beziehungsweise Ablöse meines Kiefergestells in einem früheren Leben wird mir klar, warum mich der momentane Mund-Nase-Schutz beim Einkaufen wegen Corona so sehr stört. Er erinnert mich unbewusst an das frühere Leben mit der Gebisshalterung.

Interessant ist auch, dass ich gerade zu dem jetzigen Zeitpunkt diese alte Erfahrung aus dem früheren Leben wahrnehme. Nicht nur interessant, sondern mal wieder eindeutig klar, dass die Dinge alle zusammenhängen. Diese negative Erfahrung, die in meiner Aura festhängt, hätte mich nicht weiter gestört, wenn wir nicht mit dieser Auflage des Mundschutzes konfrontiert worden wären. Aber so kann ich Negatives aus meiner Aura entfernen und damit Platz für Licht und Liebe schaffen. Dafür bin ich im Herzen dankbar.

***

Ich reinige nicht nur meine Aura, sondern mache regelmäßig eine Chakrenaktivierung, weil ich spüre, dass es sehr wichtig ist. Auch die Engelkarten, die ich morgens ziehe, weisen mich regelmäßig darauf hin, dass ich mich reinigen sollte. Also nicht äußerlich, sondern wirklich innerlich. Meine Aura möchte reiner sein.

Bei der heutigen Chakrenmeditation schlafe ich mal nicht ein, was eher selten ist, da die Meditation ungefähr 50 Minuten dauert. Meist schlafe ich, was interessant ist, vor dem Herzchakra ein und wache nach dem Kehlchakra wieder auf. Heute bin ich eher unruhig und auch immer mal wieder im Kopf. Und was ich erneut wahrnehme, ist, dass es mich regelmäßig schüttelt und friert. Und auf einmal macht es klick. Mir ist gar nicht kalt, sondern meine Energien werden ausgeglichen! Da darf was gehen oder kommen; jedenfalls wird dort etwas angeglichen. Und das habe ich oft bei dieser Meditation. Und jetzt weiß ich, warum mich so oft eine Gänsehaut durchfährt. Es ist mal wieder ein Zeichen des Energieangleichens. Eine Art Reinigung. Wie ich es ja von der Klangschalenmeditation auch kenne.

Kapitel 10 – Die Befreiung beginnt

Mein Herz ist voller Glück und erfüllt. Es ist Mitte Mai 2020 und ich spüre, dass die Befreiung, die ich letztes Jahr vorhergesagt habe, beginnt. Und ich dachte natürlich, dass sie im Außen stattfindet. Aber an sich weiß ich es ja durch viel Literatur längst besser. Sie beginnt im Inneren und verschafft sich Raum. Ich weiß gar nicht, wie ich dieses Gefühl beschreiben kann. Es ist einfach da, es ist fast wie eine kindliche Vorfreude, wenn man sich als Kind zum Geburtstag ein Fahrrad wünscht, und fest davon überzeugt ist, dass es morgen auf dem Gabentisch steht. Und es steht da.

Bei mir wird es im Herz leichter. Ich nehme zum einen im Außen permanent lila Blumen wahr; lila ist die Farbe der Frau, der Reinigung und der Transformation. Und ich erfreue mich an so Kleinigkeiten viel viel mehr als noch bisher. Und zum anderen kann ich Dinge aussprechen, die ich vor ein paar Wochen noch nicht sagen konnte. Und auch Dinge (wie andere Meinungen) stehen lassen, ohne meinen Senf dazu geben zu müssen (oder den anderen gar bekehren zu wollen). Ich kann meinen Körper mit seinen Macken, mit seinen von mir verurteilten Schwächen als wunderschön bezeichnen. Ich kann und habe auch das Bedürfnis danach – meinem Körper aus meinem Herzen heraus zu danken. Für seine Leistung, für seine Reinigung, für sein Sein. Ja, ich liebe mich. Jeden Tag ein bisschen mehr. Und es macht sich in mir eine Wärme breit. Und ich glaube, dies ist der Anfang meiner Befreiung.

***

Am Abend gebe ich eine Fernchakrenstärkung. Und es ist mal wieder sehr bezeichnend, wie die Energien wirken.

Ich sammle meine Sachen, die ich für die Übertragung benötige, zusammen. Ich habe die Farbe Gelb im Kopf und suche den gelben Calcit raus, der zur Heilung beziehungsweise Aktivierung für den Solarplexus genutzt wird. Außerdem habe ich das Bedürfnis, meine Stimmgabel zu mir zu nehmen. Während der Energieübertragung fließen wunderbare Farben und Sätze aus mir heraus.

Meine Kundin hatte erst überlegt, ob sie mir vorab sagt, dass der Solarplexus ihr Steckenpferd, ihr Problemkind ist. Sie hatte es aber nicht gesagt und ist jetzt – genauso wie ich – sehr erfreut, dass ich dort so arbeiten kann. Auch spürt sie, dass ich mit der Stimmgabel irgendetwas befreie. Wir tauschen uns noch aus, und ich bin mal wieder ganz berührt, was ich wahrnehme, was ich übermitteln kann. Durch meine Energie, indem ich mich als Medium zur Verfügung stelle. Ich habe hier keine anderen Worte als: Es ist göttlich.

Danach trödle ich noch ein wenig rum und beschließe, dass ich unbedingt in die Natur raus muss. Das hatte ich gestern schon vor und habe immer noch das Bedürfnis, mich zu bewegen. Ich entscheide mich für das Fahrrad, weil ich mich auch schon den einen Berg gedanklich habe hochradeln sehen. Und ich habe ein wunderbares Sonnenuntergangslichtschauspiel während meiner Fahrt. Ich lasse mich mal wieder intuitiv durch die Wege treiben, was mit meinem alten schweren Fahrrad gar nicht immer leicht ist. Ich glaube, die Mountainbikefahrer, die mich überholen, wundern sich, wie ich mit meinem Hollandfahrrad diese Schotterwege langfahre. Aber das ist mir egal. So bin ich einfach der Natur sehr nahe. Ich mache hier und da Fotos; besonders berührt mich ein Platz, an dem ein Kreuz mit Jesus aufgestellt ist. Ich spüre, dass ich heute noch eine Meditation mit Jesus mache. Und ich habe das Bedürfnis, eines dieser Fotos an Silke zu senden. Gedanklich nenne ich sie wieder Steffi. Ich genieße das Heimradeln, und Silke und ich verabreden uns zum gemeinsamen Meditieren.

Wenn ich mit jemandem meditiere und die Anleitung führe, ist die Meditation mehr für die andere Person als für mich. Ich nehme aber auch andere Dinge wahr, die ich für mich noch nicht wahrnehmen kann. Ich nehme in dieser Meditation Jesus, Erzengel Michael und einen goldenen Sonnenengel wahr. Die Meditation ist wirklich magisch. Silke ist ganz glücklich und dankbar. Ich bin es auch. Ich habe vor meinem inneren Auge gesehen, dass Jesus da ist, in seinem weißen Licht. Und dass er uns an die Hand genommen hat, unser drittes Auge geklärt hat und zu uns sprach, dass er durch uns wirkt. Dieses magische Gefühl begleitet mich jetzt beim Schreiben wieder.

Nach der Meditation bin ich voller Dankbarkeit für diesen unwahrscheinlich schönen Tag. Ich spüre eine Wärme, eine wunderbare Liebe in mir. Ich bin so dankbar dafür, was mit meiner Hand nun alles wieder möglich ist. Ich kann wieder Fahrrad fahren, ich liebe es, wenn ich einen Berg hochfahren und mit der linken Hand wirklich den Lenker festhalten muss, um die Kraft zu übertragen. Da darf meine Hand ihren vollen Einsatz geben. Ich spüre noch die fehlenden Muskeln, das noch verhärtete Gewebe und weiß, wie wichtig es ist, dass die Hand gefordert wird. Und diese Forderung macht sie und auch mich frei. Und diese Freiheit wird kommen. Das spüre ich tief in meinem Herzen.

***

Einige Tage später ist ein magisches Datum, einfach weil der 20. eines Monats ist. Im Jahr der Klarheit.

Seit Tagen begleiten mich die Engel des blauen Lichtstrahls. Durch mein Kartenset und die entsprechende Symbolik, aber auch durch Farben im Außen.

Heute habe ich mehrere Termine für Fernenergieübertragungen. Die Erste, Martina, vergisst ihren Termin, was mich im ersten Moment ärgert, aber dann nutze ich die freie Zeit, um etwas zu erledigen. Das ist auch wichtig.

Die Zweite, Bianca, erinnere ich durch das intuitive Malen an ihre innere Ruhe, ihren Frieden, das Friedvolle in ihr. Das ist für sie wichtig. Und ohne dass es vereinbart war, erhält sie Botschaften für mich, dass ich mich auf allen Ebenen dringend reinigen solle: Meinen Körper, meinen Geist und meine Seele, auch meine Aura und energetisch meine DNA. Mit Erzengel Zadkiel, der die Farbe Lila und den Wandel präsentiert. Sie macht dann noch eine Ablöse, bei der sich zeigt, dass eine Freundin mich noch klein hält durch ihre Energie. Mir ist längst klar, dass ich ohne sie weitergehen werde, aber ich spüre auch, dass ich im Inneren manchmal noch Zwiegespräche führe, mich regelmäßig vor ihr rechtfertige beziehungsweise irgendwas erkläre, damit sie es versteht. Damit ist jetzt Schluss! Und ich verstehe umso besser meine Monatskarte *das Lebensrad*, in dem es darum geht, dass wir auch andere blockieren, wenn wir uns selbst blockieren. Dies ist ein wunderbares Beispiel, um diese Blockade, das eigene Blockieren zu erklären: Ich lasse mich – weil es so in meinen Glaubenssätzen und in meiner Aura aus früheren Leben gespeichert ist oder wir Seelenverträge geschlossen haben – von ihr klein halten. Und so komme ich nicht in meine wahre Größe, helfe anderen Menschen nicht, blockiere deren Entwicklung, weil ich mich selbst nicht traue und somit blockiere.

Wir alle leben in einem verzahnten Getriebe. Und wenn ich – ob bewusst oder unbewusst – nicht meine volle Leistung bringe (und damit ist kein körperlicher Einsatz gemeint, sondern das Handeln aus dem Herzen heraus, den eigenen Lebensweg eigenverantwortlich zu gehen), können die anderen Rädchen in dem Getriebe auch nicht ihre Leistung bringen. Sie können nicht schneller laufen, wenn ich nicht schneller laufe. Sie müssen mein Tempo gehen. Und so ist es überall im Leben, wo wir uns zurücknehmen.

Und das Spannende daran ist: Wir projizieren diese Blockaden auf andere Menschen, um sie nicht selbst bei uns sehen zu müssen. Denn das schmerzt ja. Hier sind wir mal wieder beim Schattenaspekt. Da läuft sehr viel unbewusst ab – und es braucht seine Zeit, dies zu erkennen und auch anzunehmen. Ich hatte vorerst die Schwächen und Blockaden bei meiner Freundin wahrgenommen, bevor ich erkannt habe, dass dies meine Spiegel, meine eigenen Schwächen und Blockaden sind. Daher ist nun die Ablöse so wichtig, damit ich mich nicht länger kleinhalten lasse, die Blockade nicht weiter genährt wird.

Und es ist für mich klar, dass diese Freundschaft beendet ist. Mein Weg wird einsamer. Und lichtvoller. Und das, was ich mit einsamer meine, heißt nur, dass Platz für Neues geschaffen wird. Und Bianca, die die Ablöse gemacht hat, ist meines Erachtens eine von den Neuen. Das ist einfach ein Gefühl. Wir haben uns eben online das erste Mal ausgetauscht. Aber da wirken Kräfte aus Avalon, vielleicht auch aus Atlantis, ich weiß es nicht genau, aber mein System sagte mir, dass ich ihr zum Abschluss eine Avalonkarte ziehen „muss". Und ich denke, dass wir als Gruppe tätig werden dürfen. Wie ich ja im Februar schon für das Kollektiv wahrgenommen habe.

Meiner Meinung nach spiegelt uns jede Situation und jeder Mensch Dinge und Handlungsweisen, die wir auch innehaben. Dazu zählen unsere eigene Wertschätzung genauso wie Gefühle, die wir in uns selbst ablehnen und verdrängt haben. Um die abgelehnten und verdrängten Gefühle anzunehmen, sie auszuleben und in Freude zu verwandeln, ist sogenannte Schattenarbeit möglich. Ich hatte an anderer Stelle bereits auf die Arbeit mit dem Inneren Kind verwiesen, die definitiv hierzu zählt. Der erste Schritt ist das Erkennen des abgelehnten Gefühls, dann das Annehmen und Aushalten, anschließend das Wandeln durch die Annahme.

Es ist einfach Wahnsinn, mir kommt es fast irrsinnig vor, was da geschehen und sich lösen mag. Ich habe Bianca auch ein Bild gezeigt, das ich im Oktober letzten Jahres gezeichnet habe. Sie hat darin noch viel mehr gesehen. Dass der Lichtstrahl, den ich eingezeichnet habe, mein eigenes Licht ist. Und das ist gigantisch! Blättere einfach mal zurück in den Oktober. Ich bin ganz erhaben, ergriffen und im Herzen. Bianca auch, denn bei der Ablöse kommen zum einen gerade Schwalben zum Haus, um die Energien dann wegzufliegen, und zum anderen sieht sie bei sich selbst einen Heiligenschein, als sie unsere Ablöse und Energien trennt. WOW!

Der Heiligenschein kann hier zwei Bedeutungen haben: Zum einen, dass Bianca eine Heilige ist, was ich nicht beurteilen kann, oder zum anderen, dass der Lichtkreis anzeigt, dass Biancas Kronenchakra sehr geöffnet ist und sie sehr gut an die geistige Welt angebunden ist.

Nach einer Energiearbeit ist es immer wichtig, dass du die Energien zu der anderen Person wieder trennst. Deine Energien wieder zu dir zurücknimmst, deine Chakren schließt und dich für die Energien, die durch dich hindurchfließen durften, bedankst.

Ich habe vier Stunden später nochmals eine Energiestunde, bei der ich intuitiv wieder mit geschlossenen Augen mitmale. Es ist so interessant, was sich innerhalb von ein paar Stunden tut! Bei dem ersten Bild bei Bianca habe ich ein Schiff gemalt, das in meiner Zukunft eine Rolle spielt – also rechts im Bild. Nur vier Stunden und eine Ablöse später wandert mein Schiff in die Gegenwart! Also in die Mitte des Bildes.

Das intuitive Malen habe ich dir bereits weiter vorne erklärt.

Das Schiff jedenfalls steht für mich für das Leinen loslassen. Für Freiheit, für Dahinfließen lassen, für Harmonie, für Natürlichkeit, Unabhängigkeit, im Einklang sein. Ja, es ist ein im Einklang sein. Beim Nachlesen erfahre ich, dass das Schiff für das eigene Leben, die Situation und Gefühle steht, es ist Sinnbild für die Reise, den Aufbruch, Transzendenz. Es assoziiert eine Veränderung im Leben! Na, Halleluja! Wie wahr!

Auch der anstehende Neumond steht für Loslassen und Leichtigkeit, denn es ist der Neumond im Luftzeichen Zwilling. Dies passt nicht nur zu der heutigen Ablöse, sondern auch zu meiner geplanten Meditation, die ich heute Abend gebe. Es ist eben nichts zufällig.

Ich bin am Abend nach der Meditation wirklich müde, das habe ich schon auf meinem Spaziergang gespürt. Es ist wichtiger, ins Bett zu gehen, als die empfohlene Ablöse mit Erzengel Zadkiel noch durchzuführen. Im Bett denke ich nochmals an die Freundin, von der heute diese dunkle Ablöse stattgefunden hat. Oder stattfindet, es ist ja ein Prozess. Sie trägt immer schwarze Kleidung. Das habe ich auch eine Zeit lang getan, um mich geschützt zu fühlen. Begonnen in der unsicheren Jugendzeit, sehr verstärkt im Studium. Also Phasen der Eigenfindung.

Schwarz lässt keine Energie, kein Licht durch. Weder rein noch raus. Dadurch fühlen sich viele Menschen in dunkler Kleidung sehr geschützt. Was ja auch stimmt. Aber es geht eben auch keine Energie nach außen. Wer schwarz trägt, gibt nichts von sich preis. Und lässt auch kein Licht zu sich hinein.

Natürlich symbolisiert schwarz auch das Dunkle, die Nacht und damit die Weiblichkeit und unsere Schattenaspekte. Aber darum geht es in diesem Fall nicht. Es geht um das Nichtdurchdringen, den Schutz und die Abwehr.

Ich spüre in meiner momentanen Farbumstellung, in der ich vieles Schwarze, was ich von früher noch habe, reduziere, wie ich immer lichtvoller und freier werde. Ich liebe auf einmal helle Farben wie rosa. Hätte ich früher nicht getragen. Nicht nur, weil ich die Farbe kindlich fand, sondern eben auch, weil ich mich so ungeschützt gefühlt hätte. Und inzwischen spüre ich die Freiheit, die helle Kleidung bei mir bewirkt.

Diese Freundin sehe ich nun vor meinem inneren Auge als dunklen Fleck. Und die Symbolik dahinter wird mir nochmals klarer. Ich sehe nicht ihre schwarze Kleidung, sondern wirklich das schwarze Dunkle, was sie umgibt. Und es ist für mich eindeutig, warum diese Anhaftung bei mir so dunkel ist. Warum sie mich so beschränkt. Weil eben aus diesem dunklen Feld auch viel Dunkles nach außen getragen wird. Selbst wenn meine Freundin im Herzen und licht und leicht ist. Ihr Schutz wirkt stärker als ihr Inneres. Und ich bin nochmals dankbarer, dass Bianca heute mit Hilfe der Engel diese Verbindung getrennt hat. Beim Einschlafen spüre ich regelrecht, wie sich in mir, direkt in meinem Kopf, diesbezüglich noch was löst. Und daraufhin gleite ich so langsam rüber in die andere Welt.

Wir sagen ja oft zum Schlaf, dass wir in eine andere Welt driften. In eine Traumwelt und eben in eine nicht zugängliche Welt. Viele Menschen erhalten über Träume ihre Botschaften. Und es ist auch so, dass wir – also unsere Seelen – nachts die Körper verlassen und Kontakt zu den Engeln und anderen Lichtwesen haben. Oder auch zu dunklen Wesen, doch größtenteils zu den lichten, hellen Wesen. Daher kommt es, dass wir uns manchmal so gerädert oder eben auch so erholt fühlen. Je nachdem, wie sehr wir unsere Seele nachts losgelassen haben.

Die Ablöse beschert mir eine unruhige, aber energievolle Nacht. Ich spüre immer wieder, wie sich etwas in mir löst beziehungsweise leichter wird. Ich nehme alle Regenbogenfarben wahr und spüre, dass meine Energien sich ändern. Ich bin zwar morgens beim Aufwachen gerädert, dennoch nicht so platt. Ich spüre in mir ein Licht.

Und während ich noch so vor mich hindöse, ist mir klar, dass mein roter Bus zu dem Zeitpunkt in mein Leben treten wird, in dem ich meine innere Freiheit lebe. Dass mein roter Bus für Freiheit und Unabhängigkeit steht, ist vollkommen klar. Sind wir mal gespannt, wann er tatsächlich kommt.

Ich hatte gestern, nachdem Bianca gesagt hat, dass ich mit Erzengel Zadkiel die Ablöse verstärken solle, mein Engelkartenset durchgeschaut. Dabei ist mir unter anderem die Karte *Vollkommenheit* besonders ins Auge gefallen. Und ich dachte noch so bei mir, wow, was für eine kraftvolle Karte. Mal schauen, wann sie in ein paar Jahren zu mir kommt. Sie kommt heute zu mir.

Ich nehme schon beim Mischen der Karten die Jesusenergie wahr. Und als die Karte *Vollkommenheit* zu mir kommt, durchrieselt es mich gewaltig. Ich nehme sofort die Farbe Lila um mich herum und die Verbindung wahr. Als ich vor Dankbarkeit die Hände vor meine Brust halte, spüre ich, dass mein Brustbein schmerzt. Aber es ist, als wenn darin ein Schmetterling sitzt, den ich nicht fliegen lasse. Ich spüre diesen Schmetterling und nehme auch diesen Schmerz wahr. Aber es liegt an mir, ihn fliegen zu lassen. Ihm seine Freiheit zu schenken. Und damit auch meine.

Ich habe das Bedürfnis, heute an Christi Himmelfahrt (daher die Jesusenergie seit dem Morgen), die Ablöse von gestern noch in einem Bild darzustellen, meine Seele sprechen zu lassen. Dies ist ein intuitives Bild mit geöffneten Augen, es kommt aus meiner Seele.

Schau selbst, was entstanden ist:

Es ist so erstaunlich! Früher hätte ich mich nie getraut, mich in einem goldenen Herzen darzustellen. Und auch das

Blau, das mich seit Tagen umgibt, findet sich in meinem Kleid wieder. Das Herzrosa, das ich seit Tagen trage und immer mehr in meinem Kleiderschrank finde, ist ganz präsent. Und links in der untersten Ecke geht das Dunkle gerade aus dem Bild. Es schützt sich noch vor dem Regen, den es selbst erzeugt. Und rechts, da ist meine naturverbundene Zukunft. Farbenfroh und leicht. Und auch wollten sich dort bereits Seelen zeigen, die in meinem System, aber noch nicht in meinem Leben sind. Da sind ein Mann und auch vier kleine Kinder. Du weißt von meiner Aussage vor Jahren, dass ich zwei Kinder gebäre. Mal schauen, wer die anderen Seelen sind. Vielleicht Abgänge. Ich bin offen und einfach glücklich!

Am gleichen Abend mag ich mich für meinen Spaziergang schützen. Ich habe das Bedürfnis, einen schwarzen Pullover anzuziehen und ein schwarzes Basecap aufzusetzen. Also mache ich es. Meine innere Stimme weiß, was gut für mich ist.

Beim Gehen lasse ich mich durch die Wege treiben. Ich glaube, dass ich den einen Weg noch nie gegangen bin. Zumindest finde ich es nach wie vor sehr schön, wenn ich mich so treiben lasse. Am See habe ich das Bedürfnis, mich gedanklich über meine Füße im Wasser zu reinigen. Also Schuhe aus und rein ins Wasser. Ich bin noch keinen Schritt gegangen, als Kindern ein Ball ins Wasser fällt, und ich ihn rausfischen kann. Daher wohl meine Eingebung, gleich vorn am See meine Schuhe auszuziehen statt erst weiter hinten.

Das Gehen im Wasser tut sehr gut. Ich fühle mich leichter und frischer. Ich lasse auch für meinen Heimweg meine Schuhe aus. Und fühle mich wunderbar dabei. Die Steine zwiebeln zwar teilweise ganz schön an meinen nackten Fußsohlen, aber nur so fühle ich mich der Natur sehr nahe.

Immer, wenn wir uns bewusst auf Mutter Erde befinden, unsere nackten Füße in den Rasen oder auf Sand stellen, werden wir geerdet. Und noch viel intensiver ist diese Erdung, wenn sie aus dem Herzen kommt.

Und da kommt sie heute bei mir ganz automatisch her.

Überhaupt gehen mir viele wunderbare Dinge beim Spazieren durch den Kopf. Zum einen habe ich meinen persönlichen Kraftstein dabei. Dieser fiel mir neulich beim Spazierengehen ins Auge. Ich hob ihn auf und steckte ihn ein. Früher hätte ich dies nicht getan, weil ich mir das kindliche Verhalten des Steinesammelns als Erwachsene nicht erlaubt hätte. Das Schöne ist zudem, dass ich einen Tag später in einem Beitrag lese, dass uns unser persönlicher Heilstein auf einem Spaziergang begegnen wird.

Also schau auch du gerne bei deinem nächsten Spaziergang, ob dich ein Stein besonders „anspringt", er zu dir kommen mag. Dann ist es dein persönlicher Heilstein, den du bei dir tragen oder dem du einen Ehrenplatz geben kannst, damit er für dich wirken kann. Er stärkt dich auf alle Fälle. Und erdet dich, denn er stammt aus Mutter Erde.

Außerdem kommt mir eine Erzählung einer Freundin in den Sinn. Sie hatte ich damals 2011 auf meinem Meditationswochenende kennengelernt. Und sie erzählte mir vor einigen Jahren, dass sie und ihr Freund einmal eine Kinderseele zwischen sich wahrgenommen haben. Das finde ich wunderschön, wenn man mit seinem Partner die Seele wahrnehmen kann, die zu einem kommen möchte. Vielleicht ist es eine kitschig romantische Vorstellung, aber ich stelle sie mir zumindest sehr bereichernd für die Beziehung vor. Jedenfalls habe ich mit der Kleinen von meiner Freundin eine sehr innige Beziehung. Obwohl wir uns sehr selten sehen, hat die Kleine immer sofort Vertrauen zu mir und erzählt mir sofort aus ihrem Leben. Ich denke, dass sie alle zu meiner Seelenfamilie gehören.

Am Abend mache ich noch bewusst die Ablöse mit Erzengel Zadkiel, so wie es Bianca gestern für mich empfangen hat. Ich verbinde mich mit dem lila Licht, spreche meine Gedanken aus und lasse Erzengel Michael und Erzengel Zadkiel wirken.

***

Am nächsten Tag bin ich mit dem Fahrrad unterwegs. Vor mir fährt ein Fahrradfahrer sehr mittig – und ich überlege, ob ich links oder rechts überholen soll. Irgendwas in mir hält mich vom Überholen ab. Es zieht mich etwas zurück. Und auf einmal biegt der Fahrradfahrer ohne Vorankündigung nach links weg. Wie gut, dass ich auf mein Gefühl gehört habe. Es sind Millisekunden, die uns hier steuern. Und sie sind so wichtig!

Vielleicht sagst du nun, dass dies Lebenserfahrung ist. Dieser Lebenserfahrung geht aber ein klitzekleines Gefühl voraus. Dieses Gefühl begleitet uns ganz oft gerade im Straßenverkehr. Oder auch in Gesprächen, in denen du dich fragst, ob dein Gegenüber dir wirklich die Wahrheit sagt, weil es sich für dich nicht ganz stimmig anfühlt.

***

Seit Tagen begleitet mich ein Adler. Ich nehme ihn in Wolken und auch heute früh in meinem Baum vor meinem Balkon wahr. Und auch er steht für Freiheit, Erhabenheit, Starten. Für Majestät. In die Lüfte begeben, in Frieden und Ruhe sein. Über allem sein, aber immer zurückkehren in die Heimat. Sich ausbreiten und fliegen sowie tragen lassen.

Immer dann, wenn du das Gefühl hast, dass in den Wolken oder im Wald oder wo auch immer eine Figur oder ein Engel ist, dann ist sie dort. Egal, ob du sie ganz eindeutig siehst oder es fühlst, obwohl die Figur nicht klar ein Engel ist. Du brauchst nicht extra deine Brille aufsetzen, um die Figur sozusagen zu überprüfen. Nein, dein Gefühl stimmt. Und nicht immer werden uns diese Figuren ganz klar angezeigt. Manchmal ist es nur ein Lichtstrahl oder eben das Gefühl. Und das Gefühl stimmt. Darauf darfst du vertrauen. Und selbst wenn du an dir zweifelst, ob da wirklich ein Engel oder ein Adler oder was auch immer ist, dann verbinde dich bewusst mit dem Tier, dem Symbol oder dem Engel. Schau in einem Buch nach, wofür das Symbol steht. Oder fühle dich einfach hinein und die Worte, die zu dir finden sollen, finden zu dir. Dein Herz versteht die Symbolik dahinter ganz intuitiv.

***

Nächsten Mittag darf ich mir eine Energieübertragung gönnen. Darauf freue ich mich schon sehr. Davor passiert aber noch einiges.

Am Morgen bin ich ein wenig betrübt, weil ich in meinem Baum schon länger keine Wesen wahrgenommen habe. Aber in dem Moment sehe ich einen Schmetterling, der für Transformation steht, vorbeifliegen. Es ist also alles gut. Am Morgen gehe ich auch nicht wie gewohnt als erstes mit den Engeln in Verbindung, sondern schaue online verschiedene Videos an. Dabei berührt mich eine fremde Frau sehr. Sie verkörpert das, was ich in mir sehe. Und wie sollte es anders sein, in dem Video geht es um das Urvertrauen, um das Gottvertrauen, um Intuition. Und mir wird bewusst, dass ich in meinen Coachings zukünftig mehr auf die Intuition eingehen darf.

In einem anderen Video werden meine Heilenergien aktiviert. Ich spüre dies in meinen Händen. Und auch an einigen Körperstellen ist entweder ein Schmerz oder ein Kribbeln zu spüren. So weiß ich, dass da gerade etwas passiert. Dies kenne ich ja bereits, und dennoch ist es immer wieder wichtig, dass wir uns mit solchen Energien aufladen. Und auch von Fremdenergien reinigen. Von einigen dieser Fremdenergien darf ich mich heute insbesondere reinigen.

Eine Fremdenergiereinigung kannst du auf verschiedene Weise durchführen, indem du schlicht und ergreifend hierfür die Absicht setzt. Zur Unterstützung kannst du dir vorstellen, wie die reinigende Farbe Lila durch dich hindurchfließt. Du kannst den Feuerdrachen oder Erzengel Michael um Unterstützung bitten. Es gibt auch Auragebete für bestimmte Anlässe. Schau dies selbst nach und finde deinen Weg, der zu dir passt!

Als ich mich dann später mit meinen Engeln verbinde, werde ich in der Meditation körperlich bewegt. Mein Kopf wird von links nach rechts gedreht, sehr langsam natürlich nur, und meine eine Hand bewegt sich auch. Ich frage Jesus, was ich da zwischen meinen Händen spüre. Als Antwort erhalte ich, dass es meine Kraft ist. Für mich fühlt es sich irgendwie eckig an, wie ein schwerer Metallbalken oder so. Auf alle Fälle kräftig. Nicht unangenehm, eher mächtig.

Ich habe später das Bedürfnis, meine Aufzeichnungen von den vergangenen Rauhnächten nachzulesen. Und wie interessant, ich hatte ja meine Karten, die ich damals gezogen habe, im Flur hingestellt, aber für den Mai hatte ich mitten am Tag nochmals eine Zweite gezogen. Die steht nicht auf meinem Tisch. Und die ist heute für mich interessant. Zum einen weiß ich ja, dass nichts zufällig ist, zum anderen ist es einfach gerade nach dieser Meditation, in der eben mein Kopf und mein Arm bewegt werden, sehr passend. Es ist *das Portal*. Und es geht darum, dass ein Neuanfang bevorsteht. Wie auch in meiner gestrigen Neumondkartenlegung: Dass ich gerade an einem Durchhänger, Tiefpunkt, einer etwas dunkleren Stelle bin. Und dass danach meine Intuition stärker wird. Und dieses Durchhängen spüre ich auch. Ich erlaube mir daher die letzten Tage schon, dass ich fast nichts tue, sondern wirklich viel rumhänge. Ich habe schließlich eine Art Urlaub.

Und erst dachte ich, dass ich erst nach der Energieübertragung duschen gehe, um die dort gelösten Energien wegspülen zu können. Aber kurz vorher merke ich, dass ich jetzt meine alten Energien fortspülen darf, damit die neuen Energien gleich wirken können. Es ist schon interessant, wenn wir uns erlauben, in den Tag hinein zu leben, dass dann noch viel mehr Impulse zu uns kommen. Hätte ich wie gewohnt gleich am Morgen geduscht, wäre mir dieser Unterschied oder die Wichtigkeit des Fortspülens der alten Energien vielleicht gar nicht gekommen. Umso freudiger hüpfe ich jetzt unter die Dusche und lasse mich dann noch die Zeit bis zur Energieübertragung hingeben.

Nein, da kommt noch ein Anruf rein. Die letzten Tage denke ich immer an meine bestellte Trommel und denke mir, dass da irgendwas ist. Nun weiß ich es. Zum einen hat es gedauert, bis sich meine Elfe (also das Bild auf der Trommel) gezeigt hat, zum anderen hat die Trommel ihren Klang verloren. Und gerade macht es klick: Ich habe doch die Ablöse mit Bianca gemacht. Da haben sich meine Energien geändert. Und der alte Trommelklang passte nicht mehr. Die Trommel kommt ja zu mir, damit ich mir und der Vergangenheit verzeihe, damit ich alte Dinge loslassen, wegtrommeln kann. Und das ist nun dort auch geschehen! Wow, dass es solche Auswirkungen hat...

Ich spüre auch, dass die Ablöse noch arbeitet, die Energien an mir zerren, weil ihnen nun die Grundlage fehlt. Und ich habe umso intensiver gespürt, dass ich die Trommel brauche, um meine Gefühle abzuleiten.

Ich bin gerade echt platt über diesen Zusammenhang.

Die Energieübertragung macht die Ablöse dann perfekt! Sie löst restliche Energien. Ich spüre ein Kribbeln und Frösteln am linken Arm. Mir ist kalt, ich schlafe erstmal ein. Als ich aufwache, bin ich frischer! Und freier. Ja, ich fühle mich frei! Ich laufe durch meine Wohnung und rufe: Ich bin frei! Ich fühle mich regelrecht befreit und singe und tanze. Den Satz „ich bin frei" rufe ich noch mehrmals am Tag!

Und so ganz im Gefühl der Freiheit ist für mich klar, dass ich heute noch an den Rechner gehe. Aber zuerst spreche ich einen Satz zu mir, der mich aufhorchen lässt: „Davor trinke ich erstmal meinen letzten Kaffee."

Mal schauen, was das zu bedeuten hat. Klar ist, dass meine Milch alle ist – und auch die Kaffeedose ist leer. Aber für mich klingt der Satz so endgültig. Dies behalten wir mal für die nächsten Tage und Wochen im Kopf, würde ich sagen.

Ich kann hier ergänzen, dass dies eine Eingebung war, die ich aber mit dem Verstand übergehe und weiterhin Kaffee trinke, auch wenn ich spüre, dass er mir nicht guttut. Er schmeckt mir einfach zu gut! Aber ich ersetze die Kuhmilch nun mit Pflanzendrinks. Schmeckt nach einer Eingewöhnungsphase noch leckerer!

***

Während ich hier ein paar Abende später so am Buch schreibe, sehe ich aus meinem Fenster, dass der Himmel brennt. Ich flitze auf meinen Balkon, sehe einen Regenbogen, und muss sofort an die frische Luft. Rein in die Straßenschuhe und Jacke und raus auf die Straße. Ich laufe nur eine kleine Runde, bin ganz bei mir, genieße den Regen und das Spektakel am Himmel. Ich lasse mich ganz von diesem Orange einhüllen. Es ist wirklich magisch. Ich bin so dankbar für diese Energie!

Und ich spüre, dass ich auch in der Stadt glücklich sein kann. Aber lieber doch in der Natur. Ich denke jedoch, dass diese Erkenntnis für meine Zukunft wichtig ist.

Jedenfalls bin ich ganz glücklich im Moment. Dennoch treibt es mich heim, weil ich spüre, dass dieses Buch wachsen muss. Muss, weil es darauf wartet, veröffentlicht zu werden. Da ist ein innerer Antrieb, der mir keinen Druck macht, aber, er ist da, treibt mich an. Und erdet mich. Immer und immer wieder.

***

Es vergehen nur zwei Tage, als der richtige Zeitpunkt kommt, um den Zettel *2020 ist das Jahr meiner Befreiung* von meinem Spiegel abzunehmen. Fühlt sich gut an.

Der Tag mag heute gar nicht so recht rund laufen, irgendwie bin ich müde und komme nicht in die Pötte. Das wäre auch okay, wenn meine Woche nicht so vollgepackt wäre.

Meine morgendliche Abgeschlagenheit lässt gegen Mittag jedoch nach, aber ich fange mich weiterhin in vielen Details und unnützen Dingen. Aber ich glaube, heute ist genau der Tag, an dem ich das einfach zulassen darf. Ich kann sicher ein paar andere Sachen schieben. Es ist ja nur mein Anspruch an mich selbst, dass ich nach ein paar Tagen des Faulseins mal wieder produktiv bin.

Es ist alles so aufregend und ich freue mich so auf das, was kommen wird. Ich mag schon jetzt das Gefühl der Freude und Leichtigkeit. Und es wird noch viel mehr in mein Leben kommen, ist das nicht super?

Es fühlt sich einfach gut an. Sehr gut. Bis zum nächsten Ereignis mit meiner Familie.

***

Kleinigkeiten im Gespräch zerreißen meine Familie und mich. Ich antworte mit Liebe und sage ihnen, dass im Herzen unsere Liebe sitzt, wir immer durch das Band der Liebe verbunden sein werden. Ich werde als egoistisch, abgehoben und lächerlich bezeichnet, ich würde nur Schwachsinn reden. Sie befürchten, dass ich in einer Sekte sei. Statt mich aber einfach zu fragen, machen sie sich gegenseitig Angst. Und genau das erzählen sehr viele Menschen, die das Göttliche, die Führung durch Engel, das Universum, den Kosmos wiederentdecken und verstehen, dass das Materielle nur ein Teil des Lebens ist. Dass das Fühlen, das Wahrnehmen von Energien, das Begegnen von Seelen etwas Nichtgreifbares ist, was so viel wichtiger ist als das Materielle. Das Materielle will uns Sicherheit vermitteln, die wahre Sicherheit gibt es aber nur im Fühlen, im Glauben, im Herzen.

In mir ist es zweigeteilt. Einerseits fühle ich den Frieden, die Liebe. Und auf der anderen Seite den Schmerz. Durch den ich nun durchgehen darf. Wenn ich dem Schmerz Raum gebe, kann er gehen, und ich komme in meine Kraft. Dies zeigen auch die Karten an, die ich die Tage immer wieder lege, weil dies zu dem Einhornkartenlegekurs gehört, den ich bei Patrizia gebucht habe. Es ist magisch, was ich dort herauslese und was andere darin noch sehen. Es ist spielerisch leicht, sich so zu ergänzen.

Und mein Wunsch nach Reinigung im See wird immer größer. Ich traue mich nicht in dieses kalte Wasser, aber ich spüre, dass das enorm wichtig wäre. Eine Dusche oder ein Bad reichen in diesem Falle nicht aus. Auch mein kurzes Hände-in-den-See-halten oder meine Füße darin baden, sind nicht ausreichend.

***

Ich freue mich darauf, dass es endlich wieder nach Lindau geht. Die Energie dort erdet unwahrscheinlich und bringt mich noch mehr in mein Herz.

Wenn die Energien in den Räumen neutralisiert oder hochschwingend sind, bist du automatisch auch „sauberer" und hochschwingend. Durch verschiedene Werkzeuge kann dies unterstützt werden, zum Beispiel können mit Heilsteinen und anderen energiegebenden Gegenständen wie Kristalllichtern und aufgeladenen Untersetzern die Räume gereinigt und deren Energien angehoben werden. Auch natürliche Gegenstände wie Baumwolldecken oder Holzmöbel, also alles, was wenig Kunststoffanteil enthält oder künstlich zusammengepresst wird, bringt reine Energie in die Räume.

Das Heilberaterwochenende ist sehr ausgleichend. Allen ist anzusehen und zu spüren, dass die letzten Wochen etwas mit ihnen gemacht haben. Wie passend, dass die Klangschalen auf dem Programm stehen.

Musik macht viel mit uns. Klang „bricht" den äußeren Rahmen, den (selbst auf)gebauten Schutz, bringt Ordnung ins System, räumt auf, löst Blockaden, sortiert die Zellen neu.

Bei mir wird gewaltig vieles im Leben sortiert. Ich habe bereits die letzten Wochen eine Abwehr gegen dieses Wochenende/das Thema gespürt. Obwohl ich mir vorstellen kann, Klangschalenmassagen zu geben. Total widersprüchlich. Ich hatte mich hauptsächlich wegen der Klangschalenmeditation für die Heilberaterausbildung angemeldet. Meine Abwehr ist teilweise so stark, dass ich hoffe, nicht zu diesem Wochenende fahren zu müssen. Und vor Ort ist es teilweise ein Aushalten statt einem Genießen. Die eine Klangreise löst dann – endlich – Tränen aus. Ich spüre eine Verhärtung in mir, meine eigene Verurteilung. Und die Worte und der Klang bewirken, dass ich meinen Tränen Raum geben kann. Verhalten, aber ich kann sie zulassen. Das tut gut.

Ich lege mir auch jeden Morgen meine Karten – und jeden Morgen kommt was Dunkles (Sumpf, Tiefpunkt, Schattenwelt), das ich durchschreite, um ins Helle zu gehen. Ich spüre diese Emotion stark. Während die anderen teilweise fröhlich tanzen, spüre ich die Schwere und dass ich sie durchleben muss. Sie will gesehen und angenommen werden. Daher lasse ich sie behutsam da. Und freue mich über die Ausgelassenheit der anderen. Ganz neidlos. Denn jede Teilnehmerin hat ihr Thema. Die Auflösungen erfolgen bei jeder anders. Ich kann nicht mal recht in Worte fassen, was da ist. Ich kann es nicht benennen. Muss ich auch nicht. Weder für mich, noch für jemand anderen. Es ist, wie es ist.

Am Nachmittag bekomme ich noch eine Anwendung – auch mit den Klangschalen. Ich bin nicht ganz da, aber auch nicht entspannt. Irgendwie finde ich das alles madig. Prompt findet sich eine Made auf meiner Decke, wie lustig!

Auch hat Iris, unsere Ausbildungsleiterin, die Eingebung, uns zu fragen, ob wir die Anwendung mit Musik machen wollen. Und nein, für mich ist es gerade überhaupt nicht passend, ich bäume mich fast auf. Gut, dass sie auf ihre innere Stimme gehört hat! Ich kann ohne Musik besser abschalten.

Das ganze Wochenende fügt sich alles so wunderbar. Wir haben zum Essen gehen weder einen Tisch reserviert noch einen genauen Plan am Abend. Und immer erleben wir wunderbare Sonnenuntergänge und fantastische Lichtspiele. Engel zeigen sich am Himmel. Und einen sehr guten Sitzplatz bekommen wir auch immer. Wir fühlen uns geborgen und verbunden, sind Eins. Es bestätigt unser Vertrauen.

Auch legen wir den einen Abend Karten – und es ist so großartig, wie sich im Zusammenspiel die Interpretationen fügen und wir spielerisch Lösungen erkennen und formulieren.

Ich freue mich wahnsinnig darauf, nach Hause fahren zu dürfen. Nach diesem anstrengenden und doch lösenden Wochenende möchte ich dringend heim.

Im Zug finde ich einen Glückscent und schenke ihn der Familie, die sozusagen auf ihm saß. Nach einigen Minuten fällt er runter und rollt zu mir zurück. Er will zu mir! Mir fällt das Glück zu. Wie wunderbar. Allein diese kleine Geste bringt mich wieder mehr zurück in meine Mitte. Meine Schwere wird leichter. Aber sie möchte noch gereinigt werden. Das spüre ich seit Tagen – aber das Seewasser ist mir immer noch zu kalt, um dort einmal abzutauchen.

***

Zuhause nehme ich den Kartenlegekurs wieder auf und mache meine erste Einhornmeditation. Wow, ich erfahre den Namen meines persönlichen Einhorns! Ich kann Einhörner wahrnehmen! Auch diese gibt es in der geistigen Welt, wie wunderschön! Das Einzige, was lustig oder merkwürdig ist, ist, dass mein Einhorn genauso heißt wie das von der Heilberaterin Martina, die ich vorhin schon nannte. Es ist ganz kribbelig, ich sehe Regenbogenfarben. In der Meditation löst sich einiges an alten Energien.

***

Dass sich Energien lösen und wandeln, nehme ich die nächsten Tage immer wieder wahr. Ich bin völlig durch den Wind, mir fallen Sachen runter, meine Küche sieht aus wie ein Sauhaufen. Irgendwie wird alles durcheinander gerüttelt. Und alles wird dadurch neu sortiert.

Wie interessant, dass gerade heute jemand im Haus ein Buch aussortiert mit dem Thema *Erwachen* – und ich dies in unserem Zeitungsregal vorfinde. Ich schnappe es mir, weil es gerade zu mir passt. Das Buch erklärt wunderbar, wie wir mit Meditation die Verbindung zur Seele wiederherstellen. Und Johannes der Täufer läuft mir hier über den Weg. Den Namen hatte ich in letzter Zeit oft im Kopf. Was hat dies nur zu bedeuten?

Ein paar Tage später ist so ein Tag, an dem ich einfach spüre, wenn ich im Vertrauen bin, fügt sich alles. Sei es, dass ich eine Erledigung vor dem Mittag schaffen muss, und nicht in Panik verfalle, dass ich dadurch meine Paketlieferung verpasse. Nein, ab dem Moment, wo ich mich darauf einlasse, dass alles zu seiner rechten Zeit seinen

Platz finden wird, fügt es sich auch. Das Paket kommt früher und ich kann locker zu meiner Erledigung radeln.

Wenn wir im Vertrauen sind, geschieht alles in der richtigen Zeit und Reihenfolge. Immer. Auch wenn du manchmal vielleicht glaubst, dass es nicht so ist. Vielleicht war es dann nicht in deinem Plan vorgesehen, du solltest daraus was lernen, oder du warst nicht im Vertrauen. Das weiß ich nicht, das kannst nur du für dich erspüren.

***

Weil ich eben seit ein paar Tagen ein wenig neben mir stehe, muss ich unbedingt raus in die Natur. Als ich meine Sachen zusammensuche, fällt mein Blick auf meinen Einkaufsbeutel. Ich schüttele nur den Kopf, denn was soll ich im Wald mit einem Einkaufsbeutel? Im Wald erhalte ich die Antwort: Ich sammle so viele Glasflaschen ein, wie ich tragen kann – ohne Einkaufsbeutel. Sie sind dort achtlos liegen gelassen worden. Und ich fühle mich gut, sie aufzuräumen. Und ich verstehe mal wieder, dass scheinbar unsinnige Eingebungen immer sinnvoll sind. Nächstes Mal nehme ich den Einkaufsbeutel mit. Natürlich nur, wenn ich die Eingebung erhalte.

Ich lasse mich hierbei ganz intuitiv durch den Wald treiben, manche Wege gehe ich dadurch sogar doppelt. Aber ich lasse einfach geschehen.

Irgendwann merke ich, dass ich mich nicht mehr treiben lassen mag, dass ich nach Hause möchte. Aber ich war noch nicht an der Stelle, zu der ich heute laufen wollte. Oder sagen wir anders, ich hatte die Naturwesen darum gebeten, mich zu dem Platz zu führen, wo ich noch die restlichen mit Schokolade überzogen Espressobohnen auslegen soll. Ich hatte nicht exakt formuliert, dass ich an der gleichen Stelle vorbeilaufen möchte, an der ich meine Eingebung hatte. Ich bin sozusagen am hinteren Ende dieses Fleckchens gewesen. Letztendlich hat mich der letzte Weg, bevor ich wieder aus dem Wald rausgehe, um nach Hause zu gelangen, genau an dieser Stelle vorbeigeführt! Ich war nur kurz im Kopf und hinterfragte mein Treiben. Ich liebe dieses sich Treibenlassen. Nicht nur, weil ich einen guten Orientierungssinn habe, sondern auch, weil ich im Vertrauen bin, dass ich rechtzeitig zurückkehren werde, bevor ich gar nicht mehr laufen mag. Ich kann mich so wunderbar fallen lassen. Ich nehme die Tiere unwahrscheinlich nah wahr. Es ist, als spüren sie, dass ich mich verändert habe, sie kommen viel dichter, beziehungsweise flüchten sehr viel später als früher. Wie oft ich in den letzten Wochen Rehe sehe, an Vögeln vorbeilaufen kann, ohne dass sie wegfliegen, da hat sich was verändert. So schön, es fühlt sich ganz warm in mir an.

Letztendlich bin ich über eine Stunde länger im Wald, als ich ursprünglich gedacht habe. Ich weiß gar nicht, wo die Zeit geblieben ist, aber das ist auch egal. Im Wald hatte ich mich auch auf einen Baumstumpf gesetzt, um eine Meditation zu machen. Diese Meditation ist wichtig, um die Stimmung mit der Familie abzuklären.

Du kannst immer mit Freunden, Kollegen, Familienmitgliedern, auch Verstorbenen über Meditation Kontakt aufnehmen. Du gehst erst in dein Herz, und dann bittest du die jeweilige Person, sich vor deinem inneren Auge zu zeigen. Vielleicht siehst du sie, vielleicht fühlst du sie. Und dann kannst du mit ihr sprechen. Du wirst Antworten erhalten. Du wirst auch wahrnehmen, wie sie sich fühlen in der von dir beschriebenen Situation, weswegen du die Meditation machst. Dies ist sehr aufschlussreich in Streitsituationen und Diskussionen. Dadurch spürst du, ob die andere Seite bereit ist, sich dir gegenüber zu öffnen. Und du kannst in Vergebung gehen. Voraussetzung ist, dass du bereit bist, dich zu öffnen. Und solltest du keine Antwort erhalten, bist du vielleicht zu sehr im Verstand, es ist nicht der richtige Zeitpunkt oder du fragst nicht aus dem Herzen.

***

Immer wieder fallen mir bestimmte Autokennzeichen auf. GR hatte ich sogar selbst jahrelang! Wie spannend! Manche sehe ich seit Jahren, manche recht neu. Mal schauen, wohin sie gehören. Welche Bedeutung sie für mich haben. Es ist alles aufregend.

Was auch noch spannend ist: In dem Einhornkartenlegekurs komme ich immer wieder auf Avalon und die Drachen. Mich ruft es dorthin, ich darf mich auf eine große Reise machen. Noch scheue ich mich ein wenig, aber der Ruf wird lauter. Fast täglich. Und ich treffe auf Leute, die den Ruf auch hören. Zu den Leuten gehört auch Friederike, die mir immer wieder einen zärtlichen Stubs gibt. Zu ihr später mehr. Es gibt eben keine Zufälle, dass ich sie gerade jetzt treffe oder wieder kontaktiere. Inzwischen (beim Schreiben des Buches) weiß ich, dass ich in Avalon mit Druiden Kontakt hatte. Sie haben sich in einer Meditation gezeigt. Ich habe auch in anderen Meditationen schon eine Figur wie Gandalf wahrgenommen. Ich bin so dankbar dafür! Und neugierig.

Neugierig bin ich auch, wann mein roter Bus in mein Leben kommt. Ich lege daher die Karten und erhalte die Antwort: Sei geduldig, es werden keine Ressourcen verschwendet, vertraue dem großen Ganzen. Ja, das versuche ich ja. Dennoch bin ich neugierig! Und es stimmt schon, wirklich brauchen tue ich ihn im Moment nicht. Also lasse ich mich überraschen. Er wird kommen, so viel ist gewiss. Und ich freue mich darauf wie ein Kind. Also gemeinsam mit meinem Inneren Kind. Die Kleine hüpft schon vor Aufregung auf dem Bett im Bus rum.

***

Ein paar Tage später bereite ich einen Kurs vor, in dem wir die Intuition meiner Teilnehmerinnen öffnen beziehungsweise weiten. In einer Meditation kommt zu mir der Büffel als Krafttier. Und wofür steht er? – Für innere Einkehr, wenn man die Spiritualität (wieder) entdecken möchte. Sehr passend, denn genau das möchte ich aktivieren. Ich klatsche vor Freude in die Hände! Während des Kurses erscheint er auch in einer Meditation – und eine der Teilnehmerinnen nimmt ihn auch wahr. Es ist so wunderbar und schön und macht mich glücklich!

Ich hatte bereits gestern Abend beim Vorbereiten dieses Kurses das Bedürfnis, die Möbel in meinem Kreativzimmer umzustellen. Da es schon sehr spät am Abend war, wusste ich, dass ich das erst heute mache. Und so putze ich mehrere Stunden in dem kleinen Zimmer, putze es bis in die hinterste (Schrank-)Ecke und räuchere es. Nun hat es wieder eine ganz andere Energie. Das ist definitiv wichtig. Die Tageskarten sagen heute eh Heilung und Reinigung voraus. Altes loslassen und in den Frieden, in die Ruhe kommen. Und irgendwie verstreicht der Tag mit hin- und herräumen, sodass ich es erst nach dem Abendbrot raus in die Natur schaffe.

Wie gut, dass ich darauf vertraue, dass alles meinem göttlichen Plan folgt. Die Sonne des Mittags war zwischendrin hinter dunklen Wolken verschwunden und kommt nun wieder raus! Und was für ein Lichtspiel sich in dem Augenblick ergibt! Ich freue mich sehr über die vielen Drachen, die sich in den Wolken und in dem Licht zeigen. Kindliche Freude ist in mir. Ich lasse mich wieder ganz intuitiv bei meinem Spaziergang treiben. Ich wundere mich ein wenig, weil es mich mal ganz andere Wege gehen lässt. Das bin ich inzwischen gewohnt. Als ich dann endlich nach einem längeren Weg über das Feld in den Wald geführt werde, fällt mir ein, dass ich letztes Mal die Naturwesen gefragt habe, was ich ihnen Gutes tun kann. Und sie baten mich, den Wald aufzuräumen. Und ich habe wieder keine Tüte dabei, um irgendwelche Glasflaschen oder Ähnliches einzusammeln.

Dieses Mal geht es auch nicht darum, dass ich Müll einsammle, sondern dass ich energetisch aufräume. Ich hatte vor dem Spaziergang bereits Erzengel Uriel darum gebeten, mich dahin zu führen, wo es heute für mich wichtig ist zu wirken. Und die eine Stelle im Wald, da fühle ich mich wirklich unwohl. Ich spüre Schmerz und entweder einen Überfall, eine Verfolgung oder eine versuchte Vergewaltigung. Es ist nicht mein Erlebnis, sondern ein Fremderlebnis. Und die alte, schreckliche Energie ist noch da. Ich drehe mich mehrmals um, bitte die Engel auch mehrmals um meinen persönlichen Schutz. Ich schicke lichtvolle Energie zu diesem Platz und bitte zusätzlich darum, dass hier Elohimsäulen aufgestellt werden, damit die Seelen, die hier noch verhaftet sind, ins Licht gehen können, wenn sie dafür bereit sind. Mir wird dann etwas leichter ums Herz, ich fühle mich freier. Und ich muss mich auch nicht mehr permanent umdrehen. Ich habe die Situation gelöst.

Ich laufe weiter und spüre das Leid der gefällten Bäume. Auch hier schicke ich Licht und Liebe an sie weiter. Als ein Jogger kommt, fühle ich mich etwas komisch, aber die

Energiesendung ist wichtiger, dass ich den Bäumen ihren Schmerz nehmen kann. Ich lasse mich dann weitertreiben, genieße die Natur, das Summen der Insekten und das Zwitschern der Vögel sowie das Grün der Wiesen und Bäume. Ich fühle mich hier wirklich wohl, so mitten in der Natur. Und der Blick in die Weite hier am Waldesrand lässt mein Herz öffnen. Das habe ich schon früher gespürt: Wenn ich in die Weite schauen kann, ist mein Herz viel weiter. Vielleicht liegt es daran, dass ich aus dem relativ flachen Norden komme. Als ich langsam Richtung Zivilisation zurückkehre, finde ich noch einen Glückscent. Die Kirchenglocken läuten, ich genieße die letzten Sonnenstrahlen, sammle noch einen Stein auf, der einem Engel ähnlich sieht. Ich freue mich über diesen wunderbaren Tag, der energetisch für mich wichtig ist. Es fließt alles viel leichter. Und ja, ich entscheide mich dafür, dem Ruf der Drachen zu folgen. Der Ruf wird immer lauter. Und die Drachen sind für mich mit Avalon verbunden. Ich spüre stark die Verbindung und freue mich auf das, was da kommt. Ich bin sehr zuversichtlich und verstehe immer besser die Zeichen, die mir gesendet werden. Mögest auch du deine Zeichen immer besser sehen und verstehen.

Einen intuitiven Spaziergang kannst du jederzeit machen: Du fühlst, wohin es dich zieht, spürst an einer Kreuzung, welche Richtung sich leicht (gehen) oder schwer (meiden) anfühlt. So wirst du an neue Orte geführt. Und sei dir gewiss, wenn du keine Lust mehr zum Laufen hast, dann befindest du dich bereits auf dem Rückweg. Auf diese Weise habe ich schon Plätze im Wald oder Läden in der Stadt entdeckt, die ich mit meinem suchenden Auge übersehen habe. Mit einem intuitiven Spaziergang erhöhst du deine Intuition automatisch.

***

Ich spüre die Christus- und auch Marienenergie zwischendurch sehr stark. Gerade durch die vielen Kreuze am Wegesrand und etlichen (Marien)Kapellen hier in Bayern werde ich regelmäßig darauf gestupst. Ich fühle mich dadurch sehr geborgen. Nun verstehe ich auch, warum ich mich in den heiligen Kirchen immer so geborgen fühle und sie regelmäßig besuchen mag. Und auch, warum ich den Norden verlassen und nach Bayern ziehen musste.

Als ich heute in einem Buchladen bin, fällt mir (schon wieder!) ein Kartenset zu. Zu den Marienenergien. Wunderschön ist es. Und wie passend lese ich auf einer Buchrückseite, dass wir hier in Europa stark von der Marienenergie beschützt sind. Daher heißen so viele zentrale Plätze in den Städten Marienplatz.

Bevor ich zahle, lacht mich noch eine Jesusfigur an, die ich dann auch mitnehme. Mal keine gekreuzigte Haltung, sondern aufrecht und voller Zuversicht. So, wie ich die Energie auch wahrnehme. Die muss noch mit! Und natürlich ein neues Drachenkartenset, weil es in meiner Hand vibriert. Schließlich rufen sie gerade stark nach mir. Ich werde mich mehr mit ihnen beschäftigen. Die Verkäuferin erzählt noch, dass die Jesusfigur vor zwei Stunden fast den Laden verlassen hätte, sich die Kundin beim Zahlen noch umentschied. Weil die Figur eben zu mir wollte. Dafür bin ich sehr dankbar!

***

Als ich neulich mein Kreativzimmer reinigte, kam mir in den Sinn, dass Silke nun zu Besuch kommen könnte. Sie besucht mich auch umgehend. Wir lassen uns durch den Tag treiben, gehen auch spazieren. Im Wald und durch den Ort. Und erfahren mehrere Situationen, in denen ich eine energetische Reinigung vornehme. Ich war an der einen Stelle im Wald schon öfter unterwegs, aber dieses Mal fallen mir zwei ausgestopfte Tiere auf, die an einem Baum angebracht sind. Es ist eklig, obwohl kein Blut zu sehen ist. Aber dass überhaupt jemand auf die Idee kommt, einen Marder und Vogel ausgestopft an einem Baum zu befestigen, ist mehr als merkwürdig. Ich bitte die Engel darum, hier Elohimsäulen aufzustellen. Denn wenn die Seelen bereit sind zu gehen, dürfen sie jetzt nach Hause zurückkehren. Sie gehen auch, aber es fühlt sich noch nicht so an, als wäre es beendet. Aber ich kann im Moment nicht mehr tun. Es fühlt sich nun heller und leichter an – und wir gehen weiter.

Als wir Richtung Stadt laufen, weist Silke mich auf eine Hausbemalung hin. Und ich nehme wiederholt die Schwere und ein erdrückendes Gefühl hier wahr. Ich mag diese Straße auch ungern langgehen. Nun verstehe ich, warum. In diesem Haus ist irgendwas, was ich spüre. Daher bitte ich wieder darum, dass hier Elohimsäulen aufgestellt werden und Licht und Liebe in das Gebäude fließen. Vielleicht ist das Haus unbewohnt, weil die Energie hier so schwer lastet. Auch bitte ich darum, dass alte Verstrickungen durch die Engel gelöst werden. Es wird leichter in meinem Herz – das Zeichen, dass die Stelle gereinigt ist.

Am nächsten Tag fühlt sich der Weg an dem Haus vorbei viel freier und belebter an. Ich kann ab sofort an diesem Haus vorbeigehen und es betrachten, das Bild an der Wand anschauen, ohne dass mir schwer ums Herz wird.

Puh, ich arbeite die Situation im Wald gedanklich am Abend nach, denn ganz gelöst schien sie mir ja nicht: Da geht mir auf, dass ich die Orte nicht nur einfach reinigen soll, sondern auch fragen muss, ob die Seelen noch eine Botschaft haben. Das ist die Verbindung, die ich bereits in mir zu Verstorbenen gespürt habe – und davor Angst hatte. Daher habe ich davon auch noch nie erzählt. So nehme ich jetzt mit dem Marder und dem Mann, der die Tiere dort hingestellt hat, Kontakt auf und entschuldige mich. Außerdem bitte ich Erzengel Michael darum, einen Schutzkreis um Mader und Mann zu ziehen, weil die beiden noch was zu klären haben. Nun geht es mir besser. Ich lerne ja dazu und entwickle mich weiter.

Solltest du so ein Clearing machen, bitte unbedingt darum, dass es zum höchsten Wohle aller geschieht, und dass du es erst beendest, wenn es wirklich abgeschlossen ist. Manchmal kann es sein, dass du dich schon leicht und gut fühlst, aber die Situation noch nicht geklärt ist – und dann kann es passieren, dass da eine Energie herumschwirrt, die nun ihre Bindung verloren hat. Ihr fehlt ihr Gegenpart, ihre Orientierung. Und dann sucht sie sich gegebenenfalls (kann, muss aber nicht sein!) ein lichtvolles Wesen aus, um wieder Bodenhaftung zu haben. Ich arbeite immer mit der höchsten Schöpferkraft. Aber auch das musste ich lernen.

***

In letzter Zeit fällt mir oft das Kennzeichen FFB-SN auf. Im Landkreis FFB wohne ich, aus der Stadt SN komme ich. Und da nichts zufällig ist, weiß ich, dass mir hier eine Botschaft gesendet wird. Soll ich in meine Heimat fahren? Das Nichtverstehen und -mitteilen können an meine Familie belastet mich. Meine Wandlung – die du hier gerade liest – ist einfach sehr groß. Ich kann noch nicht so recht begreifbar machen, was sich in mir ändert, warum ich nun anders bin. Eben im Herzen und wenig im Verstand. Und warum ich dadurch auch andere Ansichten habe als meine Familie. Und Dinge spüre, die ich früher nicht wahrnahm.

Also lege ich mir zur Verdeutlichung der Situation die Karten. Ich soll meine innere Distanz überwinden. Ich selbst muss bewusst in die Heilung gehen. Dann heilt sich auch die Situation, die ich gerade meiner Familie zuschiebe. Sie spiegeln mir, was ich in mir nicht greifen kann. So wird es für mich verständlicher und greifbarer. Aber der Wunsch, in die Heimat zu fahren, besteht in mir fort.

***

Ein paar Minuten später fällt mein Blick auf meine Stimmgabel. Auch sie und meine Klangschale und Trommel werden meine Reinigungen/Clearings zukünftig unterstützen! Es macht auf einmal klick. Und ich verstehe, warum mir Silke vor zwei Tagen von einem Fengshui-Kurs erzählen „musste", den sie besucht hatte. Oh, wie dankbar bin ich für dieses wunderbare Zusammenspiel!

***

Ein paar Tage später tätige ich einen Anruf. Als Begrüßung kommt: „Das kann ja gar kein Zufall sein, ich habe gerade an dich gedacht." Nein, es ist kein Zufall, es ist Telepathie. Und dies finden immer mehr Menschen in ihrem Leben. Aber da sie im Verstand Beweise haben wollen, brauchen sie viele „Zufälle", um zu glauben, dass es kein Zufall ist, sondern eine Art Energieübertragung.

Diese Art der Energieübertragung ist nicht messbar. Daher so schwer zu fassen und zu verstehen. Es ist nicht wie bei einem Feuer, in dem Wärme und Rauch entstehen und so nachvollziehbar ist, dass sich das Holz verwandeln kann, ohne dass Energie verloren geht. Je offener du für Energieübertragungen bist, umso mehr kannst du sie spüren.

Ich hatte dir vorhin schon eine Übung genannt, wie du Energie zwischen deinen Händen wahrnehmen kannst.

***

Ich verbinde eine Woche später meine Erledigungen mit meinem fast obligatorischen Spaziergang Richtung Feld und Wald. Ich lasse mich wieder treiben und schlage dadurch – mal wieder – einen ganz anderen Weg ein. Ich wundere mich noch, dass die anderen Spaziergänger – es sind auch sehr wenige unterwegs – Regenschirme dabeihaben. Als ich mich umdrehe, weiß ich, warum. Ich bin in der Zuversicht, dass es für mich so passt, wie es passen soll. Ich treibe über das Feld in den Wald hinein und spüre, dass ich immer ruhiger und ruhiger werde. Die Ruhe kommt aus mir heraus. Im Wald darf ich an einer Stelle wieder eine Elohimsäule aufstellen. Aber ich habe kaum Zeit dafür, es treibt mich weiter. Ich lasse mich so führen, wie es sich in mir gut anfühlt. Über Stock und Stein, auf engen, schmalen und fast gar nicht zugänglichen Wegen teilweise. Aber ich bin im Vertrauen, dass alles seinen Sinn hat. Es fühlt sich gut und leicht an. Es fühlt sich fast ein wenig so an, als sei ich wandern. Und das Gefühl liebe ich. Ich habe nur eine grobe Orientierung, aber diese genügt mir. Im Vertrauen, dass alles so passt, wie es passen soll. Irgendwann spüre ich, dass ich langsam wieder heim möchte. Aber ich werde nach wie vor weiter in den Wald hineingeführt. Und als ein ganz heftiger Regen einsetzt, weiß ich, warum. Erst hocke ich mich noch unter einen Baum, aber irgendwann ist es mir egal, und ich laufe im Regen einfach los. Auf dem Feld wird es dann etwas frisch, aber ich setze mir einfach mein Tuch auf den Kopf und schon ist wieder alles gut. Es ist so wunderbar, dass ich mich so treiben lassen kann.

Zuhause spüre ich nach wie vor diese Ruhe. Ich mache das, was erledigt werden will, aber nehme mir auch viel Zeit zum Lesen. Und es geht sich alles wie immer gut aus. Mein Kapitel im Buch und die Waschmaschine sind gleichzeitig fertig.

***

Am Abend spüre ich, dass ich unbedingt mal wieder meditieren sollte. Und da ich Johannes den Täufer immer wieder im Kopf habe, rufe ich ihn auch in der Meditation. Er erscheint mir in einem blauen Licht. Ich sehe ihn nicht, aber ich spüre ihn. Ich bin nicht empfänglich für eine Botschaft, aber dass er da ist, tut mir gut. Auch eine Art Loch nehme ich in meinem Herzen wahr. In dem Moment spüre ich auch, dass Mutter Maria da ist. Und auch Jesus. Er hält sich im Hintergrund. Als ich darum bitte, dass dieses Loch im Herz geheilt wird, erscheint noch die Heilige Teresa. Mein Herz heilt, der Schmerz und dieses Loch vergehen. Um mich herum ist ganz viel Licht. Es ist, als würde in meinem Zimmer die Sonne strahlen. Aber das ist um diese Uhrzeit nicht möglich. Ich fühle mich leicht und aufgehoben. In diesem Zustand könnte ich ewig weilen. Vielleicht käme auch noch eine wichtige Botschaft zu mir, wenn ich diesen Zustand aufrechterhielte. Aber ich spüre dann auch, dass ich meinen Kopf in den Schoß von Mutter Maria legen darf – ich sehe dies als Zeichen, dass es Zeit ist, ins Bett zu gehen. Ich beende meine Meditation und fühle mich ganz zuversichtlich und leicht. Ich bin ganz erstaunt, wie dunkel es draußen ist. Ich spüre das innere Lächeln, von dem auch in dem Buch *Erwachen* die Rede ist. Und mit diesem Lächeln im Gesicht gehe ich ins Bett. Gute Nacht.

Ich weiß nicht, woher mir die Namen kommen von den Wesen, die bei mir sind. Sie werden mir eingegeben. Und dadurch weiß ich, dass sie da sind. So als wenn dir ein Name stundenlang nicht einfällt und auf einmal huscht dir dieser Name in einer ganz anderen Situation durch den Kopf. So geht es mir auch. Und dann weiß ich, dass dieses Lichtwesen gerade bei mir ist.

Dazu muss ich die „Personen" nicht kennen, nicht wissen, was sie früher gemacht haben. Nein, sie kommen mir einfach, weil sie gerade richtig sind und mir die Energie geben, die gerade wichtig für mich ist.

***

Es ist Ende Juni 2020 gekommen – und damit findet meine schamanische Trommel endlich den Weg zu mir. Ihr Bass ist umwerfend, ihr Klang geht tief, berührt mich, löst in mir ein Kribbeln aus. Ich freue mich, dass ich bald mit der Trommel arbeiten kann!

Immer wieder nehme ich sie in die Hand und lasse sie klingen. Sie bringt in mir Weichheit zum Vorschein und setzt Selbstliebe frei. Diese kommt immer mehr in mein Leben. Einige Menschen verurteilen mich dafür, nennen mich egoistisch. Weil ich es mir erlaube, Zeit für mich zu nehmen, mich an erste Stelle zu setzen. Erst wenn es mir gut geht, kann ich auch für andere da sein. Dies werden meines Erachtens auch immer mehr Menschen verstehen, die noch von Glaubenssätzen geprägt sind wie „Eigenlob stinkt!" oder „Erst die anderen, dann ich." Nein, wir dürfen zuerst an uns denken. Denn ich frage mich: Was bringt es, wenn ich krank bin, weil ich ausgelaugt bin, aber dafür geht es den anderen gut? Niemand zahlt mir meine Gesundheit. Niemand. Daher achte ich immer mehr auf mich und darauf, was mir wirklich guttut.

Was in dieser Zeit auch sehr interessant ist, ist der Umgang der Menschen mit meinem Buch. Einige fühlen sich geehrt, dass ich gemeinsame Erlebnisse nenne, andere gehen in die Angst, weil ich Dinge über sie Preis gebe. Dies spiegelt mir meine innere Ambivalenz. Zeigt mir eigene Unsicherheiten und gleichzeitig meine Stärke auf. Durch das Aufzeigen der Unsicherheit, dem Kontrollverlust und auch der Angst vor Intimität kann ich nochmals an mir und meinen Glaubenssätzen arbeiten, Schattenarbeit betreiben. Dafür bin ich sehr dankbar.

Überhaupt ecke ich in letzter Zeit oft mit Personen an, wenn ich meine eigene Begrenzung wahrnehme. Früher hätte ich mich darüber geärgert, aber nun weiß ich genau diese Auseinandersetzung mit der Person und damit mit mir selbst sehr zu schätzen. Statt in den Groll oder in den Ärger hineinzugehen, kann ich mir dies bewusst zu Nutze machen und zum Beispiel an und mit meinem Inneren Kind arbeiten. So komme ich immer mehr in die Freiheit. Und die Freiheit ist ja, wie du innerhalb meines Buches schon lesen konntest, ein Ziel, das ich mir nicht bewusst gesetzt habe, sondern das zu mir kam.

***

Den gesamten Juli verbringe ich wegen der Nachwirkungen meiner gebrochenen Hand vor einem Jahr in einer Rehabilitationseinrichtung in Bad Wilsnack in Brandenburg. Welch Fügung! Dies ist meine Chance, meine Familie zu sehen, wie schön! Mein Wunsch wurde erhört. Die Zeit genieße ich sehr.

Während des Rehaaufenthalts darf ich einfach heilen und mir eine Auszeit gönnen, um wirklich zu entspannen.

Den einen Tag fällt dreimal das *Neue Testament* im Zimmer im Regal um. Beim dritten Mal nehme ich es dann auf, denn es will mir was sagen. Ich schlage es auf, und die erste Stelle, die mir in den Blick kommt, ist, dass wir unsere Feinde, und nicht nur unsere Nächsten, lieben und segnen sollten. Ich muss an eine Person denken und weiß nun, dass ich in die Situation viel Liebe reingeben darf.

Danach stelle ich das Buch wieder an seine ursprüngliche Stelle zurück – und es fällt nicht mehr um.

Du kannst dir jedes Buch zur Hilfe nehmen und es intuitiv aufschlagen. Dein Blick fällt automatisch auf die Stelle, die gerade wichtig für dich ist. Du kannst auch vorab darum bitten, dass dein Auge genau das wahrnimmt, was für dich im Moment von Bedeutung für deine Situation ist.

Nicht nur die Bibel möchte mir etwas mitteilen, sondern auch Friederike. Ich kenne sie aus dem Einhornkartenlegekurs bei Patrizia, der gerade läuft. Sie gibt mir mehrere Impulse, die ich zum Teil schon ansatzweise wahrnehme, aber von ihr viel konkreter ausgesprochen werden. Ich fühle mich – auch ohne persönlichen Kontakt – geborgen und an die Hand genommen. Sie stärkt mich, meinen Fähigkeiten zu vertrauen. Das tut mir sehr gut. Und sie zieht eine Karte, die sich in mein Tun vor Ort einfügt: Kindliche Unbeschwertheit und Heilung vor Ort. Wie passend…

Denn durch die ganze Therapieablenkung nehme ich mir wenig Zeit für mich und Meditation, Tagebuch oder Kartenorakel. Dafür finde ich mich in einem Mann wieder, der meinen Seelenweg begleitet. Denn wir treffen uns zur selben Zeit am selben Ort. Der Austausch bahnt sich langsam an und mündet in einem Einswerden (du kannst hier deiner Fantasie freien Lauf lassen, aber das ist tatsächlich im reinen Gedankenaustausch ohne körperlichen Kontakt möglich). Ich komme definitiv aus meiner Komfortzone und aus mir heraus. Öffne mich, lasse mich mitreißen und bin unbeschwert wie lange nicht mehr. Mein Inneres Kind jubelt über so viel Ausgelassenheit, Trampolin springen, schaukeln, lachen. Eben die kindliche Unbeschwertheit. Und sehr offene Kommunikation. Es tut mir wahnsinnig gut. Ich spüre, dass ich mein notwendiges Einigeln der letzten Monate nun beenden kann. Das war wichtig, um mehr Vertrauen zu fassen, mein drittes Auge weiter zu öffnen, meine Intuition zu stärken.

Die Wolken zeigen mir im Kurpark täglich Engel, Drachen, Feen. Ich bin begeistert! Ich nehme sie einfach wahr. Ohne Interpretation. So wie ich bei „meiner" Schaukel im Kurpark eine dunkle Waldecke spüre. Wenn ich meine Tasche zum Schaukeln in den Sand stelle, überkommt mich immer ein Gefühl, dass jemand aus der Waldecke springen und sie entwenden könnte. Ich bitte mehrmals Erzengel Michael um Unterstützung, diese dunkle Ecke zu reinigen und Licht und Liebe hereinströmen zu lassen. Aber es genügt nicht.

Den einen Nachmittag zieht es mich wieder dorthin. Ich lasse mich wieder intuitiv leiten, welche Wege ich einschlagen darf, um zu meiner Schaukel zu kommen. Und ich werde um diese dunkle Waldecke herumgeführt und fange wieder einen inneren Monolog mit Erzengel Michael an. Und beim Sprechen merke ich, was ich alles wahrnehme. Da ich den Monolog nicht aus dem Verstand heraus führe, sondern er zu mir kommt, merke ich, dass es ein Dialog mit den Naturwesen ist, die dort im Park ansässig sind. Ich spüre sie dieses Mal nicht, ich plaudere kurz mit ihnen und erkläre ihnen, dass ich den Platz von den negativen Energien befreie, damit die Erde höher schwingen kann und das Dunkle weicht. Ich greife nicht in ihr Zuhause ein, sondern mache sauber, als würde ich Müll einsammeln. Das verstehen sie, denn ich spüre auf einmal ein Vibrieren in meinem Herzen. Wie wunderschön! Damit nicht genug, ich „plappere" weiter, weil dies in mir entsteht. Ich bitte Erzengel Michael darum, drei Elohimsäulen aufzustellen. Die Anzahl kam intuitiv zu mir. Und auf einmal weitet sich mein Monolog wieder.

Hier mal ein Beispiel meines Monologs: „Lieber Erzengel Michael, ich bitte dich darum, hier die negativen Energien zu lösen und Licht und Liebe einströmen zu lassen." Das wiederhole ich mehrmals, manchmal ändern sich dann meine Worte oder es kommen andere Aufgaben oder Lösungen oder Engel oder Wesen hinzu. Eben so, wie es in mir kommt. Dafür muss ich komplett aus dem Kopf raus sein. Dieser bewirkt nur das innere Sprechen und dass ich verstehe, was da in mir abläuft, welche Energien sich im Außen wandeln. Denn sehen kann ich dies (noch?) nicht.

Jetzt sprechen auf einmal drei Räuber mit mir! Aha, daher die drei Elohimsäulen und mein Gefühl, dass mir meine Tasche entwendet werden könnte! Sie sagen, dass sie nicht gehen wollen, da sie auf Beute hoffen. Ich sage ihnen, dass ich ihnen den Weg erleichtern möchte, in ihr Herz zu gehen, Frieden und den Weg nach Hause zu finden. Aber entscheiden tun sie, ob sie gehen wollen. Als ich ihnen sage, dass die Elohimsäulen glänzen, steigen sie meinem Gefühl nach ein und finden den Weg zurück ins Licht. Zumindest fühlt es sich für mich so an. Mir wird viel leichter ums Herz, die Bäume wirken nicht mehr so dunkel auf mich.

Für mich steht fest, dass es zu meiner Lebensaufgabe gehört, Plätze zu reinigen, Clearings durchzuführen. Die Orakelkarten haben dies bereits einige Male angezeigt, nun verstehe, verinnerliche ich dies auch. Ich kann diese

Lebensaufgabe nun auch annehmen und freue mich darauf!

Je sauberer die Erde ist (ob nun sichtbarer oder unsichtbarer Müll), desto besser können wir auf ihr leben. Desto friedvoller verläuft unser Leben. Wie ich schon bei der Ahnenheilung sagte: Wenn wir alles Negative lösen, wird es in der Welt nicht weitergegeben. Es kommt alles wieder in den Fluss, wir heben Blockaden auf.

Es ist vergleichbar mit einem verdreckten Fluss, der nicht fließen kann. Wenn immer mal wieder jemand Müll raussammelt, fließt der Fluss wieder seinen ursprünglichen Weg. Und dazu muss niemand von der Quelle bis zur Mündung alles reinigen. Nein, er macht es dann und dort, wo es ihn gerade überkommt. Ich habe ja auch nicht jeden Tag Lust, meine Wohnung zu putzen und mache es dann, wenn mir danach ist (und ja, sie ist längst nicht mehr so geleckt wie früher, weil ich mich davon frei gemacht habe, dass alles immer ordentlich sein muss).

***

Nur einige Tage später fahre ich mit dem Zug nach Wittenberge. Ich laufe gedankenverloren den falschen Ausgang heraus. Und da ich mal wieder nicht über meinen Schatten springe und umkehre, nehme ich einen längeren Umweg in Kauf. Aber dieser führt mich auch zu einer dunklen Hausecke. Von weitem sieht die Zahl 55 wie das SS-Zeichen aus. Ich denke, wenn ich es so wahrnehme, wird an dieser Stelle früher was gewesen sein. Sonst hätte ich die Zahl ganz klar als Zahl erkannt. Sofort habe ich die Eingebung, hier durch Erzengel Michael zehn bis fünfzehn Elohimsäulen aufstellen zu lassen. Mehr habe ich hier nicht zu tun, es kommt kein weiterer Mono- oder Dialog in mir hoch. Ich kann meinen Weg fortsetzen.

Manchmal lasse ich mich in meinem Monolog auch ablenken und führe dann die Reinigung nicht fort. Die ersten Male habe ich mich dafür verurteilt. Inzwischen bin ich fest überzeugt, dass an diesen Stellen nicht mehr zu tun war. Oder nicht für den Moment. Manchmal muss erst eine oberflächliche Reinigung stattfinden, damit sich tiefere Schichten zeigen und lösen können. Es ist, als wenn du Sonnencreme auf deiner Haut hast, die sich selbst mit Seife und Wasser nicht beim ersten Duschen abwaschen lässt. Hier ist es nötig, dass sich die Sonnencreme über einen längeren Zeitraum abstreift: Beim nächsten Duschen und auch im Handtuch und in deiner Kleidung. Also auf verschiedene Wege und zu verschiedenen Zeitpunkten.

Du kannst unterstützend immer die höchste Schöpferkraft um Hilfe bitten. Sie wirkt in der Tiefe und sendet dir immer die für dich passenden Energien.

Und jeden Abend erfreue ich mich über die Wesen, die sich in den Wolken am Himmel zeigen. Aber ich nehme sie mit dem Verstand wahr. Ich fühle sie nicht. Da fragen sie mich: „Wann begibst du dich endlich in unsere Hände?" Der Satz kommt wie von oben zu mir. Daher ist für mich klar, dass dies nicht aus meinem Verstand kommt, sondern dass dieser Satz zu mir getragen wird. Durch die Engel.

Dies ist ein unwahrscheinlich wichtiger Satz. Denn auch wenn ich die Wesen sehe, habe ich sie die letzten Wochen nicht beachtet. Ich habe mich ablenken lassen und darf nun wieder zu mir zurückkehren, meine innere Ruhe wiederfinden. Was nicht heißen muss, dass ich meine Unbeschwertheit zur Seite lege, sondern dass ich beides vereine. Es kann beides nebeneinander leben. Die innere Ruhe in Abwechslung dazu, dass ich meinen Umkreis, meine Komfortzone verlasse. Beispielhaft ist es an den Gewichten im Fitnesscenter zu sehen: Je länger ich die Therapie mache, umso höher schraube ich freiwillig die Wiederholungen und Gewichte. Ich verharre nicht in dem, was wir anfänglich festgelegt haben. Nein, meine Muskeln freuen sich über den Anreiz. Und so ist es auch mit meinem Bewegungs-/Aktionsradius im Alltag. Dieser möchte auch vergrößert werden!

Eines Abends bin ich fast verzweifelt, fühle mich unverstanden. Ich kann nicht so recht ausdrücken, was in mir ist und treffe immer auf Pauschalisierungen bei anderen. Aber es geht um die Details. Es geht nicht um das große schöne Blumenfeld, sondern um die kleinen Stempel in der Blüte, die zum großen Ganzen beitragen. Also das Dahinter ist meines Erachtens das Entscheidende. Daher wende ich mich an Jesus Christus und frage ihn, wie ich anderen Menschen erklären kann, was in mir vorgeht, wie sie mit ihrem Verstand verstehen können, was ich im Herzen fühle, welchen Prozess ich mitmache, warum ich manches anders sehe. Jesus antwortet mir mit einem ganz einfachen Wort: „Rausgehen." Und damit ist nicht die frische Luft gemeint, sondern die klare Kommunikation. Meine Gedanken offenlegen, egal, was andere dazu sagen. Nun ist es Zeit, damit rauszugehen! Das heißt, ich werde über meine Hellsichtigkeit und telepathischen Fähigkeiten sprechen. Als Bestätigung sehe ich in den nächsten Tagen viele Elfen am Himmel. Ich darf mich von ihrer Leichtigkeit und Zartheit berühren lassen. Und ich darf ins Herz gehen, mich erden. Meine Erdung ist sehr wichtig, um bei der klaren Kommunikation bei mir zu bleiben.

Dies tue ich mit einigen Menschen wie Silke ausführlich, mit vielen Menschen in meinem Umkreis jedoch nicht. Weil ich mich nicht traue. Weil ich meine, mit den Reaktionen nicht umgehen zu können. Und ich blockiere mich damit selbst. Das weiß ich schon. Daher gebe ich mir mehr Zeit.

Silke spielt auch hier im Brandenburgischen eine Rolle. Denn als ich mich wegen Ausflugszielen belese, kommt sie mir in den Sinn, als ich was zu einer slawischen Burg lese. Im Nachhinein meine ich sogar, dass ich Silke und die slawische Burg vor dem Lesen im Sinn hatte. Was wir dort in einem früheren Leben zu tun hatten, weiß ich nicht. Als ich Silke davon erzähle, sieht sie mich vor ihrem inneren Auge mit einer Ledertasche davonreiten. Spannend! Und als ich dann bei einer Ausstellung bin, in der die Slawische Burg ausgestellt ist, ist mir schlecht.

Ich bin fest davon überzeugt, dass wir in unserem jetzigen irdischen Leben immer wieder an Orte geführt werden, an denen wir in früheren Leben gewirkt haben. Silke war auf dieser Ecke bereits im Urlaub, ich als Kind auch. Meine Gautinger Vergangenheit bestätigt dies ja auch. Das muss nicht zwingend heißen, dass wir da was lösen müssen, aber uns zieht es unbewusst nochmals dorthin. Denn da ist ja unsere eigene Energie im Feld, von der wir uns angezogen fühlen. Meine Lektorin Franziska hat hierfür eine wunderbare Übung, um diese Energie frei zu geben: Geh in die Energie, als du als Kind dort gewesen bist, und löse sie mit deiner heutigen Erwachsenenenergie auf. Dadurch gibst du sie und dich frei.

Während des Klinikaufenthalts lese ich das Buch *Die Berge werden erbeben*, in dem es um Prophezeiungen, Hellsichtigkeit, außersinnliche Wahrnehmung, Telepathie, post- und präkognitive Fähigkeiten geht. In der Parapsychologie werden diese Phänomene untersucht. Dieses Buch gibt mir Kraft, weil es das beschreibt, was ich auch sehe, fühle, wahrnehme. Ich fühle mich nicht mehr so allein mit meinen Erlebnissen. Bereits früher wurde Menschen des Öfteren nicht geglaubt, wenn sie Dinge vorab sahen. Oder erst, als es zu spät war.

Viele Menschen behalten ihre Vision für sich, weil sie Angst haben, ausgelacht zu werden. Oder weil ihnen gar nicht bewusst ist, was sie da wahrgenommen haben. Oftmals überkommt die Vision den hellsichtigen Menschen einfach so. Sie kann nicht willentlich oder reproduzierbar herbeigeführt werden. Die Botschaft kann im Stress, in der Ruhe, im Gespräch oder im Schlaf kommen.

Ich habe während der Kur auch einen merkwürdigen Traum, in dem ich mit Hilfe eines türkischen Mädchens im Kinderwagen 16.000 Euro rette, indem wir es zu einem Frisörladen bringen. Ich selbst bin Deutsche, trage aber ein türkisches Gewand zur Tarnung. Auf dem Weg dorthin werden um uns herum Blumentöpfe bepflanzt, um das Bienensterben zu stoppen. Außerdem wird auf eine Entscheidung der japanischen Regierung gewartet. Als wir in dem Friseurgeschäft sind, wird von mir ein Foto gemacht. In dem Moment kommt der Mann, der hier während der Kur so eine wichtige Rolle für mich spielt, rein. Wir haben Blickkontakt, dann klingelt tatsächlich mein Wecker. Nun klingt das alles sehr wirr und ohne Zusammenhang. Aber vielleicht ist dies in ein paar Jahren zu verstehen. Vielleicht auch nicht.

Und ich träume auch, dass zwei bestimmte Autokonzerne fusionieren – und von welchem Hersteller die Karosserie und von welchem der Motor kommt. Warten wir ab, was in den nächsten Jahren geschieht.

Oft erinnern wir uns nicht an unsere Träume. Viele sind auch nur eine Aufarbeitung des Alltags. Einige aber auch Botschaften. Daher notiere dir, wenn du magst, deine Träume. Vielleicht fällt dir dann bei einem Ereignis ein, dass du dies schon wusstest oder geahnt hast. So weißt du, dass du auch Botschaften erhältst. Wir erhalten sie alle. Nur ist uns dies oft nicht bewusst. Manchmal gar unheimlich.

Während meines Klinikaufenthalts habe ich ein Telefonat, bei dem ich meine Meinung äußere und mich nicht mehr klein mache wie früher. Ich nehme mir auch die Freiheit heraus, zu einer anderen Zeit anzurufen als vereinbart, weil es sich für mich stimmig anfühlt. Ich definiere nun die Regeln! Das macht mich richtig stolz, ich gehe danach Trampolin springen und fühle mich unendlich frei. Als ich das Telefonat abends Revue passieren lasse, kommt mein Großvater zu mir und sagt: „Bleib dabei!" Oh ja, das bleibe ich. Ich bleibe mir treu, in meiner Kraft. Das Kleine darf gehen. Mein Inneres Kind jauchzt unendlich!

Ich muss mich während der Reha damit auseinandersetzen, was ich beruflich zukünftig machen will, meinen alten Job kann ich nicht mehr ausführen. Ich weiß es ja längst, blockiere mich hier noch selbst, habe noch nicht den Mut zu springen – und mein Zertifikat als Heilberaterin fehlt mir auch noch. Die Prüfung hat sich auf Ende des Jahres verschoben.

Ich mache mich ans Werk und notiere meine beruflichen Möglichkeiten. Früher hätte ich dies nicht getan, weil ich Angst davor hatte, was ich wirklich will. Und schon beim Aufschreiben der verschiedenen Lösungen fühle ich, welche für mich richtig ist. Ich fülle zwar die anderen auch aus, aber ich fühle nur eine im Herzen klingen. Ich mache mich nicht mehr klein, ich gehe in die Selbstständigkeit! Alles andere wäre ein weiterer Verrat an mich. Dass ich mich selbstständig machen will, weiß ich längst. Aber dass es sich während des Problemlösens so stark zeigt, haut mich fast um. Ich habe meine Glaubenssätze diesbezüglich abgelegt und werde es ab sofort auch klar kommunizieren. Und wer mir weiterhin eine Festanstellung einreden möchte, dem zeige ich den Spiegel seiner eigenen Ängste auf. Das sind nicht mehr meine. Juchhe, es fühlt sich immer besser an!

Gleichzeitig sehe ich nun in den Wolken immer wieder mein Krafttier, den Elefanten. Er ist bei mir und beschützt mich. Ich kann mich getrost auf den Weg machen, er trägt mich. Wie wunderbar, ich vertraue immer mehr und spüre immer mehr, was mein Weg ist. Unabhängig von anderen Ängsten und Sicherheitsbedenken und Glaubenssätzen. Diese gebe ich nun liebevoll an die andere Person zurück. Oh, das fühlt sich mehr als gut an!

Wenn wir offen für die Impulse sind, keine Orakelkarten oder Ähnliches zur Hand haben, werden uns Botschaften zum Beispiel über Wolken oder Abbildungen in Zeitungen/Büchern gesendet.

***

Nach fünf Wochen Reha ist der Alltag anders als vorher. Ich bin anders. Anfangs finde ich mich schwer ein und bin gerade durch viel Papierkram abgelenkt, aber ich spüre auch, dass ich viel mehr im Herzen bin. Ich muss nicht immer aktiv mein Herz öffnen, sondern es ist manchmal einfach offen. Und das ist das Gefühl, was meiner Meinung nach uns alle erfüllt. Aber die wenigsten Menschen kennen es. Oder nur in kurzen Momenten.

Vielleicht kennst du es, dass dich ein kleines Kind anstrahlt und dich im Herzen berührt. Das ist das Gefühl, das ich meine. Und dafür benötigen wir niemanden, der es in uns auslöst, sondern wir selbst tragen den Schlüssel dazu in uns. Wir können dieses Gefühl jederzeit aufrufen. Anfänglich noch durch Hilfe, indem wir zum Beispiel in einer Meditation dieses Gefühl auslösen. Mit der Zeit kommt dieses Gefühl zu uns. Wir fühlen uns Zuhause, egal, wo wir uns tatsächlich befinden. Die hohe Kunst ist es, dieses Gefühl in den Alltag mitzunehmen, insbesondere, wenn wir in einer lauten oder vollen Umgebung sind, andere Menschen durch unsere Aura hasten.

***

Und es gibt auch bald nach der Reha wieder meine Aha-Erlebnisse. So verstehe ich nun, warum ich immer eine Sonnenanbeterin war, mich oft der Sonnencreme entzogen habe. Ich wollte immer die Sonne direkt auf der Haut spüren. Ohne Chemie dazwischen. Ich bin mit der Sonne verbunden!

Bereits Anfang des Jahres hatte sich die Sonne in einer Meditation während meiner Engelheilerausbildung bei Alana gezeigt. Ich war ergriffen, aber verstand noch nicht, was es zu bedeuten hatte. Auch in einer Meditation mit Silke hatte sie sich gezeigt. Heute macht es durch ein Video, das ich mir anschaue, klick. Nun bedanke ich mich jeden Morgen bei der Sonne für ihr Sein. Und auch bei Jesus und meinen Geistführern. Ich kann die Sonne bitten, mit ihrem Feuer mein Leid zu transformieren, ihr meine Sorgen und Probleme übergeben. Nun verstehe ich auch, warum ich kaum noch dunkle Sachen tragen mag, mich immer mehr dem Weiß hingebe: Je heller die Sachen, umso mehr kann die Sonne energetisch auf mich wirken. Ich bin sehr dankbar für diese Erkenntnis der Zusammenhänge. Ich war schon immer viel draußen – und viele Menschen spüren auch die Sonnenenergie, wenn sie uns an grauen Tagen fehlt. Aber sie ist immer da! Und wir vertrauen jeden Tag darauf, dass sie am nächsten Morgen wieder aufgeht. Warum vertrauen wir dann unserem Leben nicht auch so einfach?

Auch meiner Handheilung vertraue ich, dass meine Hand wieder zu 100 Prozent einsatzfähig ist, wenn ich tatsächlich dafür bereit bin. Und da ich noch nicht in die Selbstständigkeit, also noch nicht in meine Eigenverantwortung gehe, blockiere ich auch meine Heilung. Krankheiten sind immer psychosomatisch. Dennoch unterstütze ich meine Hand regelmäßig. Heute mit einer Klangschale. Ich bitte die Engel um Unterstützung – und sehe einen blauen Drachen, der heilend hinzuzukommt. Danke, dass du dich zeigst, lieber Drache!

***

Einige Tage später ist das sogenannte Löwentor. Ich mache abends eine Meditation und nehme verschiedene Lichtwesen und blaues Licht wahr. Die Marienenergien, Jesus und Erzengel Michael sind sehr präsent. Und andere Wesen, die ich nicht benennen kann. Ich spüre, dass an meinem Körper gearbeitet wird, sich meine Energien ändern. Manche Körperstellen fühlen sich leichter an, an meinem dritten Auge und im Solarplexus spüre ich dafür einen Druck. Die Nacht schlafe ich sehr schlecht, weil Energien fließen.

Am nächsten Tag sind auch die Gänse am See sehr unruhig und machen viel Spektakel. Ich meine ja, dass die Tiere noch viel feinfühliger sind als wir. Ich nehme auch an diesem Tag Jesus öfter wahr und erkenne für mich, was es bedeutet, dass Gott allgegenwärtig ist. Er ist immer da, wir nehmen ihn dann wahr, wenn unser Herz offen ist. Und das hat alles überhaupt gar nichts mit der Kirche zu tun.

***

Endlich wird es Zeit für ein Frauenwochenende mit Quatschen und Treibenlassen. Ich besuche eine Freundin.

Die erste Nacht nehme ich eine Seele wahr, die eine Waffe (ich glaube, es ist ein Schlagstock) dabeihat. Da ich müde bin, fordere ich sie auf, die Wohnung zu verlassen, und ich schlafe weiter. Am nächsten Tag widmen meine Freundin und ich uns bewusst der Erlösung dieser Seele und machen eine energetische Reinigung, auch Clearing genannt.

Meine Freundin hatte bereits beim Einzug etwas Schweres in ihrer Wohnung wahrgenommen, daher habe ich Räucherutensilien dabei. Und auf der Autofahrt erschien mir bereits das goldene Christuslicht, daher verbinde ich uns nun damit. Es bereitet uns auf die Reinigung vor. Als ich die Seele rufe, nehme ich nicht nur sie, sondern eine zweite zaghaftere Seele auf dem Balkon wahr. Ich lasse sie nähertreten. Bis zu uns, aber nicht weiter. Sie haben wieder die längliche Waffe dabei, die sie sofort ablegen, als ich sie darum bitte. Sie sind sogar erleichtert, das schwere Zeug loslassen zu dürfen. Nun rufe ich Erzengel Michael – da er mir gerade in den Sinn kommt – um Unterstützung. Durch ihn lasse ich Elohimsäulen auf dem Balkon aufstellen. Die eine Seele nimmt dankbar ihren Weg nach Hause. Ich spüre es im Herzchakra und denke erst, dass meine Arbeit schon erledigt sei. Aber nein, die andere Seele ist sehr hartnäckig und möchte sich noch die Wohnung anschauen. Dies gewähre ich ihr mit dem Hinweis, dass dies nun die Wohnung meiner Freundin ist. Die Seele versucht mich durch Fragen abzulenken: Ob das Helle, Gelbe da draußen auf dem Balkon das Taxi sei (und meint die Elohimsäule). Und wer dies bezahle. Ich beantworte die Fragen, aber es ist klar, dass sie nicht bereit ist zu gehen. Das ist ja auch ihr Recht, wir alle haben unseren freien Willen. Aber ich werde streng und untersage der Seele jemals wieder diese Wohnung, das Haus, das Grundstück zu betreten. Sie wehrt sich arg, klammert sich an den Balkon. Ich wiederhole meine Aussage mehrmals und bitte Erzengel Michael um Unterstützung. Ich sage der Seele, sie ist männlich, dass seine Aufgabe hier erledigt sei. Er mag nicht gehen, zieht sich aber in das angrenzende Waldstück zurück. Ich atme auf. Aber meine Arbeit ist noch nicht erledigt, die Seele verbindet sich mit mir – oder ich diene für sie als Kanal zu dieser Wohnung. So genau weiß ich das nicht, aber ich habe so starke Rückenschmerzen, dass ich erst noch Erzengel Gabriel und Erzengel Raziel um Ablöse und Transformation alter Gelübde, Schwüre, Verstrickungen und Ahnengeschichten bitten muss. Dies hilft ein wenig. Ich muss jedoch meine Freundin als ableitendes Medium nutzen, um dies ganz gehen zu lassen. Dazu legt sie ihre Hand auf meinen Rücken, und ich spüre, wie diese Kräfte aus meinem Rücken heraus durch meine Freundin in Mutter Erde abgeleitet werden. Meine Freundin nimmt hierbei blaues erlösendes Licht an ihren Füßen wahr, und sie verstärkt es zusätzlich. Es wird leichter, freier. Als meine Schmerzen weg sind, bitte ich nochmals um eine Elohimsäule im Waldstück und sage der Seele, dass sie entscheidet, ob sie diese nutzen möchte, um nach Hause, in den Frieden zu kehren. Sie geht, verabschiedet sich sogar bei uns! – Und meine Freundin spürt es im Herzchakra. Es vibriert. So wunderbar! Nun ist auch der rosa Engel der bedingungslosen Liebe von sich aus bei uns und hüllt uns mit seinem Licht ein. Ich verstehe in dem Moment, warum ich mir gerade heute die rosa Schuhe kaufen „musste“: Ich trage mit ihnen die bedingungslose Liebe in die Welt! Was für ein wunderbares Zeichen.

Wir sind geschafft nach dieser Reinigung und machen zur Ausleitung der noch festsitzenden Energien beide ein basisches Fußbad. Anschließend fallen wir völlig erschöpft ins Bett und verschieben das Räuchern auf den nächsten Tag. Das Räucherbündel hatte ich bereits vor einiger Zeit zusammengestellt, weil ich den einen Tag beim Spaziergang spürte, dass ich die Wohnung meiner Freundin reinigen darf – nur ihre Zustimmung benötigte ich dafür.

Ich bin unendlich dankbar für diese Gabe des Clearings!

Dass diese energetische Reinigung Clearing heißt, erfahre ich erst Monate später. Hierbei werden Fremdenergien entfernt. Einige Menschen sind in der Lage, verschiedene Energien wahrzunehmen und zu wandeln. Ich werde immer wieder an Orte gerufen, um Seelen zu erlösen, erfahre ich mit der Zeit. Wenn dir unheimlich ist, setze die Absicht, dass du solche Dinge nicht erfährst, weder über deine Ohren noch über Erlebnisse. Dies wird von den Seelen und der geistigen Welt respektiert. Ich finde es spannend, auch wenn es anstrengend ist. Ich finde es schön, Seelen zu erlösen, sie von ihrem Leid zu befreien, der Natur wieder Raum zum Atmen zu geben.

Ich werde gemeinsam mit anderen Menschen zu Orten geführt, um Clearings vorzunehmen. Die andere Person nimmt dabei manchmal gar nichts wahr oder das Geschehen drumherum, das ich wiederum nicht spüre.

***

Als ich von dem wunderschönen Wochenende zurück bin, zieht es mich zum Spaziergang raus. Und ich lasse mich wie immer treiben, wohin mich mein Weg führt. Auf einmal fährt ein weißer Bus an mir vorbei – und ich weiß, es ist das Modell, das ich mir kaufen werde. Und weil ich doch zögerlich bin, bitte ich die Engel darum, mir das Autokennzeichen CC zu senden, wenn es wirklich der Autotyp ist, der für mich bestimmt ist. Wie oft mir nun dieses Autokennzeichen gesendet wird, ist gigantisch! Einige Tage später lasse ich mich beispielsweise wieder nach dem Einkauf nach Hause treiben und spüre an jeder Kreuzung in mich hinein, welchen Weg ich heute gehen sollte. Und dadurch werde ich dreimal an dem Kennzeichen vorbeigeführt.

Bevor ich zu meiner Freundin gefahren bin, habe ich dies auch schon getan: Da mir immer wieder Franz von Assisi in den Sinn kam, bat ich auch hier die Engel, mir das Kennzeichen zu senden, wenn er ein Geistführer von mir ist. Bei dem folgenden Spaziergang bin ich aus dem Staunen gar nicht mehr herausgekommen. Und wenn du dich an mein erstes Kapitel erinnerst – Franz kam als Name schon sehr früh zu mir. Es hängt eben alles zusammen. Immer wieder freue ich mich über diese Zusammenhänge, die ich früher als Zufälle bezeichnet hätte.

Und es ist ja nicht so, dass ich jedes Autokennzeichen anstarre. Sondern ich überquere eine Straße und dann fährt genau vor mir ein Auto mit dem Kennzeichen vorbei oder steht gerade an der Kreuzung.

***

Ein paar Tage später erhalte ich von Birgit, mit der ich im Mai die Fremdenergien nicht abgelöst hatte, eine Nachricht, die sie unabsichtlich an mich sendet: *Stop lying. Stoppe das Lügen.* Erst will ich dies so stehen lassen. Aber da ich weiß, dass nichts zufällig ist, weiß ich, dass die Nachricht zu mir kam, um mir etwas zu sagen. Einige Tage zerbreche ich mir den Kopf darüber. Mir kommt immer wieder meine Familie in den Sinn. Dass ich ihnen, bevor dieses Buch erscheint, mitteile, was ich alles sehe, spüre und wahrnehme. Unabhängig davon, was sie von mir denken können. Aber mein Inneres Kind ist noch ängstlich, hascht nach Liebe. Diese bekommt es, wenn ich einfach nichts sage. Dann ist das heile Bild nach außen gewahrt und alles scheint gut zu sein. Aber der Schein trügt. Denn dies ist mein altes Muster. Und weiß ich nicht, dass ich mich befreie, wenn ich schonungslos das erzähle, was ich bin, was mich ausmacht?

Letztendlich ist es die Aussage, dir mir Jesus schon auf der Kur mitgegeben hat: Rausgehen. Finde endlich den Mut. Hier im Buch schreibe ich es ja auch nieder. Warum also nicht auch verbal?

***

Wiederum einige Tage später habe ich das Bedürfnis, meine Affirmationen, die ich an meinem Spiegel hängen habe, zu entfernen. Es fühlt sich nun freier an. Immer wieder kommen gerade Momente zu mir, in denen ich meine innere Freiheit und meinen inneren Frieden wahrnehme. Sie zeigen sich immer präsenter – und ich lasse mich auch von Äußerlichkeiten seltener aus dieser Ruhe bringen. Selbst als bei uns im Haus Bauarbeiten sind, gehe ich in mein Herz und lasse den Lärm Lärm sein. Ein wenig rege ich mich auf, aber früher wäre ich nicht so ruhig geblieben. Immer mehr verstehe ich den Satz, in dem es heißt: Wenn du eine dich ärgernde Situation hast, ändere sie, verlasse sie oder gehe anders mit ihr um (bekannt als love it – change it – leave it). Aufregen bringt nichts, belastet nur meinen Körper. Ich kann klingeln gehen und zumindest für Ruhe in der Mittagszeit sorgen. Oder aber ich finde die Ruhe statt des Ärgers in mir und gebe dem Lärm keinen Raum in mir. Ich entscheide, wie ich mit der Situation umgehe. Und ärgern bringt einfach so absolut gar nichts, außer ich wünsche mir Bluthochdruck und eine Gefäßverengung.

***

Die nächsten Tage sind turbulent. Von etlichen Menschen höre ich, dass alte Sachen aufkochen, sie schlecht schlafen. So geht es mir auch. Ich muss mich bewusst erden, meine Trommel oder Klangschale anklingen lassen, um mich nicht zu verlieren. Die Portaltage mit folgendem Vollmond haben es im Moment in sich. Erkennen tue ich es auch bei mir im Äußeren: Ich bin unkonzentriert, schaffe einige Dinge nicht. Wegen des Dauerregens suche ich mir Aufgaben, die mich Zuhause erden: Basteln und Kochen und Nähen sind optimal hierfür geeignet.

Auch habe ich das Bedürfnis, zum Monatswechsel noch ein Kartenorakel zu legen. Ich brenne für meine Leidenschaft, soll mir aber auch Erholung gönnen, um in meine Kraft zu kommen. Sehr interessant, denn genau dies lege ich auch für andere. Als hätten die Karten sich abgestimmt. Ein Zeichen, dass dies im Kollektiv wichtig ist.

***

Diese Unruhe hält eine Weile an. Die Energien sortieren sich. Ich nehme mich in meinen Kontakten wieder zurück, lausche auf meine Impulse, betreibe bewusst Selbstfürsorge. Und freue mich auf das kommende Wochenende in Lindau.

Bis dahin sind aber noch ein paar Tage Zeit… Ich spüre in diesen Tagen extrem, welcher Kontakt, welche Bemerkung mir etwas aufzeigen möchte. Warum ich etwas erlebe, damit ich das negative Gefühl dahinter löse. Ich sehe in jeder Situation den Spiegel, um mich selbst aus der Situation lösen zu können. Wie das aussieht? – Fast alles triggert mich gerade. Statt wie früher dies auf die andere Person zu projizieren, sehe ich nun meinen Anteil daran.

Beispielsweise nehme ich die Angst meines Gegenübers vor der Zukunft wahr. Früher wäre ich entweder mitgegangen, hätte die Angst mitgefühlt oder sie von mir ferngehalten, indem ich mir gesagt hätte, dass ich keine Angst habe – und hätte mir Beweise gesucht, in denen ich sehe, dass ich keine Angst habe. Oder ich hätte dem anderen Tipps gegeben, wie die Angst zu lösen ist. Heute nehme ich die Angst des Gegenübers wahr und spüre in mich rein, wovor ich Angst habe. Auch vor der Zukunft? Oder davor, meinem Gegenüber die Meinung zu sagen? Oder ist es nur eine Projektion? Diese Antworten kommen viel klarer zu mir, ich kann mein negatives Gefühl viel schneller wahrnehmen und auch lösen, indem ich es bewusst wahrnehme. Und ja, manchmal gehe ich auch noch in die Angst meines Gegenübers rein, aber meist kann ich die Angst bei der anderen Person lassen und schauen, was es mit mir macht.

Andere Beispiele sind Aussagen oder Fragen an mich, damit mein Gegenüber seine eigenen Gefühle nicht wahrnehmen muss. Diese kann ich inzwischen wunderbar bei dem anderen lassen, denn es ist sein Gefühl, nicht meines. Zum Beispiel Ängste und Sicherheitsgedanken in Aussagen wie: „Stell dir mal vor, dann wäre ich nicht mehr!“ oder „Vielleicht nimmst du doch erstmal eine Festanstellung, bevor du dich selbstständig machst.“ oder ein „eher nicht“ statt einem Nein, um keine klare Position beziehen zu müssen. Aber auch direkte Konfrontation wie „du wirkst aggressiv“ oder „du verbreitetest Angst“. Dahinter stecken die Gefühle der anderen (und ich kann mir anschauen, wie ich etwas formuliert habe, um dies gegebenenfalls beim nächsten Mal sanfter zu tun), aber sie schieben ihre Ängste als Auslöser auf mich, um sie nicht in sich selbst zu finden. Denn das ist der schmerzhafte Teil des Prozesses. Und ich kann für mich schauen, was es mit mir macht.

Auf alle Fälle nerven mich die vielen Pauschalisierungen, Schuldzuweisungen, die wir in der Gesellschaft permanent machen. Immer sind andere Schuld.

Wer in seine Eigenverantwortung und Selbstliebe geht, erkennt die Schuld und das damit verbundene Gefühl in sich. Selbst wenn die Bahn zu spät kommt. Sie spiegelt mir nur meine eigene Unzufriedenheit, Unverlässlichkeit, meinen Kontrollzwang oder meine Wut.

Ein fast aktuelles Beispiel habe ich hierfür: Während meines Rehaaufenthaltes habe ich einmal mein Zimmer gewechselt. Das erste Zimmer über der Küche war zu laut, ich konnte mich kaum erholen, da ich morgens um halb sechs geweckt wurde, mittags keine Ruhe fand und abends bis nach 22 Uhr geklappert wurde. Im zweiten Zimmer hörte ich eine Lüftung. Ich bin den ersten Abend nach dem Umzug fast ausgerastet, war kurz davor, meine Koffer zu packen und abzureisen. Ich weinte mich vor Frust in den Schlaf. Am nächsten Morgen erkannte ich, dass sich hier meine innere Unruhe zeigt, dass ich gerade nicht bei mir bin und etwas übertönen möchte. Ich verstand, dass ich in der sogenannten Opferrolle bin und meine Wut auf den Lärm übertrug. Natürlich ist Lärm Stress und unangenehm, aber ich kann entscheiden, wie ich damit umgehe. Ich kann erkennen, dass die Disharmonie in mir ist. Und mir überlegen, wie ich sie löse. Zum Beispiel mit Entspannung und der Annahme der Situation und einem Rhythmuswechsel, sodass ich die Nichtlärmzeiten für Meditationen nutze und bei Laufzeiten der Lüftung an die frische Luft gehe. Ich entscheide, wie ich damit umgehe, ob ich mich weiter ärgern will oder es mir gut gehen lasse.

Vielleicht ist dies für dich (noch) nicht nachvollziehbar. Ich meine, dass alles im Außen (also alles, was nicht ich bin) ein Spiegel meines Inneren ist. Bin ich im Gleichgewicht, ist es mein Außen auch: Meine Beziehungen, meine Finanzen, mein Glück, mein Job,… Dies ist nicht nur meine Ansicht, als Lese- oder Hörtipp kann ich dir hier Robert Betz mitgeben.

***

Endlich steht Lindau wieder auf dem Plan! Dieses Mal im Doppelpack, da ich aufgrund meiner Reha ein Wochenende verschieben musste. Aber da alles nach meinem göttlichen Plan verläuft, hat dies genau so seinen Sinn.

Bevor ich jedoch nach Lindau fahre, geschehen noch kleine Wunder. Ich verbinde mich in einer Meditation mit der Sonne und spüre, wie ich licht- und kraftvoller werde. Außerdem kommt mein Krafttier, der Elefant, zu mir. Er gibt mir die Weisheit mit, dass ich ebenso stark bin wie er, und auch ebenso zart. So sanft wie er mit seinem Rüssel agieren kann, kann ich auch sein. Das berührt mich sehr.

Am Abend gebe ich eine Meditation. In dieser spüren wir in unsere Mitte. Zu mir kommt ein grün-goldener Lichtstrahl. Ich nehme einen grünen Drachen wahr. Dass ich eng mit dem grünen Wasserdrachen verbunden bin, weiß ich inzwischen. Aber dieses Mal ist es der grün-goldene Drache vom Sirius. Er hat die Botschaft für mich, in diesem Fall muss ich sie nachlesen, dass ich das in mir ruhende Wissen weitergeben soll. Ich bin total berührt. Ich werde immer feinfühliger und intuitiver. Es ist wundervoll.

Auch in Lindau ist es wundervoll. Ich habe eine Unterkunft mit Dachterrasse, von der ich nicht nur wunderbare Sonnenauf-, sondern auch wunderschöne Sonnenuntergänge und Engel in Wolken beobachten kann. Es fühlt sich einfach fantastisch an. Ich fühle mich wieder wie Zuhause, geborgen, ganz bei mir. Es fließt alles so dahin, wie es sein soll, wie es für mich stimmig ist. Danke liebes Universum.

Auf dem Weg zum Heilberaterinstitut sehe ich den einen Morgen Parkplätze eines Hotels. Die sind mir noch nie aufgefallen. Ich denke an mein Prüfungswochenende und will mir das Hotel vorher online anschauen. Dies ist gar nicht nötig, denn am nächsten Morgen liegt eine Visitenkarte dieses Hotels auf der Straße. Das Zeichen, dass ich es buchen muss. Ich schreibe noch in Lindau eine Mail, erhalte prompt Antwort. Das Zimmer kostet viel weniger als ausgeschrieben – und es ist das letzte! Was für eine Fügung. Damit nicht genug, am nächsten Abend werde ich beim Heimweg an dem Hotel vorbeigeführt, ich muss es also auch nicht mehr auf der Karte suchen. Denn die Parkplätze liegen nicht direkt beim Hotel. Es berührt mich so sehr.

Berührt bin ich auch von der Meditation, die der Ausbildungsleiter Markus am Morgen mit uns macht. Es fließen viele Tränen – und ich trage mit Stolz mein vollgeweintes T-Shirt. Es hat sich so viel gelöst, dass ich mich im Spiegel selbst als viel jünger und weiblicher wahrnehme. Es ist himmlisch!

Mittags springen wir immer in den Bodensee, jauchzen wie kleine Kinder, erfreuen uns am Leben. Herrlich, herrlich! Was für ein wunderbares Wochenende nach so einer langen Auszeit!

Am zweiten Wochenende wartet eine doppelt so große Gruppe auf mich. Das wusste ich vorab, und dennoch bin ich überfordert. Was für eine wirbelige, unruhige Energie! Anna-Katharina, die diesen Kurs auch nachholt, und ich flüchten mittags immer zu zweit ans Wasser, um wieder zu uns zu kommen, uns zu reinigen. Es ist eine ganz neue

Erfahrung, aus der ich mitnehme, dass ich feinfühliger bin, als ich mir bisher eingestanden habe. Also eine sehr wichtige Erfahrung, die mir zukünftig wichtig zu sein scheint – was mir auch eine der Teilnehmerinnen bestätigt. Ich merke selbst, wie ich dieses Wochenende lauter und unruhiger bin. Und erkenne mich in vielen Situationen der letzten Jahre. Was stand ich oft neben mir, wird mir jetzt so richtig bewusst. Und ich bin dankbar, dass ich inzwischen selten neben mir stehe.

An diesem Wochenende habe ich mehrere Gespräche über das Fließenlassen und Annehmen von dunkler, schwerer, negativer Energie. Bisher neige ich dazu, diese abzulehnen – aus Angst und Unkenntnis. Dabei hatte mich mein Großvater mit der Botschaft der Teufelskarte vor einiger Zeit bereits daran erinnert, dieses Thema zu bearbeiten! Und Andrea, die mir dies in ihrer ruhigen und sanften Art an diesem Wochenende erklärt, nimmt mir sofort die Angst. Andrea kennst du bereits vom Februar, als mein Yoni-Ei zu mir kam.

Noch kurz zurück zu den negativen Energien. Ich hatte dir bereits Schutzmethoden vorgestellt, damit du dich in bestimmten Situationen abschirmen kannst. Es ist jedoch auch wichtig, die dunklen, schweren Energien fließen zu lassen, sie anzuerkennen, nicht abzulehnen. Wissen tun wir es (fast) alle. Aber die praktische Umsetzung erfordert Offenheit und Standfestigkeit. Es ist ähnlich wie bei einer Schreckensnachricht, die dich mehr trifft, wenn du sowieso gestresst bist, als wenn du gerade erholt und in deiner Kraft bist. Wenn du zum Beispiel die Farbe Schwarz ablehnst, kannst du nun schauen, was die Farbe mit dir macht, wie dir die Kraft verloren geht, nach unten sinkt. Nun schaust du dir das Pendant, in diesem Fall weiß oder auch rosa an – was macht das mit dir? Tankst du wieder auf? – Mit dieser

Übung kannst du selbst das Schwere, Negative wahrnehmen, es spüren und zulassen; und dich anschließend wieder aufladen. Dadurch bist du gestärkt und kennst dein Werkzeug, wenn dich Negatives zu überrollen scheint.

Negativ und Positiv sind übrigens nur Bewertungen von uns Menschen. Wir beurteilen etwas als negativ, weil es uns schmerzt, wir es nicht haben wollen. Aber die Sache an sich ist vollkommen neutral und kann im nächsten Moment sogar positiv sein: So kann ich das eine Mal über einen Stein stolpern und mich (über ihn) ärgern, beim nächsten Mal finde ich ihn wunderschön (weil ich dieses Mal wahrnehme, dass er in der Sonne glänzt und ich eben nicht darüber stolpere). Der Stein an sich ist aber der gleiche. Nur meine Sichtweise ist eine andere. Und das Ablehnen der dunklen, schweren, negativen Energie führt dazu, dass wir sie ins Unterbewusste verbannen, aus dem sie immer wieder ungewollt hervorkommt. Du kennst sicherlich einen Menschen, der wahnsinnige Angst vor dem Tod hat – und darüber nicht sprechen oder etwas hören will. Diese Person verbannt unbewusst das Thema und macht es damit immer schwerer, unschöner, negativer und anstrengender für sich selbst, dieses Thema von sich fern zu halten. Mit einem Einlassen auf dieses Gefühl wäre das Thema nicht mehr beängstigend. Das Einlassen auf ein Gefühl ist zum Beispiel über das Innere Kind möglich.

Apropos Andrea und Yoni-Ei: Auch wenn mein Verstand ein zweites Ei wünscht, sagt mein Gefühl und ebenso das Eifindungsritual, das Andrea und ich gemeinsam machen, dass ich für den Moment kein zweites benötige. Okay, meiner inneren Stimme lausche ich.

Auch als mein Inneres Kind aufkreischt, höre ich nach einigem Zögern auf meine innere Stimme. Denn ich muss an diesem Wochenende etwas teilen. Eine Situation, die vorab extra anders für mich gelöst wurde, ist nun doch ganz anders. Vor meinem inneren Auge nehme ich eine Situation aus Kindertagen wahr, die sich hier präsent zeigt. Sie ist auch jetzt schmerzlich, weil ich mich übergangen fühle. Mein Verstand sucht nach einer anderen Lösung, findet aber keine. Also überlege ich mir, was das Beste für mich ist – und gebe es an die Engel ab. Sofort werde ich ruhiger. Und als es dann so weit ist, sprechen wir offen, fühlen in uns rein und finden eine harmonische Lösung für uns – und ohne, dass ich bockig werde(n muss), löst es sich genau so, wie es für mich am besten ist. Also jeder Stress vorab war umsonst. Aber so wichtig, um zu sehen, wie ich inzwischen vertraue und für mich einstehe. Wunderschön, wie es fließt!

Es fließt auch mit einer Teilnehmerin, die mir bei der Begrüßung sofort vertraut ist: Ulrike. Nur zwei Tage nach dem Kurs treffen wir uns und finden uns in der anderen wieder. Wir erkennen Parallelen und nehmen wahr, dass wir seit Avalon verbunden sind. Ich freue mich auf weitere Treffen und Inspirationen. Danke für diese Zusammenführung!

So offen wie ich sofort mit ihr reden kann, spreche ich auch im Restaurant am Abend mit einer weiteren Frau. Ohne Scheu und ohne Zweifel. Weil es unsere Wahrheit ist und wir die Energien spüren. Kein Verstellen mehr.

***

Schon vor ein paar Wochen wurde ich zu Renate geführt, weil ich online ihren Zauberstab bewunderte. Ich bestellte nicht nur so einen Zauberstab, sondern auch ein Duftspray der Wölfin. Nach Lindau ist nun die Zeit, dass

Renate mich mit meinem Wolf oder meiner Wölfin bekannt macht, uns verbindet.

Mit diesem Duft darf ich ins Tun kommen, ich selbst sein und mich beschützt fühlen. Es geht ganz klar um Heilung und darum, in meine Kraft zu kommen. Der Wolf steht als Krafttier für das Rudel und das intuitive Anführen des Rudels.

Bereits beim Anschauen des Wolfsbildes habe ich das Gefühl, dass ich zwei Wölfen in die Augen schaue. Ein Auge wirkt auf mich männlich, das andere weiblich. Auch nehme ich in der Zeremonie weibliche und männliche Energien wie Geborgenheit, Vertrautheit und Stärke sowie Bestimmtheit wahr. Als ich meinen Wolf nach ihrem/seinen Namen frage, kommen auch zwei Namen! Und nun begleiten mich zwei große kräftige und graue Wölfe, wie wunderbar! Mori ist die Wölfin, die ab sofort sehr präsent an meiner Seite ist. Und Moari ist der Wolf, der sich im Hintergrund hält. So wundervoll, sie zu spüren und rufen zu können. Ich fühle mich stark und noch mehr beschützt, es ist großartig!

Als ich nächsten Abend diese wunderschöne Zeremonie nochmals Revue passieren lasse, wird mir bewusst, wie oft sich der Wolf schon gezeigt hatte! In Meditationen, aber auch, als ich mein Elefantenbild für das Schlafzimmer kaufte. Es stand in enger Auswahl zu einem Wolfsbild. Ich war wohl nur noch nicht bereit, diese Kraft anzunehmen. Nun bin ich es. Und freue mich auf das, was kommen mag!

Nur einen Tag später nehme ich nach langer Zeit in meinem Baum vor meinem Balkon wieder ein Wesen wahr. Es ist mein Wolf! So einzigartig schön – ich fühle mich so geborgen.

Mit dem Duftspray arbeite ich nun viel und freue mich auf das, was sich in mir und aus mir heraus zeigen mag.

Und es mag sich einiges zeigen. Ulrike kommt spontan zu Besuch vorbei – und löst in mir ein Gefühl aus, das ich kenne – und nicht zulassen mag. Mein Verstand sagt, dass es nicht sein kann. Und doch spüre ich, dass an Ulrikes Aussage etwas dran sein muss: Dass es ja sein könne, dass ich mit 24 einen Abgang, also eine Fehlgeburt, hatte (und damit dieses Buch umschreiben müsste!). Ich erinnere mich, dass ich damals mit 23 dachte, was wohl wäre, wenn ich jetzt schwanger wäre – aber ich ließ die Frage nicht zu, gab ihr bewusst keinen Raum. Damals nicht – und heute auch nicht. Als ich wieder allein bin, fühle ich in mich rein. Mag es ein Mädchen oder ein Junge gewesen sein? Es meldet sich erst Emma, dann Fridolin! Und kurz darauf Karl! Ja, was ist denn da los? Um auszuschließen, dass mein Verstand mir einen Strich durch die Rechnung macht, nehme ich unterstützend mein Pendel zur Hand. Mit diesem visualisiere ich für den Verstand, was ich bereits fühle: Ich war mit 23 schwanger (dann wäre ich mit 24, wie ich in meiner Vorhersage bereits wusste, Mutter geworden) mit Zwillingen! Und zu einem späteren Zeitpunkt trug ich für kurze Zeit Karl in mir. Auch dafür war ich damals nicht offen. Nun bin ich innerhalb

einiger Minuten Mutter von drei so kleinen Seelchen geworden. Ui, das muss ich erstmal mit einem Schläfchen verarbeiten. Ich kuschle mich tief ein – und als ich erwache, schwirren mir sofort die drei Namen wieder durch den Kopf. Ich werde sie in mein Leben integrieren, ihnen einen Altar einrichten. Und als ich mich nach Geborgenheit sehne, spüre ich, dass meine Wölfin Mori bereits zu meinen Füßen liegt und wissend schaut. Sie kennt die Situation auch.

***

Ulrike erzählt mir von mehreren Fügungen in ihrem Leben, die bestätigen, dass nicht nur ich so etwas kenne. Hier ein Beispiel: Sie muss aus Platzmangel einen kleineren Schreibtisch kaufen und den alten, größeren deshalb schnell loswerden. Am Morgen weiß sie bereits, dass dies abends erledigt sein wird. Es ist das klare Wissen, das du bereits von Silke kennst. Und tatsächlich meldet sich am Abend ein Käufer, um den Schreibtisch abzuholen. Weil die Energie bereits im Feld war!

Die Energien bewirken, dass wir so klar wissen, dass etwas eintreten wird. Du kannst deine Absicht noch verstärken, indem du das Universum, Gott, die Engel, die Urquelle (oder an was du glaubst) um Unterstützung bittest.

***

Jetzt im Oktober 2020 habe ich das Bedürfnis, mit meiner Großmutter Kontakt aufzunehmen – nicht via Telefon, sondern auf Seelenebene. Ich glaube sogar, dass sie den Kontakt sucht, das Gespräch mit mir wünscht. Ich spreche also mit ihr. Klartext. Sie möchte die Erde verlassen. Davon spricht sie zwar schon lange, aber nun scheint es endgültig zu sein. Ich weine und weiß, dass es so sein soll. Am Ende unseres Gesprächs frage ich sie, ob sie einen meiner Wölfe an ihrer Seite haben möchte – und es zeigt sich der männliche, Moari. Meine Großmutter ist sehr dankbar für die Unterstützung.

Als ich Moari am nächsten Tag an meiner Seite benötige, schläft meine Großmutter gerade. So kann mich Moari begleiten. Und als ich fertig bin, geht er wieder zu meiner Großmutter zurück und bettet sich neben sie. Nur einen Tag später erhalte ich den Anruf, dass meine Großmutter gestorben ist.

Ein paar Tage später zeigt sich sodann meine gestorbene Großmutter bei einer Fernheilung, die ich bei Frauke gebucht habe. Mit Frauke hatte ich letztes Jahr die Ahnenheilung gemacht. Meine Großmutter lässt mich wissen, dass alles gut so ist, wie es ist. Und sie möchte in meiner Nähe sein, gibt mir den Frieden meiner weiblichen Ahnen weiter. So wunderbar! Ich habe das Gefühl als streichle sie mein Gesicht. Ich fühle mich geborgen und geliebt.

***

Kurz vor meinem 40. Geburtstag „überkommt" es mich: Ich sehne mich nach meinem Ursprungsnamen. Diesen kann ich mir für genau 40 Euro channeln lassen. Sehr passend, und ich beschließe, dass ich mir dies zu meinem Geburtstag schenke.

Der Brief kommt einige Tage vor meinem Geburtstag an – und bereits im Adressfeld kann ich meinen Ursprungsnamen lesen. Hui, es kribbelt am ganzen Körper, ich schnappe mir sofort mein Fahrrad und radle in den Wald. Ich mag Stille um mich haben und die Informationen in Ruhe lesen. Fabijenna. Für mich – neben Christine – der schönste Name! Was bin ich mit zwei so göttlichen Namen gesegnet! Fabijenna bedeutet weiße Hohepriesterin und entstammt der Christusenergie. Meine kosmischen Eltern, die meine Energie erschaffen haben, sind Lady Nada und Jesus Christus. Daher heiße ich wohl Christine?

Die Attribute (das sind sozusagen ihre Charaktereigenschaften) meiner kosmischen Eltern sind die bedingungslose Liebe, das Lindern von Traurigkeit und Sorge sowie – und das kennst du schon! – die Herzöffnung. Dies darf ich in die Welt tragen. Welch Ehre!

Ich bin ganz beseelt und glücklich. Und weißt du noch, dass ich vorhin mal schrieb, dass ich mich mit der Magdalenenbewegung so verbunden fühle? Lady Nada gehört auch dazu! Und ihre Farbe ist pink – eine Farbe, die in den letzten Monaten immer mehr Einzug in mein Leben erhielt. Kein Wunder...

Der Ursprungsname ist die ganz ursprüngliche Essenz dessen, woraus sich später unsere Seele formt. Es ist ein Energiefeld, der göttliche Kern, aus dem sich meine Seele geformt hat, die in meinem Körper inkarniert ist.

Kosmische und irdische Eltern können wunderbar nebeneinanderstehen wie es unsere Großeltern auch tun. Niemand ist mehr oder weniger Eltern. Alle sind da und tragen zu meinem Wesen bei. Ohne meine irdischen Eltern wäre ich nichts. Ohne meine kosmischen Eltern könnte ich meine Lebensaufgabe nicht erkennen und ausführen. Eine meiner Aufgaben hältst du gerade in deinen Händen.

***

Immer und immer wieder sehe ich Drachen in den Wolken. Und immer kommt mir der *Feuerdrache* in den Sinn. Als ich erst Tage später nachschlage, wofür der orange Feuerdrache steht, erkenne ich, wie wichtig er gerade für mich ist. Denn er kann Fremdenergien transformieren. Und ich habe viele Fremdenergien an mir haften. So viele, dass ich sogar im nasskalten Rasen 30 Minuten barfuß laufe, um wieder ganz bei mir anzukommen. Es ist ein wunderbarer Herbstspaziergang, und ich genieße die Natur. Ich spüre, wie ich immer mehr für mich einstehe, mich immer freier fühle. Es ist beglückend!

Und wie passend, dass Silke mir zu meinem 40. Geburtstag einen Drachenduft schenkt, auf dem ein oranger Drache abgebildet ist. Ich kann nur wiederholen, dass nichts zufällig ist.

Und nicht nur das ist passend, sondern auch das Buch, das Silke mir schenkt. Als ich in ihm lese, erhalte ich die Information, wie mein nächster Buchtitel heißt. Danke, danke, danke! Danke an Silke, meine geistigen Helferlein, Gott und die vielen lieben Menschen an meiner Seite! Klar ist, dass ich dieses Buch nun wirklich beenden soll, die Zeit für das neue Buch noch kommen wird.

Ich danke auch dir für dein Vertrauen! Ich wünsche dir, dass du dich in diesem Buch wiederfindest, ich dir meine Hand reichen konnte.

Von Herzen alles Liebe für dich! Unsere Seelen sind sich bekannt, wir sehen uns wieder.

***

Ich spüre bereits seit ein paar Tagen, dass ich eine Entwicklungsstufe erreicht habe, in der ich für den Moment bleiben darf. Die Energien sind wirbelig, meine Prioritäten wollen gesetzt werden. Auf meine Zukunft als Unternehmerin. Dafür absolviere ich nun die Heilberaterprüfung, beende mein Buch, schaffe Synergien und lasse mich auf neue Seelen und Gesichter in meinem Leben ein.

Es ist gerade sehr stimmig so, wie es ist. Keine Wehmut, dass ich nun nicht mehr schreibe. Keine Angst vor dem Sprung in die Vollselbstständigkeit. Es fließt. Alles ist gut.

Denn das Leben fließt in Wellen. So auch jede Beziehung und jedes Projekt. Alles ist in Bewegung. Alles ist Bewegung. Eine Welle senkt sich ins Tal, eine fließt aus, die nächste geht in ihre volle Kraft und Größe. Mal sind wir sehr gut drauf, mal weniger. Mal lernen wir viel, dann folgt eine Ruhephase. Mal benötigen wir Action, mal Entspannung. Mal ein Festhalten, mal Innigkeit, mal Freiheit – und dabei schließt keine Form die andere aus.

Kapitel 11 – Das Erwachen und seine weitreichenden Folgen oder: Der Weg, der einsamer wird

Ich kann auch hier nur meine Wahrnehmung, mein Leben wiedergeben. Für mich stehen Erlebnisse aus der Kindheit und dem Schmerzprozess während des Erwachens in engem Zusammenhang.

Ich wurde sehr streng erzogen und natürlich als Zwilling auch permanent verglichen. Sehr früh wurde mir auch Verantwortung übertragen. So lernte ich mich sehr gut anzupassen und klein zu machen. Denn damit fiel ich nicht auf. Und hoffte auf Liebe, wie alle Kinder. Dies machte es für mich später schwer, für mich selbstbestimmt Verantwortung zu übernehmen, statt sie immer nur gereicht zu bekommen. Also tatsächlich meinen Weg zu gehen, meine Rolle einzunehmen, ohne Absicherung oder Händereichen. Dies war eben damals die Erziehung, erklärt vielleicht aber den Schmerz, den ich später beim Öffnen des dritten Auges durchmachte.

Dieses frühe Übernehmen von Verantwortung belastete immer meine Schulter, wie Alana in einer unserer Sitzungen wahrnahm. Sie löste dies mit einem Schulter-Fengshui auf. Dies war wichtig, damit ich mich davon frei machen konnte. Gerade zum jetzigen Zeitpunkt, weil sich mein drittes Auge schnell öffnet. Weil diese Wahrnehmungen Dinge sind, die nicht greifbar sind. Wie kann ich sie jemanden klarmachen, der nicht oder anders wahrnimmt? Aber kurz zu dem, was ich damit sagen will:

Beim Erwachen kommst du an deine Grenzen, an deine Konditionierungen und Muster, an deine Glaubenssätze, an deine Ängste heran. Manchmal sehr schmerzhaft. Ich möchte dich damit nicht davon abhalten, dein drittes

Auge weiter zu öffnen. Eher im Gegenteil, denn es ist ein wunderbarer Prozess! Aber das Aufwachen bedeutet eben nicht nur, dass du Botschaften empfängst, Bilder siehst, Engel spürst und Ähnliches, was du schon manch anderen schwer vermitteln kannst, weil sie es eben nicht oder anders kennen. Sondern es bedeutet auch, dass du vielleicht (wie ich) verstehst, dass jetzige Muster nicht mehr stimmig sein können. Weil sie nicht (mehr) mit deiner neuen Sichtweise übereinstimmen. Weil die eigene Individualität mehr Bedeutung bekommt und gelebt werden möchte. So wie auch der Frieden in dir, der jetzt mehr gelebt werden möchte, ja sogar muss, ohne die vielen Beschränkungen durch Glaubenssätze. Was aber in einer Zeit der Angst und Panikmache nicht immer möglich ist, gerade, wenn du noch nicht so gesattelt bist und noch nicht immer bei dir, dir treu bleiben kannst, sondern auch noch mal in die Zweifel (zurück)fällst. Weil dies dein gewohntes Muster ist, das du seit Kindesbeinen kennst und was seit Generationen vorgelebt wird. Ohne dass es uns bewusst war.

Das Erwachen geschieht meiner Meinung nach also auf zwei Ebenen: Das Wahrnehmen aus der geistigen Welt wird klarer, aber auch die gespürte Einengung gepaart mit eigenen Begrenzungen. Und gerade der zweite Aspekt, in dem es um die eigene Begrenzung und das Freiheitsgefühl geht, ist oft mit der Angst vor Veränderung und Mut verknüpft, und hält daher auch viele Leute davon ab, sich ins Vertrauen zu begeben. Denn es kommt etwas Unkontrollierbares, eine Veränderung, etwas völlig Neues in das eigene, sortierte, sicherheitsbestimmte Leben. Und das mag bewirken, dass die geistige Welt Angst macht. Hat es mir anfangs auch! Zumal die Botschaften und Impulse ja nicht kontrolliert kommen, sondern irgendwann. Und auch wenn wir bewusst etwas aus der geistigen Welt abfragen oder eine Rückführung machen, wissen wir nicht, was als Antwort kommt. Ob was Schönes, was Erfreuliches und etwas, das gerade sehr gut in unser Leben passt, oder etwas Schockierendes, was Unschönes, was gerade Nichtpassendes. Vielleicht erfahren wir auch, dass wir für diese Frage nicht zuständig sind, erhalten daher keine Antwort, was für den Verstand, das Ego unter Umständen eine schmerzhafte Erfahrung sein kann nach dem Motto „ich bin nicht gut genug". Da sind wir wieder bei den Glaubenssätzen, obwohl diese von der geistigen Welt nicht geprüft werden, aber bei dir getriggert werden, um sie loszulassen, weil du noch nicht frei bist.

Das Erwachen erfordert Offenheit, Neuerung, Vertrauen. Raustreten aus dem Bisherigen. Es erfordert daher Mut, sich darauf einzulassen, es zuzulassen, dass man etwas wahrnimmt und damit vielleicht aus dem Rahmen fällt.

Und das Aus-dem-Rahmen-Fallen kann dich an deine Grenze bringen, weil du dich neu einfinden musst, weil sich dein Umfeld wandelt. Und genau das ist das Schöne! Du kannst nun aus Strukturen ausbrechen, die dich immer klein gehalten haben, die dich – oft unbewusst und unabsichtlich – festgehalten haben. Wie bei mir, die erst sehr spät verstanden hat, dass die übertragene Verantwortung ein Sicherheitskonstrukt von anderen ist und nichts mit mir zu tun hat. Und das zu erkennen, tut weh. Denn die vermeintliche Sicherheit fällt weg. Dafür entsteht etwas Wunderschönes. Oder wie ich einmal las: „Das Erwachen geschieht nicht ohne Geburtswehen…"

Ich weiß ja nun aus Erfahrung, dass das Aufwachen, das Sehen und Fühlen, das Hinterfragen schmerzhaft sein kann. Es wird immer Leute geben, die sagen: „Das wird es so nie geben!" In meinem Beispiel (kommt gleich!) waren es Sätze wie: „Es wird immer Großkonzerne geben!" oder „Die große Weltrevolution wird ausbleiben!" oder „Wir werden uns nicht ganz zurück zur Natur bewegen, dazu ist die Technik zu weit!" Das kann als Gegenwehr kommen, weil dein Gegenüber Angst vor Veränderung hat, im Kopf ist und dir daher nicht glauben kann (zumal du ja Sachen wahrnimmst, die vielleicht wirklich absurd für den Moment klingen mögen), zum anderen kann es auch daran liegen, dass du „unsaubere" Botschaften erhältst. Die Botschaften sind so präzise, wie deine Aura rein ist, dein Kanal geklärt ist, wie es für dich gerade (also in dem Moment des Empfangens) richtig ist. Oder dir werden zwei Aspekte gleichzeitig mitgeteilt, damit du es in Relation setzen kannst, aber eine Aussage ist die Hauptaussage. Bei mir war es in etwa folgende Ansage, die ich erhielt: „Es ist wichtig, dass ihr gemeinsam wirkt, nachdem die Großkonzerne zusammengebrochen sind." Die Großkonzerne stehen als Zeitangabe und gemeint ist vielleicht die Wirtschaft allgemein oder ein bestimmter Wirtschaftszweig. Die Hauptaussage war, dass wir, die heilend unterwegs sind, als Gruppen agieren und diejenigen auffangen, die unsere Unterstützung benötigen. Als ich dies weiterreichte, erhielt ich sogar das Feedback, dass andere Frauen dies auch schon wahrgenommen haben: Wir dürfen als Gemeinschaft agieren, nicht als Einzelpersonen jede für sich. Als Gruppe haben wir mehr Power, mehr Energie und können je nach Kompetenz oder Fachrichtung entsprechend wirken.

Es ist so, als wenn du eine große Auswahl an Zahnärzten hast: Du musst schauen, wer in deinem Ort ist, wer dir sympathisch ist. Es wird dir kein Zahnarzt einen anderen empfehlen (außer bei Umzug oder weil er dich nicht mag oder du zu gesunde Zähne hast, er kein Geld machen kann oder deine Nase krumm ist). Aber in dem zukünftigen Netzwerk können wir sagen, wer die entsprechende Kompetenz hat und können erfühlen, wer zu dir passt. Das erleichtert dir ungemein die Suche. Und darauf kommt es an! Nicht das Recherchieren im Internet, sondern das persönliche Empfehlen – und zwar ohne Neid, sondern aus reinem Herzen! So fühlt sich die Botschaft an, die ich empfangen habe. Und dies ist für viele Menschen nicht glaubhaft, da sie mit ihren Glaubenssätzen kollidieren, und sie anderen Menschen zum Beispiel Selbstnutz, Habgier, Missgunst oder ähnliches unterstellen. Und somit dieser Prophezeiung keinen Raum geben (können). Es ist zu absurd in ihren Augen (und dabei begrenzen sie sich selbst nur mit ihren eigenen Glaubenssätzen, aber das zu erkennen, tut weh und erfordert Arbeit).

Du wirst in deinem Prozess nicht nur an dir zweifeln, sondern auch die Fassade anderer Menschen bröckeln sehen. Weil du deine Glaubenssätze und Erziehungsmuster erkennst, wirst du diese auch bei anderen wahrnehmen. Es ist ähnlich, als wenn du als Schüler deinen Geschichtslehrer anhimmelst, weil er einen anschaulichen Unterricht macht. Deshalb studierst du Geschichte – und als du ihn später wiedertriffst, hat der Lehrer an Charme verloren, weil du nun auch sein Wissen hast. Und noch mehr, weil einiges geändert/neu recherchiert ist. Dafür kann aber dein Geschichtslehrer nichts. Sondern du musst erkennen, dass sich mit deinem Wandel Lücken ergeben, die du nun anderweitig füllen musst. Nämlich mit dir selbst, mit neuen Menschen in deinem Leben – außer, es gehen parallel auch Freunde deinen Weg.

Wenn du nicht mal mehr mit den vertrauten Personen über deine Veränderung sprechen kannst, ist das erstmal hart. Und fühlt sich eventuell einsam an. Aber ich kann dir sagen, dass diese Einsamkeit wichtig ist und Platz macht für neue Kontakte, mit denen du dich auf deine neue Weise austauschen kannst.

***

Ich erhalte nicht nur Botschaften, die ich hier im Buch wiedergebe, sondern auch einiges zum Weltgeschehen. Einerseits habe ich dadurch in mir einen tiefen Frieden, andererseits weiß ich Dinge, die wir so in den Medien nie lesen werden. Und ich gebe sie auch hier im Moment nicht wieder. Zu unreal. Zu gefährlich? Ich weiß es nicht.

Diese Botschaften, die ich erhalte – und auch mein Hinterfragen an das, was politisch unternommen wird – lösen eine tiefe Sinnkrise in mir aus. Sie führen zu einem sehr heftigen Streit in meiner Familie. Ich bin innerhalb von zwei Tagen zutiefst erschüttert über das, was draußen, und damit meine ich in dem Alltagsleben, in der Politik, in vielen Familien, geschieht und auch darüber, was ich mit ein paar Worten in anderen Menschen auslösen kann. Ich bin so verzweifelt, dass ich, die zwar an Engel glaubt und gerade eine Ausbildung zur Engelheilerin macht, zum ersten Mal die Engel aus Verzweiflung rufe. Aus Verzweiflung, weil meine Familie mich nicht mehr versteht. Das ist das Los, welches wir ziehen, wenn sich unser Kanal öffnet, und wir damit an die Öffentlichkeit gehen. Für Andere, für die Familie, für Freunde oder auch für Kollegen, Nachbarn, wem auch immer du absichtlich oder unabsichtlich von deinem neuen Weg, von deinen Erfahrungen, von deinen Eingebungen erzählst, klingt vieles absurd. Insbesondere, wenn du nicht nur Sachen für dich empfängst, sondern Dinge, die das Weltgeschehen oder andere Menschen betreffen.

Wenn du „nette“ Dinge empfängst, dass du bald heiraten wirst zum Beispiel, freut sich dein Umfeld, weil das in die gesellschaftliche Norm passt und mit Liebe verbunden wird. Wenn du aber „Unschönes“ wahrnimmst, dann möchte es fast niemand hören, weil sich dein Gegenüber dann mit eigenen Ängsten auseinandersetzen muss. Es kann sein, dass dir unterstellt wird, dass du in einer Sekte bist, dass du in einer Filterblase sitzt, dass du viele Dinge schwarzmalst, dass du egoistisch oder aggressiv seist. Ich wurde gefragt, ob ich zu viel allein sei, ob es von meiner Krankheit komme. Oder ob ich meinen Job als Coach zu ernst nehme, weil ich auch im Privatbereich nachfrage, um Zusammenhänge zu verstehen, aufzudecken. Ich jedenfalls kann über Monate nur eingeschränkt mit meiner Familie und Freunden kommunizieren. Ich weiß gerade nicht, was ich mit ihnen reden soll. Weil ich so viele Dinge anders sehe, hinterfrage. Ich weiß nicht, wie ich ihnen etwas erklären soll, was sie nicht kennen. Beschreibe mal jemanden eine rote Gießkanne, wenn diese Person noch nie eine gesehen hat. Das ist einfacher, als die eigenen Gefühle und Wahrnehmungen zu erklären. Und das tut verdammt weh. Und es ist wenig tröstlich, wenn du hörst, dass es anderen auch so geht.

Was tröstlich ist: Du triffst immer häufiger auf Menschen, die mehr wie du sind! Und dafür müssen auch alte Freundschaften gehen. Es werden weniger Menschen zukünftig an deiner Seite sein, aber die, die kommen, sind so viel mehr! Weil du dich wirklich austauschen kannst. Auf einer ganz anderen Ebene, auf eine ganz andere Art und Weise, mehr durch Verstehen und durch Fühlen. Und wenn du, so wie ich, Leute triffst, die sich auch gerade entwickeln, dann kann ein wunderbarer Austausch entstehen: Wie nimmst du wahr, woher weißt du, dass das sein könnte?

Silke sagte mal zu mir: Sie weiß dann einfach, dass es so ist. Es kommt einfach als Gewissheit. Das ist reine Intuition, ein Gefühlwissen. Und der Austausch findet ohne Neid und Missgunst statt. Die eine sieht eben dies, ein anderer fühlt das und du hast jene Eingebung. Und alles darf so sein, wie es ist. Ohne Zweifel.

Ohne Zweifel bin ich auch, dass es mit meiner Familie wieder gut wird. Schließlich gehören wir zusammen. Aber es braucht seine Zeit.

In dem Prozess des Erkennens, Erwachens, Mich-neu-wahrnehmens habe ich die Erkenntnis, dass jeder von uns seine eigene Wahrheit in sich trägt. Dies lässt mich auch ein bisschen einsam sein. Wir können uns zwar über unsere Wahrnehmung und Gefühle austauschen, aber nur ich sehe und empfinde, was in mir ist und was sich für mich stimmig anfühlt. Daher ist der Austausch mit Gleichgesinnten umso wichtiger. Denn auch wenn sie es nicht genauso wahrnehmen, verstehen sie dich und können dich tatsächlich so sein lassen, wie du bist.

Und da fällt mir ein, dass ich dieses Gefühl auch während des Studiums hatte. Auch da habe ich wahrgenommen, dass niemand, wirklich niemand, mich zu 100 Prozent verstehen kann. Weil ich ein Individuum bin. Jeder Mensch hat eigene Erfahrungen, und daher nimmt er auch Erzählungen anders auf, selbst wenn du etwas so genau wie möglich beschreibst. Aber dadurch, dass wir alle miteinander verbunden sind, dass alles Energie ist, sind wir nicht allein, sind wir nicht einsam.

Und was so schön ist: Im Herzen kennen wir die Wahrheit. Im Herzen spüren wir auch, wer die (für uns stimmige) Wahrheit spricht. Wenn wir uns nicht vom Schein der Äußerlichkeiten blenden lassen (wie Macht, Kleidung, Geld,

Rhetorik), spüren wir, was wahr ist. Und genau dahin führt es meines Erachtens. In die Tiefe, in die Kommunikation. In die wahre Kommunikation mit dem Gegenüber. Ohne Ablenkung, im Hier und Jetzt. Klare Kommunikation und Eigenverantwortung und Selbstliebe werden die Zukunft prägen.

Was mir – mit Hilfe der Orakelkarten – auch bewusst geworden ist: Wenn ich mich blockiere (weil ich mich etwas nicht traue, Angst habe oder Ähnliches), blockiere ich auch andere. Weil ich ihnen unbewusst meine Ängste übertrage. Als Beispiel: Wenn eine Mutter Angst hat, dass ihrem Kind etwas passiert, ist es ihre Angst. Und daher lässt sie ihr Kind nicht so rumtoben oder steht immer beschützend parat, um alles zu kontrollieren, statt es fließen zu lassen. Dieses Beispiel kannst du sicher gut nachvollziehen. Und nun kannst du schauen, wo du dich mit Glaubenssätzen und Ängsten (unbewusst) selbst blockierst. Wenn du selbst meinst, dass du etwas nicht schaffen kannst, traust du es auch anderen nicht zu – oder verurteilst dich und/ oder die andere Person.

Daher ist es meines Erachtens so wichtig, dass wir in unsere Kraft kommen und anerkennen, was in uns schlummert. Wenn du dies wieder aufweckst und lebst, wirst du andere Leute in deinen Bann ziehen – und ihre Talente und Gaben fördern, statt sie unbewusst klein zu halten, um dich selbst besser zu fühlen.

Mein persönliches Beispiel dazu: Eine Freundin von mir denkt, dass sie tolerant und offen und selbstreflektiert ist. Was sie in gewissen Bereichen auch ist. Aber sie traut mir – weil ich ihr etliche Situationen aus meinem Leben geschildert habe – nicht zu, dass ich dies und jenes in meinem Leben umsetze, zu mir finde, meinen Weg gehe. Und weil das ihr Glauben ist, hält sie mich unbewusst klein, blockiert mich. Und dahinter stecken noch ganz andere Sachen (dass ich mich klein halten lasse und dass sie den Glaubenssatz selbst in sich für sich trägt und Angst vor ihrer eigenen Größe hat). Es ist wirklich alles sehr verbunden, was da was bewirkt und wen begrenzt. Aber es lohnt sich sehr, dorthin zu schauen und dies zu lösen. Nur dann kannst du in deine Größe, in deine Wahrheit kommen und aus deinem Herzen heraus leben. Das Licht in dir strahlen lassen.

Was auch in diesen Prozess mit reinspielt: Beim Erwachen, also Erkennen der höheren Zusammenhänge, nimmst du eine Weile auch extrem die Schwächen der anderen wahr. Und dies tust du nicht, um dich toll und groß und besser zu fühlen. Nein, du siehst diese Schwächen mit Adleraugen, weil sie dein Spiegel sind. Daher triggert dich dies. Weil du diese Schwächen in dir ablehnst.

Hierzu kannst du eine Übung machen und dich fragen, was du an deinen Eltern oder Freunden ablehnst, wofür du sie verurteilst. Diese Muster findest du alle in dir – und willst sie (noch) nicht sehen. Und ja, es ist schmerzhaft. Und sehr heilsam! Mit dem Abbau dieser Vorurteile kommst du in eine Wertfreiheit, die dich wirklich frei macht.

Wenn du den Weg der Einsamkeit gehst, deinen Schmerz annimmst, deine Glaubenssätze erkennst und wandelst, wirst du andere Menschen so sein lassen können, wie sie sind. Und es ist egal, ob sie dich verstehen und dir glauben. Dein Weg wird lichtvoller werden, du wirst Menschen treffen, die nicht an dir zweifeln, die dir dafür das geben, was du in dir trägst: Reine Liebe, Anerkennung, Wahrheit.

Und wenn dir jemand sagt: „Dafür liebe ich dich!“, weißt du, dass du bei dir angekommen bist. So erging es mir bei

Frauke, die ich „nur“ online kenne. Wenn dir das jemand sagt und du weißt, dass dies dein Spiegel ist, erkennst du, wo du angekommen bist. Bei dir, in dir.

Wenn du bereit bist zu erkennen, wirst du erkennen.

Kapitel 12 – Förderlich

Was bedeutet Wahrnehmung an sich? Dass du etwas siehst, spürst, riechst, hörst. Es ist meist in uns, aber manche Menschen hören auch eine Stimme von außen. Und das sogenannte dritte Auge ist ein inneres Wahrnehmen auf einer anderen Ebene. Und dies ist bei jedem Menschen anders ausgeprägt und wird auch durch andere Auslöser vertieft. Bei manchen geht es schnell, bei anderen langsamer. Je nachdem, wie offen du bist. Im Herzen offen, nicht im Verstand. Der Verstand verhindert eher. Und wenn du deine Gabe des Hellsehens oder der Telepathie, des Channelns oder was du dir ausgesucht hast auf dieser Erde zu verwirklichen, missbrauchst, wird sie dir auch wieder genommen, denn es geht darum, dass du das Licht in die Welt strahlst. Gehe daher sorgsam mit dieser Gabe um, aber auch bestimmt. Denn du hast es dir ausgesucht, dass du diese Gabe hast und leben möchtest! Deine Seele weist dir den Weg. Immer.

Missbrauch deiner Gabe ist zum Beispiel Geldabzocke, Angstmacherei und Scharlatanerie.

Oftmals ist es so, dass wir bereits als Kinder oder Jugendliche Eingebungen haben, sie aber nicht richtig einsortieren können. Oft erkennen wir erst im Nachgang, dass ein geäußerter Satz oder ein inneres Bild die Weitergabe einer Information aus der geistigen Welt ist.

Das Hellsehen oder -fühlen, die Telepathie sind außersinnliche Wahrnehmungen, die nicht mit den fünf Sinnen zu erfassen sind. Wir sagen zwar, dass wir etwas gesehen haben, aber es ist kein klares Bild, sondern ein innerlich gefühltes Bild. Das macht das Beschreiben und Erklären, aber auch das Erfassen des Bildes so schwierig. Zumal es oft sehr flüchtig ist und daher auch schnell zur Seite geschoben werden kann. Ich habe Jahre gebraucht, um zu verstehen, dass die minikurzen Sequenzen einer Tarotkarte, die ich vor meinem inneren Auge fühle, eine Botschaft enthalten.

***

Ich hatte vorhin schon angesprochen, dass es Möglichkeiten gibt, das Öffnen des dritten Auges zu unterstützen. Dies kannst du zum Beispiel mit dem Tragen eines Heilsteins wie Amethyst, Bergkristall oder Mondstein tun. Du kannst dir in einer Meditation vorstellen, wie du indigoblaues Licht in deine Stirn einfließen lässt, oder mit deinen Augen verdreht Richtung drittes Auge (das liegt einige Zentimeter tief im Kopf, dort, wo die Zirbeldrüse ist) schauen. Oder du kannst – wie schon genannt – mit einer Chakrenmeditation arbeiten.

Ich habe versucht zu verstehen, warum es bei mir losging. Auf alle Fälle hat sich meine Feinfühligkeit immer in Phasen des Wandels und der Ruhe gezeigt. Dass Ruhe und Natur eine große Rolle spielen, ist in vielen Büchern und Artikeln zu lesen. Bodenständigkeit und auch eine Umgebung, in der das Auge weit schauen kann, oder ein Wald wirken unterstützend. Dies wirkt nicht nur stressreduzierend, sondern unterstützt auch unsere Intuition. Moorgebiete sollen auch sehr förderlich sein.

Ich denke, es ist nicht wichtig, ob du im Moor, am Meer, im Wald oder auf dem Berg bist. Entscheidend ist, dass du dort Ruhe findest, zu dir kommen kannst. Und aus dem Verstand gehst. Das geht nicht auf Knopfdruck. Aber ohne Erwartung macht sich eher etwas bemerkbar. Hier können Meditationen, Spaziergänge, autogenes Training oder monotone Aufgaben wie putzen unterstützen. Der räumliche Abstand zu anderen Menschen ist auch wichtig. Denn dann können sie deine Energie, deine Aura nicht beeinflussen.

Zur Natur gehört die Verbindung zu Mutter Erde. Stelle dich dazu regelmäßig am besten barfuß auf den (Natur-) Boden, spüre die Beschaffenheit des Bodens, verbinde dich ganz bewusst mit Mutter Erde. So erdest du dich.

Du erdest dich automatisch, wenn du natürlichen Dingen oder Betätigungen wie der Gartenarbeit und dem Kochen nachgehst und dich mit natürlichen Materialien umgibst. Damit meine ich auch deine Kleidung und Möbel.

Natürlich spielt auch unsere Ernährung eine entscheidende Rolle: Gesunde, am besten basische und vegane Ernährung aus regionalem Bioanbau bringen uns ins Gleichgewicht. Basisch, weil hier der Ausgleich zur Säure im Körper geschaffen wird, die zum Beispiel durch Stress entsteht. Vegan, weil wir mit jeder nichtveganen Ernährung nicht nur zugefütterte Medikamentenrückstände, sondern auch Fremdenergien und sogar Seelenanteile der Tiere in uns aufnehmen. Gerade durch Zucht und Tötung entstandenes Leid und Angst wirken feinstofflich über den Tod des Tieres hinaus auch auf uns ein. Und nicht nur die Energien des Tieres schwingen weiterhin mit, sondern auch die Energien des Bauern, des (Zwischen-)Händlers sowie des verarbeitenden Betriebes und des Kochs.

Das Verzichten auf künstlich hinzugesetztes Fluorid ist sehr wichtig. Dies findest du meist in Zahnpasta und in dem gängigen Speisesalz. Fluorid wirkt auf unsere Zirbeldrüse und schließt diese. In der Zirbeldrüse sitzt aber unser siebenter Sinn, das dritte Auge. Also deine Intuition! Sie ist auch für deinen Tag/Nachtrhythmus zuständig und auf viel Sonnenlicht angewiesen – daher raus mit dir, gehe täglich an die frische Luft!

Auch das Vermeiden von Elektrosmog ist förderlich. Hierzu hatte ich bereits einiges geschrieben.

Ein ausgewogener Schlaf in einer ruhigen, dunklen, elektrosmogfreien Umgebung ist nicht nur für die Intuition, sondern grundsätzlich für unsere Regeneration wichtig.

Der Verzicht auf den ständigen Medienkonsum trägt auch entscheidend bei. Das Ausstellen von Ablenkung. Denn Ablenkung bedeutet immer, andere Energien aufzunehmen, die eigene Mitte zu verlassen. Zudem werden durch die Medien und sozialen Netzwerke Gefühle wie Neid und Angst getriggert, auch wenn du das Gefühl hast, dass du dich mit anderen oder über deren Fotos freust. Da läuft sehr viel im Unterbewusstsein ab. Allein schon die permanente geschlossene Haltung vor PC und Smartphone signalisiert unserem Kopf, dass wir traurig sind. Das ist nonverbale Kommunikation, die wir im Studium behandelt haben.

Auch das Stillhalten ist wichtig. Nicht nur im körperlichen Sinne, sondern ganz besonders im Mund halten, nicht sprechen – und wenn möglich, nicht denken. Das bringt deinen Geist zur Ruhe.

Lausche mal, wie viele Gespräche so nichtssagend sind – und bleibe öfter mal still. Was macht das mit dir?

Wenn du im Vertrauen bist, an Engel, Jesus, Krafttiere, Verstorbene und viele weitere Wesen, von denen ich im Buch einige genannt habe, glaubst und ihnen erlaubst, dich zu unterstützen, werden sie dir Zeichen senden. Wenn du aus reinem Herzen danach fragst.

Wir alle tragen Intuition und Wissen in uns, es ist an der Zeit, dies wieder zum Vorschein zu bringen!

Wenn ich alle eben genannten Möglichkeiten vertiefen würde, würde ich das Buch sprengen. Daher konnte ich dir hier nur Anhaltspunkte geben, die mir geholfen haben. Sicher gibt es weitere Methoden wie Hypnose, Thetahealing und andere, die ich nicht kenne. Die oben genannten Möglichkeiten kannst du aber sofort und selbst umsetzen. Gib dir hierbei Zeit. Nimm den Druck raus. Bleib dir treu. Finde deine Mitte. Räume dir zum Beispiel jeden Tag ein paar Minuten Zeit für dich ein. Und erlaube dir, dich selbst zu lieben und in deine Eigenverantwortung zu gehen. Das heißt, für das einzustehen, was du tatsächlich in deinem Herzen willst.

Eigenverantwortung heißt, dass du für dich selbst Verantwortung übernimmst und wirklich selbst entscheidest und dich (unbewusst) nicht mehr von anderen leiten lässt. Egal, was andere Menschen denken. Das ist Authentizität.

Ich wünsche dir auf deinem Weg alles Gute und danke dir von Herzen für dein Vertrauen! Wir alle sind Licht, lass uns gemeinsam strahlen.

Danksagung

Ich danke meinen Eltern und Ahnen dafür, dass sie mich und meine fantastische Schwester immer aus ihrem Herzen heraus begleiten, stets das Beste für mich tun. Ich danke euch für euer Sein, eure Spiegel und dass ihr immer für mich da seid! Und dass ihr mir die Möglichkeit der Reinkarnation gegeben habt. Danke, ich liebe euch!

Ich bin sehr dankbar dafür, dass meine Schwester mein Zwilling ist und wir so wunderbar miteinander verbunden sind. Diese einmalige Begebenheit ist mir eine Ehre. Ich liebe dich!

All den im Buch genannten Menschen danke ich für euer Wirken und Sein. Ohne euch wäre ich nicht die, die ich bin.

Insbesondere danke ich Ulrike, Silke und Manfred für eure Offenheit, euer Wirken und unseren Energiefluss.

Auch wenn ich viele Menschen nicht namentlich genannt habe, jede Begegnung ist wichtig, einzigartig und bereichernd. Danke euch dafür!

Andrea und Jens, ich danke euch für euer Umsetzen! Ihr habt sofort an mein Buch geglaubt, bevor ihr den Inhalt kanntet. Weil ihr gespürt habt, dass es keinen Zufall gibt, als ich euch kontaktiert habe. Dieses Vertrauen gibt meinem Buch eine besondere Schwingung.

Ihr lieben Lektorinnen, habt Dank für eure vielen Stunden des Lesens und Inspirierens! Aus einem kleinen Chaos ist mit eurer grandiosen Unterstützung ein wirklich gelungenes Werk entstanden, seid umarmt!

Ein ganz besonderer Dank geht an Alana und die geistige Welt. Ohne euch wäre dieses Buch nie entstanden. Ich bin erfüllt mit Demut für diese wunderbare Aufgabe, die mir übertragen wurde. Danke, danke, danke!

Und ich danke mir, meinem höheren Selbst und Geistführern für das stetige Erinnern. Den leichten und angenehmen Druck, wenn mir die Disziplin fehlte. ♥

Über die Autorin

Christine Fabijenna Pauligk ist während des Buchschreibens 39 Jahre jung, ledig, lebensfroh und offen für die Dinge, die da kommen. Vor allem für die aus der sogenannten geistigen oder Anderswelt. Wie gut sie an diese angebunden ist, wird ihr so richtig erst beim Schreiben bewusst. Die Aufforderung zum Publizieren dieses Buches kam als Eingabe aus der Anderswelt.

Sie liebt die Natur, das Draußensein, die Berge, das Wasser und sich selbst.

Ihre Zukunft wird sie als Autorin und Energiecoach gestalten. Die Energiearbeit hat einen festen Bestandteil in ihrem Leben, weil Christine spürt, dass sie darüber die Menschen berührt und sie dabei unterstützt, ihre Selbstregulationskräfte wieder zu stärken. Hier bündelt sie ihr Wissen und ihre Fähigkeiten aus den Ausbildungen zur Engelheilerin, als Kartenmedium und Heilberaterin.

Mehr über die Autorin: lebensweite.de/ueber-mich

Zum Verlag

Unsere Bücher, Projekte und Veranstaltungen sind da, um Mut zu machen, Hoffnung zu spenden, Ihnen ein Lächeln ins Gesicht zu zaubern, Kinder zu fördern und die Welt ein klein bisschen schöner zu machen.

Weitere Informationen finden Sie unter:

www.verlag-andreaschroeder.de

Verlag Andrea Schröder,
Inhaber Jens Koch

AS

Wir machen die Welt
ein klein bisschen schöner.